FUSIÓN
Comunicación y cultura

Eduardo Zayas-Bazán
Emeritus, East Tennessee State University

Susan M. Bacon
Emerita, University of Cincinnati

Dulce M. García
The City College of New York, C.U.N.Y.

Prentice Hall
Upper Saddle River   London   Singapore
Toronto   Tokyo   Sydney   Hong Kong   Mexico City

Acquisitions Editor: Donna Binkowski
Editorial Assistant: Gayle Unhjem
Senior Marketing Manager: Denise Miller
Marketing Coordinator: Bill Bliss
Development Editor: Celia Meana
Development Editor for Assessment: Melissa Marolla Brown
Senior Managing Editor (Production): Mary Rottino
Associate Managing Editor (Production): Janice Stangel
Production Supervision: Nancy Stevenson and Janice Stangel
Composition/Full-Service Project Management: Natalie Hansen and Sue McKinnon, Black Dot Group
Media/Supplements Editor: Meriel Martínez
Senior Media Editor: Samantha Alducin
Senior Operations Supervisor: Brian Mackey
Operations Specialist: Cathleen Petersen
Senior Art Director: Pat Smythe
Art Director: Miguel Ortiz
Interior and Cover Design: Wanda España, Wee Design Group
Art Manager: Gail Cocker-Bogusz
Illustrator: Nadia Simard
Manager, Rights and Permissions: Zina Arabia
Manager, Visual Research: Beth Brenzel
Manager, Cover Visual Research & Permissions: Karen Sanatar
Image Permission Coordinator: Vickie Menanteaux
Photo Researcher: Francelle Carapetyan
Publisher: Phil Miller
Cover Image: Corbis/Flirt Value; Photographer: Bryan Peterson
Printer/Binder: Courier Kendalville
Cover Printer: Phoenix Color Corp.

This book was set in 10/12 Sabon.

Credits and acknowledgments borrowed from other sources and reproduced, with permission, in this textbook appear on pages CR-1 and CR-2.

Library of Congress Cataloging-in-Publication Data
Zayas-Bazán, Eduardo.
    Fusión : comunicación y cultura / Eduardo Zayas-Bazán, Susan M. Bacon, Dulce M. García.
— 1. ed.
        p. cm.
    Includes index.
    ISBN-13: 978-0-205-75677-3
    ISBN-10: 0-205-75677-8
  1. Spanish language—Textbooks for foreign speakers—English.   I. Bacon, Susan M.   II. García, Dulce M.   III. Title.   IV. Title: Conexiones.
    PC4112.Z394 2009
    468.2'421--dc22

                                                                                    2009025013

10 9 8 7 6 5 4 3 2 1

Prentice Hall
is an imprint of

PEARSON

www.pearsonhighered.com

Fusión
   ISBN 10: 0-205-75677-8
   ISBN 13: 978-0-205-75677-3
Annotated Instructor's Edition
   ISBN 10: 0-205-75678-6
   ISBN 13: 978-0-205-75678-0

Á la carte ISBN 10: 0-205-76071-6 / ISBN 13: 978-0-205-76071-8

Brief Contents

Scope & Sequence

Estructuras	Conéctate	Cultura

¡Así lo hacemos!
- The preterit tense
- The imperfect tense
- Preterit vs. imperfect

De nuevo
- Soy una moda (*The present indicative*)
- Una marca de automóvil que ya no se fabrica (*The preterit*)

VideoRed: *Esas modas pasajeras* (Jaime Gómez León, España)

Comunidades: La ropa y el trabajo

Conexiones: ¿Una moda duradera?

Comparaciones: La movida madrileña

¡Así lo expresamos!

Imágenes: *El arte de la moda* (El Corte Inglés, España)

Ritmos: *Antes muerta que sencilla* (María Isabel López, España)

Páginas: *Foro: Esas modas ¿pasajeras?* (Anónimo/a)

Taller: Tu propio foro (*blog*)

¡Así lo hacemos!
- Uses of *ser, estar,* and *haber*
- The future tense
- The subjunctive in noun clauses

De nuevo
- Así era (*The imperfect*)
- Llegaron los humanos (*Preterit/imperfect*)

VideoRed: *El calentamiento global* (Andrés Eloy Martínez, México)

Comunidades: Un cartel de servicio público

Conexiones: ¿Un futuro sostenible?

Comparaciones: Sarriguren, una ecociudad modelo

¡Así lo expresamos!

Imágenes: *Juanito en la laguna* (Antonio Berni, Argentina)

Ritmos: *Ska de la tierra* (Bebe, España)

Páginas: *Los mutantes* (José Ruibal, España)

Taller: Expresa tu opinión

¡Así lo hacemos!
- Indirect commands
- Direct and indirect object pronouns and the personal *a*
- *Gustar* and similar verbs

De nuevo
- Un informe a la Comisión de Derechos Humanos (*Ser, estar,* and *haber*)
- Un discurso inaugural (*The subjunctive in noun clauses*)

VideoRed: *Un hogar digno* (Habitat for Humanity International, Costa Rica)

Comunidades: Una organización humanitaria

Conexiones: El derecho de vivir en un hogar digno

Comparaciones: Hábitat para la Humanidad

¡Así lo expresamos!

Imágenes: *Manos anónimas* (Carlos Alonso, Argentina)

Ritmos: *Amor y paz* (Iván Pérez López, México)

Páginas: *Masa* (César Vallejo, Perú)

Taller: Crear poesía

Preface

Fusión: Comunicación y cultura is a one-semester text for Intermediate Spanish that provides instructors with six balanced chapters presenting themes of interest to 21st century students, a thorough and uniquely sequenced Intermediate grammar syllabus, fully integrated culture and vocabulary development, as well as strategy-based reading instruction and process-oriented writing instruction.

Key Features

▶ **Interactive chapter-opening activities activate background knowledge**

▶ **Vocabulary instruction focuses on high-frequency words**

▶ **Careful progression of activities for all skills with a focus on student involvement, participation, and exchange**

▶ **True Intermediate-level grammar syllabus introduces important structures early so students can practice them throughout the course**

- Preterit and Imperfect are introduced in *Capítulo 1;* Subjunctive in *Capítulo 2.*
- Fully integrated *De nuevo* recycling activities highlight structures from previous chapters using the current chapter theme and vocabulary.
- *Manual de gramática* presents optional grammar topics and activities instructors may incorporate in any chapter to customize the course for their needs.

▶ *¡Así lo expresamos!* **sections (***Imágenes, Ritmos, Páginas, Taller***) reflect changes in technology and its role in students' lives**

▶ *Conéctate* **section between the first and second parts of each chapter makes compliance with** *National Standards* **explicit and straightforward**

- Incorporates *Comunidades,* community-based learning activities to encourage students to become life-long learners through interaction with Spanish-speaking communities and resources.
- *Comparaciones* cultural readings encourage students to stretch their minds to consider experiences and points of view other than their own and to think about differences in practices, products, and perspectives.
- *VideoRed* video segments are drawn from authentic online sources and fully integrated with text and workbook activities.
- *Conexiones* activities lead students to makes connections with other disciplines and broaden the sources of information available to them.

▶ *Aplicación.* **To keep text activities communicative and creative, most discrete-point activities appear in the Student Activities Manual and MySpanishLab™**

- Using these platforms, students will have immediate feedback on their responses.

- Additional activities are available for download in the online **Supplementary Activities Manual.**
- Two **Debate** activities in each chapter are modeled on the procedures of debate used at many schools; this activity encourages critical thinking.

▶ **Companion Website**

- Guided web activities offer opportunities to further explore the chapter topic and the cultural materials presented in *Ritmos, Imágenes,* and *Páginas.*
- *¡A explorar!* activities encourage students to do additional research on the Internet. These activities are designed to expand students' cultural knowledge and are related to the cultural material in *¡Así es la vida!, Comparaciones, Imágenes, Ritmos,* and *Páginas.*

▶ **Teacher Notes. Instructors will find expansive notes throughout the AIE that provide additional cultural information, teaching strategies, and alternate activities**

- Chapter-opening *Curiosidades* sections include teacher notes that give background information about each item and include questions that serve as a springboard for discussing topics in the chapter.

Chapter Organization and Pedagogy

Written entirely in Spanish with the exception of grammar review explanations, *Fusión: Comunicación y cultura* consists of six *capítulos*. Each of the six *capítulos* is divided into four parts: *Primera parte, Conéctate, Segunda parte,* and *¡Así lo expresamos!* Each *parte* maintains the following consistent structure:

¡Así es la vida! A variety of language models with an emphasis on active participation in the readings (surveys, blogs, self-tests, newspaper and magazine articles, illustrations, etc.) set the stage for the assimilation of communicative functions, previewing vocabulary and grammatical structures presented and reviewed in the *capítulo* and providing relevant, interesting content and cultural information.

¡Así lo decimos! A thematically organized presentation of words and expressions follows the chapter-opening text. First, *Vocabulario primordial* provides a list of review vocabulary related to the chapter theme. *Vocabulario clave* then presents new words and expressions relevant to the chapter's theme, drawing vocabulary from *¡Así es la vida!* Finally, *Ampliación* provides an opportunity to learn patterns of noun, verb, and adjective formation using familiar words and new items presented immediately before. *Aplicación* activities that follow the vocabulary presentation relate to the chapter theme and give students the opportunity to use the new vocabulary in meaningful and communicative contexts. These activities range from guided to communicative and conclude with *De nuevo* to recycle structures from previous chapters using the current chapter theme.

¡Así lo hacemos! Grammar explanations are clear and concise and review and expand on explanations found in introductory texts; all explanations are accompanied by examples closely linked to the chapter topic. Lively art contextualizes the grammar point. Activities follow a progression from receptive to productive, increasing student output sequentially through the different activities. From learning new content, students proceed to recognizing it, using it, and making it their own.

Conéctate. Bridging the two parts we present the *VideoRed, Comunidades, Conexiones,* and *Comparaciones.* This section provides another window into the Hispanic world with a focus on the *National Standards* and learning about everyday culture. The *VideoRed* and *Comparaciones* include pre- and post-viewing/reading activities to help students find similarities and differences, and most importantly, to understand and appreciate the Hispanic world.

¡Así lo expresamos! Each chapter concludes with the *¡Así lo expresamos!* section, which encompasses *Imágenes, Ritmos, Páginas,* and *Taller* and further develops listening, speaking, reading, and writing skills by engaging students with paintings, traditional and popular songs, short stories, poems, and short plays from a variety of Spanish-speaking cultures, all within a cultural framework.

In addition, the location of the following two sections varies from chapter to chapter:

A escuchar. The in-text listening sections contain recordings of language samples without in-text scripts (scripts are printed in the Annotated Instructor's Edition) to ensure that students truly practice and hone their aural comprehension skills instead of reading.

¡A explorar! These activities direct students to the **Companion Website** where they can explore and react to cultural topics related to the theme of the chapter. Designed to expand students' cultural knowledge, the *¡A explorar!* activities for each chapter are related to the cultural material in *¡Así es la vida!, Comparaciones, Imágenes, Ritmos,* and *Páginas.*

Program Components

For Students
Student Activities Manual (0-205-75680-8/978-0-205-75680-3)
Integrated into a single volume and organized to mirror the student text, the Student Activities Manual consists of workbook and audio activities directly tied to material in the text. The organization of the Student Activities Manual materials for each chapter parallels that of the main text, facilitating assignment of homework corresponding to specific sections of the text.

Student *VideoRed* DVD (0-205-75684-0/978-0-205-75684-1)
The integrated video on DVD or in MySpanishLab™ from the *VideoRed* section of the text presents high interest, authentic videos from a popular Internet video site that bring Hispanic culture to life!

Student Activities Manual Answer Key (0-205-75681-6/978-0-205-75681-0)
A separate Answer Key to the SAM activities is available for instructors who want students to check their own work.

Audio CDs for the Student Activities Manual (0-205-75682-4/978-0-205-75682-7)
The Audio CDs for the Student Activities Manual contain the audio recordings that accompany the Lab Manual portion of the SAM.

Audio CD for the Student Text (0-205-75683-2/978-0-205-75683-4)
The Audio CD for the Student Text contains recordings for the in-text listening activities.

For Instructors

Annotated Instructor's Edition (0-205-75678-6/978-0-205-75678-0)
Marginal notations in the Annotated Instructor's Edition include expanded cultural information, responses to convergent activities, teaching tips, alternate activities, and hints on effective classroom techniques. Additional notations include audioscripts for the listening activities and notes for expanding on in-class activities.

Instructor's Resource Manual (0-205-75679-4/978-0-205-75679-7)
The Instructor's Resource Manual contains an introduction to the text, providing information for instructors on how to teach with *Fusión: Comunicación y cultura..* A complete, Integrated Syllabus and corresponding complete Lesson Plan are also included as well as guidance on integrating various student and instructor resources.

Instructor's Music CD (0-205-66412-1/978-0-205-66412-2)
The Instructor's Music CD contains the songs in the *Ritmos* section of each chapter. The songs on this CD represent a variety of musical styles from a range of Spanish-speaking countries.

Testing Program (0-205-75694-8/978-0-205-75694-0)
Two finished tests are available for each chapter. In addition, the testing program includes a larger number of additional testing modules that can be used by individual instructors to create customized tests. The Testing Program is available through the Instructor's Resource Manual and MySpanishLab™.

Audio for the Testing Program (0-205-74994-1/978-0-205-74994-2)
These recordings accompany the listening activities in the Testing Program.

Online Supplemental Activities (0-205-74993-3/978-0-205-74993-5)
Supplemental activities are now available online exclusively, allowing instructors greater flexibility in choosing activities for their students.

Course Management/Online

MySpanishLab™ with eBook (http://www.myspanishlab.com)

▶ **eBook.** This fully navigable online version of the student text with links to audio and video programs provides a ready reference for students as they do their homework.

▶ **Online Student Activities Manual.** An interactive version of the Student Activities Manual in the MySpanishLab™ platform, this program facilitates instructor management of online homework and provides support to students as they do homework assignments. Between 60 and 70% of activities are machine-gradable.

▶ **Online Testing Content.** Two sample tests per chapter and multiple test modules for those who wish to build their own exams within the MySpanishLab™ platform; allows online testing and simplified creation of paper tests.

▶ **Oral Recording Activities.** Activities require students to record oral responses, providing a channel for oral practice outside the classroom.

Companion Website (http://www.pearsonhighered.com/*Fusión*)

The **Companion Website** contains a wealth of practice and expansion exercises for students. Each chapter of the web site complements a chapter in the text, and contains automatically graded exercises that practice and reinforce the vocabulary and grammar information in each chapter. The section *¡A explorar!* includes link-based activities that take the student to a wealth of Spanish-language web sites for linguistic and cultural discovery. In addition, the complete audio program to accompany the text and the Student Activities Manual is available, as well as an interactive soccer game and flashcard module.

Acknowledgments

We are indebted to all those people whose ideas, suggestions, and criticisms have helped shape this program. The authors and publishers would especially like to acknowledge and thank:

Rebecca Anderson, Santa Monica College
Herbert Brant, Indiana University-Purdue University Indianapolis
Carmen L. Chávez, Florida Atlantic University
Howard Grabois, Purdue University
Carmen Guerrero, Lee University
Monica Kenton, University of Minnesota
Nieves Knapp, Brigham Young University
Nuria López-Ortega, University of Cincinnati
Gillian Lord, University of Florida
Frances Matos-Schultz, University of Minnesota
José Luis Mireles, Coastal Carolina University
Tiffany Powell, University of California, Los Angeles
Victoria Robertson, California State University, East Bay
Joaquín Rodríguez-Barbera, Sam Houston State University
Regina Roebuck, University of Louisville
Nohelia Rojas-Miesse, Miami University of Ohio
Ester Suárez-Felipe, University of Wisconsin-Milwaukee
Alicia Tabler, University of Colorado at Boulder

Araceli Tinajero, CUNY City College
Monica Velasco-Gonzales, University of Pennsylvania
Kathleen Wheatley, University of Wisconsin-Milwaukee

We are indebted to our friends and colleagues at Prentice Hall, especially **Celia Meana,** Development Editor, **Julia Caballero,** Director of Editorial Development, World Languages, and **Donna Binkowski,** Acquisitions Editor, for their dedication, insight, and thoughtful advice throughout the editorial process of this text, and to **Bob Hemmer,** Executive Editor, for his encouragement over the years in this and other projects. We would also like to thank the many people at Prentice Hall who contributed their ideas, efforts, and publishing experience to this project. **Samantha Alducin,** Senior Media Editor, for all her great work on the MySpanishLab™; **Meriel Martínez,** Media Editor, for her excellent management of the development of the video program and web site; **Melissa Marolla Brown,** Development Editor, for her efficient and careful work in managing the preparation of the Student Activities Manual and other supplements; **Gayle Unhjem,** Editorial Assistant, for her hard work and efficiency obtaining reviews and attending to many administrative details. Furthermore, we would like to sincerely thank **Phil Miller,** Publisher, World Languages, for his support and commitment to the success of the text; **Denise Miller,** Senior Marketing Manager; and the World Languages Product Specialists for their creativity and efforts in coordinating marketing and promotion.

The authors would also like to thank **Natalie Hansen,** Production Editor (Black Dot) and **Nancy Stevenson,** Prentice Hall liaison. The work of Black Dot's copy editor and proofreaders has been indispensable, and we thank them for their careful and professional work.

We are grateful, as well, to our institutions: East Tennessee State University, the University of Cincinnati, and the City College of New York for supporting and recognizing the value of this project. We also express our appreciation to Carlos Eire for allowing the authors to translate and include an excerpt from *Waiting for Snow in Havana*, and to CCNY graduate student Heidy Brea for her valuable help in the search for videos and songs for our book. Most importantly, we thank our friends and families for their patience and support, as ever.

Fusión: Comunicación y cultura is dedicated to Lourdes, Eddy, Cindy, Lindsey, Ed, Elena, Lauren, Will, Wayne, Alexis, Camille, Chris, Sandro, Ellie, Teresa, Ignacio, Isla, Ozzie, and Jackie Rey.

FUSIÓN

Comunicación y cultura

1

Esas modas
que van y vienen

2

¿Están de moda?

A empezar

La moda. ¿Cuál es una moda popular entre los jóvenes de hoy? ¿Cuál es una moda actual que no sigues? ¿Cuál es una moda que consideras pasajera? ¿Cómo se hace popular una moda nueva?

Curiosidades

¿Sabes...

cuánto le pagaron a Harvey Ball por crear la carita alegre ☺ en los años 60?

a. $400.000,00
b. $4.000,00
c. $40,00

qué estilo de chaqueta popularizaron los Beatles?

a. la Nehru
b. la de cuero
c. la de manga corta

quién es la persona que se puso ropa interior encima de su ropa en la foto que aparece en la tapa de su álbum?

a. Jennifer López
b. Tiny Tim
c. Madonna

cómo murió Ritchie Valens, el cantante que hizo popular la canción "La bamba" en los años 50?

a. en un accidente de avión
b. de una sobredosis de heroína
c. de una neumonía

Primera parte

¡Así es la vida!

En esa década

¿Largo, corto o mediano? Me refiero al pelo y también a las faldas, a los pantalones y acaso a los discos. A continuación verás a algunos hispanos famosos y una lista de las modas que se hicieron populares en su década. ¿Sabes quiénes son? ¿Conoces las modas que predominaban en cada década? ¿Cuáles han vuelto a estar de moda?

La moda de los años 50	¿Ha vuelto a estar de moda?	
la lámpara de lava	○ Sí	○ No
en los hombres, la vaselina en el cabello y las chaquetas de cuero	○ Sí	○ No
los cines al aire libre	○ Sí	○ No

Ritchie Valens, de origen mexicano y pionero del rock americano, grabó una versión rockera de la canción tradicional mexicana, "La bamba" en 1958.

La moda de los años 60	¿Ha vuelto a estar de moda?	
la carita alegre	○ Sí	○ No
la minifalda	○ Sí	○ No
los pantalones de campana	○ Sí	○ No

Hija de un físico mexicano, a Joan Báez se le conocía como "la reina de la canción protesta" durante los turbulentos años 60.

La moda de los años 70	¿Ha vuelto a estar de moda?	
el afro	○ Sí	○ No
loa zapatos de plataforma	○ Sí	○ No
la música disco	○ Sí	○ No

El conjunto Santana, encabezado por el mexicano Carlos Santana, combinó ritmos afrolatinos con los de rock y blues para crear un estilo singular.

La moda de los años 80	¿Ha vuelto a estar de moda?	
la moda "punk"	○ Sí	○ No
MTV	○ Sí	○ No
el pelo de la mujer muy inflado con mucho fijador	○ Sí	○ No

Gloria Estefan formó parte del conjunto Miami Sound Machine antes de iniciar su carrera como solista en 1989.

¡Así lo decimos! Vocabulario

Vocabulario primordial*

el anuncio
los (años) veinte, los treinta, cuarenta, etc.
cambiar
la década
el estilo
imitar
la publicidad
el público
seguir (i, i)

*These are expressions that you have either studied previously or are obvious English cognates. We list them under *Vocabulario primordial* (fundamental) as a reminder that they can be useful for the activities in this chapter. When you see these terms in context, we hope that you will use your guessing strategies to help build your Spanish vocabulary. Although we do not provide English translations here, you will find them in the glossary at the end of the text.

Vocabulario clave: Las modas

Verbos

difundirse	to spread
destacar	to stand out
durar	to last
hacerse popular	to become popular
influir en/sobre†	to influence
lograr	to achieve
mantenerse (ie)	to maintain oneself
pegar fuerte	to catch on

Sustantivos

la demanda	demand
el diseño	design
el género	type, genre
el maquillaje	make-up
la marca	brand (of a product), make of a car
la moda (pasajera)	(passing) fad
el/la modelo	model
el modo (de vestir, de bailar, etc.)	way (of dressing, dancing, etc.)
el movimiento	movement
el peinado	hairstyle
la tendencia	tendency

Otras expresiones

a la moda	in style/fashion (a person)
de moda	in style/fashion (something)
en onda/boga	in vogue
fuera de onda	out of vogue
pasado/a de moda	out of style

Ampliación

Verbos	Sustantivos	Adjetivos
cambiar	el cambio	cambiado/a
difundirse	la difusión	difuso/a
diseñar	el diseño, el/la diseñador/a	diseñado/a
durar	la durabilidad	duradero/a
imitar	la imitación	imitado/a
influir	la influencia	influido/a

†influyo, influyes...

¡Cuidado!

solo(a)/sólo, realizar/darse cuenta de

- Use **solo/a** as an adjective to mean *alone*.

  El chico fue **solo** al baile.   *The kid went alone to the dance.*

- Use **sólo** (with an accent) as an adverb to mean *only*.

  Hay **sólo** una marca de champú que me gusta.   *There is only one brand of shampoo that I like.*

- Use **realizar** in the sense of *to carry out* or *achieve*.

  La chica **realizó** su sueño de ser diseñadora.   *The girl achieved (carried out) her dream of becoming a designer.*

- Use **darse cuenta de** to mean *to realize* or *recognize*.

  Me **di cuenta de** que estaba pasado de moda.   *I realized it was out of style.*

▶ Aplicación

1-1 Las modas pasajeras. Pon en categorías las modas que se mencionan en *¡Así es la vida!* según su uso. Si crees que no forma parte de ninguna categoría, explica por qué.

La diversión	La apariencia física	Formas de comunicación	Otra(s)
	el afro		

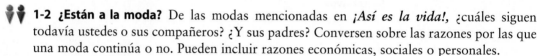 **1-2 ¿Están a la moda?** De las modas mencionadas en *¡Así es la vida!*, ¿cuáles siguen todavía ustedes o sus compañeros? ¿Y sus padres? Conversen sobre las razones por las que una moda continúa o no. Pueden incluir razones económicas, sociales o personales.

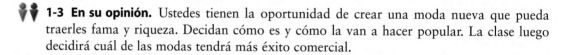 **1-3 En su opinión.** Ustedes tienen la oportunidad de crear una moda nueva que pueda traerles fama y riqueza. Decidan cómo es y cómo la van a hacer popular. La clase luego decidirá cuál de las modas tendrá más éxito comercial.

 1-4 A explorar: Pasado/a de moda. Visita la página web de *Conexiones* para ver otras modas pasajeras. Elige una y explica por qué ha pasado de moda.

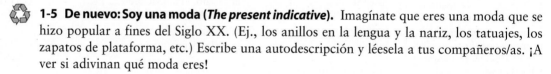 **1-5 De nuevo: Soy una moda (*The present indicative*).** Imagínate que eres una moda que se hizo popular a fines del Siglo XX. (Ej., los anillos en la lengua y la nariz, los tatuajes, los zapatos de plataforma, etc.) Escribe una autodescripción y léesela a tus compañeros/as. ¡A ver si adivinan qué moda eres!

> **MODELO:**
> –*Soy de plástico.*
> –*Soy redondo.*
> –*Puedo ser de diferentes colores.*
> –*Mi diámetro es de un metro.*
> –*La gente me usa para hacer ejercicio y para divertirse.*
> –*A veces hay concursos en que me usan.*
> –*...*
> –*¿Qué soy?* (El aro de hula-hula [*hula hoop*])

Recuerda: Para hacer esta tarea debes usar el presente del indicativo. (Si necesitas ayuda, consulta las tablas de verbos (*verb charts*) al final del libro.)

Reto: Escribe por lo menos seis oraciones y usa varias expresiones de *¡Así lo decimos!*

¡Así lo hacemos! Estructuras

1. The preterit tense

Uses of the preterit

The **preterit** is one of two simple past tenses in Spanish. It narrates an event or a series of events at a particular point in time, and events or actions with a specified or implied beginning, end, or both. It is used to indicate the following:

¿Quién fue ese?

- completed past actions or events

  Anoche **leí** cómo se **inventó** el primer videojuego.

  Last night I read about how the first videogame was invented.

- actions that began or finished (either explicitly or implicitly)

  El aro de hula-hula **duró** sólo unos pocos años.

  The hula hoop only lasted a few years.

- abrupt changes in emotions or in physical or mental states in the past

  El chico **se alegró** cuando **vio** el Corvair en el garaje de su casa.

  The boy was happy when he saw the Corvair in his home's garage.

- events that took place in an instant or in a limited period of time (whether stated or not)

  La modelo **se maquilló** antes de la sesión con el fotógrafo.

  The model put on her makeup before the session with the photographer.

- a series of events in a narration (to advance the plot)

  El diseñador **terminó** el dibujo, lo **puso** en un sobre y lo **echó** al correo.

  The designer finished the sketch, put it in an envelope, and put it in the mail.

Regular forms of the preterit

	TOMAR	COMER	VIVIR
yo	tom**é**	com**í**	viv**í**
tú	tom**aste**	com**iste**	viv**iste**
Ud., él, ella	tom**ó**	com**ió**	viv**ió**
nosotros/as	tom**amos**	com**imos**	viv**imos**
vosotros/as	tom**asteis**	com**isteis**	viv**isteis**
Uds., ellos, ellas	tom**aron**	com**ieron**	viv**ieron**

▶ Aplicación

1-6 Un movimiento musical de los 60. Lee la descripción de los músicos que más influyeron en la música desde los 60 hasta hoy en día. Subraya los verbos en el pretérito.

Un movimiento musical impactante

Cuando los Beatles se presentaron en vivo en el espectáculo de Ed Sullivan en febrero de 1964, comenzó la invasión de la música británica en Estados Unidos y en Canadá. Su primera aparición el 9 de febrero, en particular, marcó un hito (*milestone*) en la cultura pop norteamericana. Los jóvenes no sólo compraron sus discos, sino que también siguieron su modo de vestir y de peinarse. Así pues, cuando volvieron al programa en septiembre de 1965, el programa tuvo una audiencia de un 60 por ciento. El grupo no perdió influencia en los años siguientes. Grabaron 40 sencillos y varios álbumes. Llegaron a ser el grupo número uno en ventas y popularidad, no sólo en Norteamérica sino también en muchos otros países del mundo. Su modo de vestir, su corte de pelo y sus opiniones políticas y sociales les permitieron poder dictar la moda y ver su influencia manifestarse en las revoluciones sociales y culturales de la década de los 60.

1-7 Una invasión musical. Ahora contesta las preguntas a continuación.

1. ¿En qué década aparecieron los Beatles por primera vez en EE. UU.?
2. ¿Qué influencia tuvieron en la moda?
3. ¿Cuántos álbumes y sencillos produjeron?
4. ¿Cómo influyeron en el pensamiento social de su época?
5. ¿Conoces su música? ¿Qué canción te parece la más impactante?
6. ¿Conoces otro grupo musical como los Beatles que tuvo tanto impacto? ¿Cuál?

1-8 "Menudo". Completa el párrafo siguiente sobre la historia de otro grupo musical famoso usando la forma correcta del pretérito del verbo más apropiado de la lista.

crear	formar	invadir	recorrer	trabajar
decidir	imitar	recibir	tomar	usar

El grupo musical Menudo es considerado, sin duda, el fenómeno musical más grande de Latinoamérica de todos los tiempos. En 1977 Edgardo Díaz, un productor puertorriqueño, (**1**) _____ un concepto musical innovador con un grupo de muchachos jóvenes. Para conservar una imagen fresca, Díaz (**2**) _____ sustituir a sus integrantes (*members*) al cumplir los quince años. En preparación, los integrantes (**3**) _____ largas horas y (**4**) _____ lecciones de canto y baile para luego presentar un verdadero espectáculo ante un público internacional. Desde Puerto Rico, Menudo (**5**) _____ el mundo de la música pop. Menudo (**6**) _____ cinco continentes y (**7**) _____ la atención de millones de jóvenes con sus canciones en español, italiano, inglés, portugués y hasta en tagalo. Desde su inicio, 33 adolescentes (**8**) _____ parte de este grupo histórico. Muchos, como Ricky Martin, (**9**) _____ esta experiencia como plataforma para iniciar una carrera como solista. En Estados Unidos, algunos grupos juveniles posteriores como New Kids on the Block, Backstreet Boys y N*Sync entre otros (**10**) _____ su estilo y sus coreografías.

1-9 Momentos clave. Hay muchos momentos clave (*key*) en nuestras vidas que nunca olvidamos. Compartan una de estas experiencias con su compañero/a. ¿Qué hiciste? ¿Qué pasó? ¿Qué aprendiste de la experiencia? Aquí tienen algunas sugerencias.

- la primera lección de conducir
- el primer trabajo
- la primera cita

- la fiesta del "Prom"
- el primer concierto de rock

Common irregular verbs in the preterit

-AR WITH -ER/-IR FORMS	
dar:	di, diste, dio, dimos, disteis, dieron
ser:	fui, fuiste, fue, fuimos, fuisteis, fueron
ir:	fui, fuiste, fue, fuimos, fuisteis, fueron

- The verbs **ser** and **ir** have the same forms in the preterit. The context will clarify the meaning.

  Fuimos al concierto de rock.   *We went to the rock concert.*
  John Lennon **fue** un cantautor importante.   *John Lennon was an important singer-songwriter.*

- **Dar** uses the same forms as the -**er** and -**ir** verbs, but without accents.

  El músico le **dio** su autógrafo a la joven.   *The musician gave his autograph to the young woman.*

- With the exception of a few spelling changes, the verbs below follow a common pattern. Note that there are no accents on these endings:

-e	-imos
-iste	-isteis
-o	-ieron

U IN STEM	
estar:	estuve, estuviste, estuvo, estuvimos, estuvisteis, estuvieron
tener:	tuve, tuviste, tuvo, tuvimos, tuvisteis, tuvieron
andar:	anduve, anduviste, anduvo, anduvimos, anduvisteis, anduvieron
poder:	pude, pudiste, pudo, pudimos, pudisteis, pudieron
poner:	puse, pusiste, puso, pusimos, pusisteis, pusieron
saber:	supe, supiste, supo, supimos, supisteis, supieron

I IN STEM	
hacer:	hice, hiciste, hi**z**o, hicimos, hicisteis, hicieron
querer:	quise, quisiste, quiso, quisimos, quisisteis, quisieron
venir:	vine, viniste, vino, vinimos, vinisteis, vinieron

-IERON → ERON	
traer:	traje, trajiste, trajo, trajimos, trajisteis, trajeron
conducir*:	conduje, condujiste, condujo, condujimos, condujisteis, condujeron
decir:	dije, dijiste, dijo, dijimos, dijisteis, dijeron

*Other verbs like conducir: *introducir, producir, traducir*

● When the verb **haber** means *there was/were*, always use the third person singular.

Hubo un cambio radical de moda entre
los 50 y los 60.

Hubo cambios importantes en todos los
aspectos de la vida.

*There was a radical change in fashion
from the 50s to the 60s.*

*There were important changes in every
aspect of life.*

Verbs with spelling changes in the preterit

● Verbs that end in -**er** and -**ir** preceded by a
vowel (for example, **creer**, **caer**, **leer**, and **oír**)
change the **i** to **y** in the third person.

-í	-imos
-iste	-isteis
-yó	-yeron

Mi abuela **creyó** que la Macarena era
una galleta.

Ese año se **oyeron** varios tipos de
música diferentes.

*My grandmother believed the Macarena
was a cookie.*

*That year several different kinds of
music were heard.*

● Verbs that end in -**car**, -**gar**, and -**zar** have a spelling change in the first person singular
of the preterit in order to maintain the original sound. All other forms of these verbs
are conjugated regularly. Some verbs that follow this pattern are:

abrazar	empezar	obligar
almorzar	explicar	pagar
buscar	llegar	practicar
comenzar	negar	tocar

c → qu	buscar	busqué, buscaste, buscó...
g → gu	llegar	llegué, llegaste, llegó...
z → c	almorzar	almorcé, almorzaste, almorzó...

Busqué una marca nueva de auto.

Llegué tarde al concierto de música *punk*.

Almorcé con mis amigos en un nuevo
restaurante de comida fusión.

I looked for a new make of car.

I arrived late for the punk concert.

*I ate lunch with my friends at a new,
fusion cuisine restaurant.*

▶ Aplicación

1-10 La historia de los videojuegos. Usa la forma correcta del pretérito para completar este artículo sobre los primeros videojuegos.

En 1958, el ingeniero William Higginbotham (querer) _____ entretener a los visitantes del Brookhaven National Laboratory e (inventar) _____ un simulador de tenis de mesa, Tennis for Two, considerado hoy en día como el primer juego interactivo. Otras figuras importantes que (contribuir) _____ al diseño y desarrollo de los videojuegos (ser) _____ Steven Russell, Ralph Baer y Nolan Bushnell. Muchos de los videojuegos que (traerse) _____ al mercado en los años 70 (tener) _____ sus orígenes en las creaciones de estos tres genios de la ingeniería y la programación. De Higginbotham, por ejemplo, (venir) _____ el conocido juego Pong que (aparecer) _____ en los primeros salones de máquinas recreativas. Space Invaders (hacerse) _____ popular gracias a la primera versión de Bushnell. Con la colaboración y talento de muchos otros, los videojuegos (poder) _____ salir de su ámbito universitario y convertirse en el pasatiempo más popular de esta generación.

1-11 En su opinión. Digan si están de acuerdo o no con estas afirmaciones y expliquen sus opiniones.

1. El plástico fue el invento más importante del Siglo XX.
2. El afro siguió estando de moda hasta hoy en día.
3. Calvin Klein tuvo el impacto más importante sobre la moda en los 90.
4. Los góticos introdujeron el color negro en la moda.
5. Los hippies no quisieron formar parte de la sociedad.

1-12 ¿Qué hicieron? Imagínense una conversación entre un hippie de los años 60 y un *yuppie* de los años 80, o un fanático del disco de los años 70 y un rapero de los años 90. Escojan a dos de esos personajes. Piensen en la ropa, la música y las actividades típicas de estas épocas. Usen los siguientes verbos en el pretérito e inventen respuestas apropiadas según los contextos históricos.

> **MODELO:** YUPPIE: *¿Qué almorzaste ayer?*
> HIPPIE: *No almorcé nada. Estuve en huelga de hambre. ¿Y tú?*
> YUPPIE: *No tuve tiempo. Tuve una reunión con los accionistas* (investors).

abrazar	decir	hacer	pagar	querer
almorzar	descubrir	ir	poder	tocar
buscar	empezar	leer	ponerse	traer
dar	estar	llegar	oír	venir

Preterit of stem-changing verbs

- Stem-changing **-ir** verbs in the present tense also have stem changes in the preterit. The changes are:

  e → i
  o → u

- These changes only occur in the third person singular and plural.

¡Qué suerte! Se durmieron en seguida.

pedir:	pedí	pedimos
	pediste	pedisteis
	p**i**dió	p**i**dieron
dormir:	dormí	dormimos
	dormiste	dormisteis
	d**u**rmió	d**u**rmieron

The following verbs follow a similar pattern:

divertirse (i)	**morir (u)**	**reírse (i)**	**seguir (i)**	**servir (i)**
mentir (i)	**preferir (i)**	**repetir (i)**	**sentir (i)**	**vestirse (i)**

John Lennon **murió** a manos de un asesino en 1980.
Todos **siguieron** el juicio de Mark Chapman.

John Lennon died at the hands of an assassin in 1980.
Everyone followed the trial of Mark Chapman.

▶ Aplicación

1-13 Un concierto de Live Aid. En 1985 hubo un concierto para beneficiar a las víctimas del hambre en África. Muchos grupos de rock participaron en ese evento. Combina las preguntas con respuestas lógicas.

> **MODELO:** ¿Quién organizó el concierto?
> *Lo organizaron varios músicos de rock.*

1. ___ ¿Por qué hubo un concierto?

2. ___ ¿Dónde fue el concierto?

3. ___ ¿Quiénes estuvieron presentes?

4. ___ ¿Qué pidieron los músicos?

5. ___ ¿Cómo se sintieron todos al día siguiente?

a. Donaciones de comida y dinero para los necesitados.

b. En el estadio JFK en Filadelfia.

c. Cansados pero contentos.

d. Aficionadas al grupo The Who.

e. Para recaudar fondos para ayudar a la gente en Etiopía.

1-14 Ahora ustedes. Pregúntale a tu compañero/a sobre un concierto. Usa las mismas preguntas de **1-13** y otras diferentes. Usa oraciones completas para responder y prepárate con tu compañero/a para presentar un resumen de la conversación al resto de la clase.

> **MODELO:** E1: *¿Dónde fue el concierto?*
> E2: *Fue en el estadio de la universidad.*

1-15 ¡Expediente X! Uno de los programas más populares de fines del Siglo XX fue *Expediente X* en Fox TV. Todas las semanas los protagonistas Scully y Mulder se defendían de fuerzas misteriosas ante un público de 14 millones de personas. Haciendo el papel de Scully o Mulder y de un testigo (*witness*), túrnense para entrevistarse sobre una visita de un extraterrestre.

1. ¿Cuándo viste al extraterrestre por primera vez?
2. ¿Cómo llegó?
3. ¿Cómo te comunicaste con él?
4. ¿Qué le dijiste al extraterrestre?
5. ¿Qué te contestó?
6. ¿Qué te pidió?
7. ¿Cuándo se fue el extraterrestre?
8. ¿Qué hiciste después?

 1-16 El/La adivino/a. Imagínate que sabes leer las manos. Túrnate con tu compañero/a para adivinar cinco cosas que él o ella hizo el año pasado.

> **MODELO:** *Veo en tus manos que el año pasado hiciste un viaje a...*

2. The imperfect tense

Uses of the imperfect

The imperfect is another simple past tense in Spanish. The Spanish imperfect has four common English equivalents:

- the simple past
- the past progressive
- either "would" or "used to" + infinitive (for habitual actions in the past)

El diseñador **hablaba** de las modas más importantes de la década.

The designer $\left.\begin{array}{l} \textit{talked} \\ \textit{was talking} \\ \textit{would talk} \\ \textit{used to talk} \end{array}\right\}$ *about the most important styles of the decade.*

- The imperfect tense is used to describe a **continuous past action or state**. It makes no reference as to the exact beginning, duration, or end of the action.

Cuando **estaba** en la universidad, era popular llevar varios aretes.

When I was at the university, it was popular to wear several earrings.

- The imperfect is used to describe **repeated, habitual, or continuous actions in the past.**

  Cuando **tenía** quince años, **leía** revistas
  sobre gente famosa.

  *When I was fifteen, I used to read
  magazines about famous people.*

- The imperfect is used to describe two simultaneous activities.

  La presentadora **explicaba** los estilos
  nuevos mientras las modelos
  caminaban por la pasarela.

  *The presenter explained the new styles
  as the models walked down the
  runway.*

- When **one action interrupts another**: the action that interrupts is expressed in the
  preterit, and the interrupted action in the **imperfect.**

  Era 1960 cuando Chubby Checker
  introdujo el twist por primera vez.

  *It was 1960 when Chubby Checker first
  introduced the twist.*

Forms of the imperfect

Most verbs in the imperfect are regular.

Regular forms of the imperfect

- Note that the three verbs listed end in **-ar, -er,** and **-ir,** respectively.

hablar:	habl**aba**, habl**abas**, habl**aba**, habl**ábamos**, habl**abais**, habl**aban**
comer:	com**ía**, com**ías**, com**ía**, com**íamos**, com**íais**, com**ían**
vivir:	viv**ía**, viv**ías**, viv**ía**, viv**íamos**, viv**íais**, viv**ían**

*¿No había fotos digitales
en esos días?*

*No. Sólo teníamos
fotos en papel.*

- Only the first person plural of **-ar** verbs has
  a written accent mark. All **-er** and **-ir** verbs
  have the same endings in the imperfect
  tense. All forms have a written accent mark.

- There are only three irregular verbs in the
  imperfect.

- Note:
  Only the first-person plural forms of *ir* and
  ser have a written accent mark; all forms of
  ver require an accent mark.

Irregular verbs in the imperfect

ir:	iba, ibas, iba, íbamos, ibais, iban
ser:	era, eras, era, éramos, erais, eran
ver:	veía, veías, veía, veíamos, veíais, veían

Todos los años íbamos a conciertos donde veíamos los mejores grupos de música rock.

- The imperfect of the verb **ir** plus **a** and the infinitive is used to express **immediate future in the past**, especially if the action was interrupted or not completed.

Yo **iba** a escribir sobre el movimiento hippie.   *I was going to write about the hippie movement.*

▶ **Aplicación**

1-17 Un programa pionero en la televisión. En los años 50 y 60 muchos de los programas de televisión eran en vivo. Lee sobre uno de ellos y subraya todos los verbos en el imperfecto. Identifica también el infinitivo de cada verbo.

Desi Arnaz era uno de los pocos latinos que aparecían en la televisión en vivo durante los 50.

Detrás de las risas provocadas por las cómicas situaciones de *I Love Lucy*, había una ruptura revolucionaria de los estereotipos. La serie mostraba, por primera vez, un matrimonio intercultural en un programa familiar emitido en horas de máxima audiencia. A través de Lucy y Ricky Ricardo convivían dos culturas: la cubana y la estadounidense con respeto para ambas. Para comenzar, Ricky Ricardo, el guapo esposo cubano de la estadounidense Lucy, era el más inteligente de la familia. Además, este personaje hispano no era ni bandido, ni drogadicto, ni pobre, ni analfabeto (*illiterate*), habitual imagen de los hispanos aún hoy en la industria del cine y la televisión. *I Love Lucy* incorporó innumerables novedades técnicas y de contenido: se grababa en vivo; se usaban tres cámaras; se contaba con la presencia del público durante la grabación; un hispano interpretaba un papel de un personaje hispano más listo que el personaje anglosajón que interpretaba su coprotagonista. Además, el mismo Desi Arnaz producía la serie.

1-18 Un programa innovador. Contesta con una oración completa las preguntas basadas en el párrafo anterior.

1. ¿Cómo se llamaba la serie?
2. ¿Por qué era innovadora?
3. ¿Quiénes estaban presentes durante la grabación?
4. ¿Quién producía la serie?
5. Antes de ser estrella de la televisión, Desi Arnaz ya era muy conocido. ¿Sabes cuál era la profesión original de Desi Arnaz?

1-19 Un programa ya pasado de moda. Piensa en un programa que gozaba de mucho éxito en el pasado. Cuéntale a tu compañero/a cómo se llamaba el programa, cuándo era popular, quiénes eran los actores principales, qué hacían, cuándo y con quién lo veías y cómo te sentías cuando lo veías.

> **MODELO:** *En 1988 cuando vivía en Alabama veía mucho el programa de los Simpson...*

 1-20 Cuando era más joven. Usa el imperfecto para contarle a tu compañero/a cinco cosas que no te atrevías (*dared*) a hacer cuando eras más joven, pero que ahora haces normalmente.

> **MODELO:** *Cuando era más joven no me atrevía a bailar en público porque me avergonzaba.*

 1-21 A explorar: Unos años divertidos. Visita la página web de *Conexiones* para leer anécdotas de los estilos y la música de los años 80 o 90. Elige uno de los temas, y escribe un párrafo en el que describas tus experiencias o conocimientos de la moda y la vida de esa década.

 1-22 Un grupo legendario del Siglo XX. A continuación vas a escuchar información sobre Mecano, un grupo musical que tuvo mucha influencia sobre la cultura popular del Siglo XX. Contesta brevemente las preguntas que siguen.

1. ¿En qué país se fundó el grupo?
2. ¿Durante qué décadas era popular?
3. ¿Cómo se sabe que también tuvo éxito internacional?
4. ¿Cuántos miembros tenía el grupo?
5. ¿Cuál de ellos tiene éxito como solista?

 1-23 Debate: Las modas. Formen dos grupos para debatir uno de los siguientes temas. Usen el pretérito y el imperfecto en su discurso e incluyan comparaciones con el pasado.

Resolución: En las escuelas públicas debe haber reglas sobre el modo de vestir de los estudiantes y se debe prohibir que los chicos tengan tatuajes y perforaciones corporales.

Resolución: Debemos boicotear la ropa hecha en países donde no se respetan los derechos humanos de los trabajadores.

Frases comunicativas

En mi opinión,...
Con todo respeto,...
(No) Estoy de acuerdo...

> **MODELO:** *En el pasado, los chicos siempre se vestían de una manera apropiada en las escuelas. Ahora no...*

Conéctate

VideoRed

▶ Antes de verlo

1-24 Fuera de onda. Haz una lista de cinco o más modas que ya no se usen y que pienses que puedan aparecer en este video. Después, confirma si aparecieron o no. ¿Cuáles de ellas has seguido en el pasado?

▶ A verlo

Esas modas pasajeras (Jaime Gómez León, España)

▶ Después de verlo

 1-25 Pegaron fuerte. De las modas que aparecieron en el video, nombren dos o más que no conocían. De las que sí conocen, expliquen si eran o si han vuelto a ser populares entre sus amigos y compartan sus experiencias con ellas.

Comunidades

1-26 La ropa y el trabajo. Investiga si hay organizaciones que vendan ropa de segunda mano en tu comunidad que ayuden a los empleados de bajos recursos a lucir bien en el trabajo; Ej., Dress for Success, Goodwill, Salvation Army. Escribe un informe sobre los servicios que ofrecen estas organizaciones y el número de personas que sirven. Averigua *(Find out)* si está creciendo o disminuyendo el número de sus clientes y la razón o razones por la cual esto ocurre.

Conexiones

 1-27 ¿Una moda duradera? ¿Creen que hay modas duraderas? Piensen en una que era popular hace veinte años o más y que ha vuelto a ser popular. ¿Cuáles son algunos de los factores que contribuyen a que una moda vuelva a usarse?

Comparaciones

1-28 En tu experiencia. ¿Cómo se caracterizaba la contracultura de los hippies en los años 60 y 70 en EE. UU.? ¿Qué situación política contribuyó al movimiento? ¿Conoces a alguien que todavía parezca un hippie viejo?

Por los años 80, el español Juan Carlos Argüello, "Muelle", empezó a inundar con sus grafitos las calles y el metro de Madrid.

La movida madrileña

La movida madrileña fue un movimiento contracultural español que surgió durante los primeros años de la transición hacia la democracia y que se prolongó desde la muerte del dictador Francisco Franco en 1975 hasta casi el final de los ochenta.

La noche madrileña fue muy activa no sólo por las salidas nocturnas de los jóvenes, sino a causa de un interés inusual en la llamada *cultura alternativa*, las drogas y la contracultura que surgió en Estados Unidos en la década de los 60. Ese movimiento rechazó los valores sociales y el modo de vida establecidos y propuso valores y soluciones alternativas: el pacifismo, la vida en comunas, el retorno a la Naturaleza, la experimentación con drogas psicodélicas, el amor libre, la espiritualidad oriental y el consumo frugal.

No sólo los jóvenes, sino también muchos políticos apoyaron la cultura alternativa como un paso hacia la modernidad, o por lo menos algo muy diferente de las cuatro décadas de dictadura.

Entre los artistas de la época se incluye Juan Carlos Argüello (1966–1995) más conocido por su firma "Muelle", un pionero en España de un estilo de grafito, similar al *tagging* que se había desarrollado en Estados Unidos. En el cine, se destaca Pedro Almodóvar.

1-29 En su opinión. Den su opinión y justifíquenla.

1. El movimiento contracultura no se volverá a repetir más en Estados Unidos.
2. El movimiento contracultura es autodestructivo.
3. El grafito tiene valor artístico.
4. Es posible retornar a la Naturaleza sin ser hippie.

Segunda parte

¡Así es la vida!

El automóvil y la moda

El automóvil, tal como lo conocemos en la actualidad, fue inventado en Alemania en 1886 por Carl Benz. El primer viaje largo en automóvil fue de unos 105 km, pero en esa época la velocidad máxima era de unos 20 km/h, y se gastaba muchísima más gasolina de la que gasta ahora un vehículo a esa misma velocidad. En las décadas siguientes, el automóvil ha llegado a ser no sólo una parte íntegra de nuestras vidas, sino también un símbolo de la personalidad de su dueño.

A ver si puedes emparejar estos automóviles con la década en que se fabricaron y alguna moda popular de la misma.

Década	Automóvil	Modas
los 40		Todos bailaban el twist.
los 50		Los Simpsons eran populares en la televisión.
2000		La cultura "Beat" era evidente entre otras cosas en la literatura, la moda y el jazz.
los 70		Tommy Dorsey y Johnny Mercer eran populares en la música.
los 90		Se estrenó el programa "Sobreviviente" en la televisión.
los 60		Se estrenó la película *El padrino*.

¡Así lo decimos! Vocabulario

Vocabulario primordial

el concepto
el exterior
el interior
el invento
la preferencia

Vocabulario clave: Los autos

Verbos

conducir/manejar	*to drive (a vehicle)*
gastar	*to spend, to waste*
fabricar	*to manufacture*
considerar	*to consider*

Sustantivos

el apodo	*nickname*
el/la dueño/a	*owner*
la época	*era*
la imagen	*image*
la novedad	*novelty, news*

Adjetivos

ágil	*agile, quick*
espacioso/a	*spacious*
lujoso/a	*luxurious*
manejable	*manageable*
potente	*powerful*

Para hablar de los automóviles

los asientos de cuero	*leather seats*
el auto compacto	*compact car*
las bandas decorativas	*decorative stripes*
el descapotable/ convertible	*convertible*
la furgoneta*	*van*
el híbrido	*hybrid*
los kilómetros por hora (km/h)	*kilometers per hour*
los kilómetros por litro/galón	*kilometers per liter/gallon*
el todoterreno	*all-terrain vehicle (ATV)*
la tracción a cuatro ruedas	*four-wheel drive*
el vehículo deportivo utilitario	*sport utility vehicle (SUV)*
la velocidad	*speed*

Ampliación

Verbos	Sustantivos	Adjetivos
fabricar	la fabricación	fabricado/a
gastar	el gasto	gastado/a
inventar	el invento	inventado/a
preferir (ie, i)	la preferencia	preferido/a

*Also *el monovolumen*: minivan

¡Cuidado!

- **dejar + direct object** means "to leave (something)."

  Dejé mi auto en el estacionamiento.   *I left my car in the parking lot.*

- **dejar + infinitive** means "to allow" or "to let."

  Mis padres no me **dejaban** conducir de noche.   *My parents didn't let me drive at night.*

- **dejar de + infinitive + direct object** means "to stop doing (something)."

  ¿**Dejaste de buscar** un auto nuevo?   *Did you stop looking for a new car?*

▶ Aplicación

1-30 Tu personalidad y tu auto. ¿Eres un auto importado exótico o un auto americano musculoso? ¿Un auto clásico o un todoterreno? Completa esta encuesta para descubrir tu vehículo interior.

1. ¿Eres apasionado/a?
2. ¿Cambias mucho de dirección?
3. ¿Eres fuerte?
4. ¿Haces mucho ruido?
5. ¿Necesitas mucha atención?
6. ¿Pierdes control fácilmente?

7. ¿Te gusta sentir la brisa en el pelo en el verano?
8. ¿Eres competitivo/a?
9. ¿Eres práctico/a?
10. ¿Tienes gustos lujosos?
11. ¿Te gusta pasear por el campo?
12. Si fueras una herramienta (*tool*), ¿cuál serías, un martillo (*hammer*) o un bisturí (*scalpel*)?

Date 1 punto si respondiste "sí" a las preguntas 9, 11 y bisturí

Date 2 puntos si respondiste "sí" a las preguntas 1, 5, 7, 8, 10

Date 3 puntos si respondiste "sí" a las preguntas 2, 3, 4, 6 y martillo

3–9 Eres práctico y te importa el valor más que el lujo. Sin embargo, te gusta un estilo fluido (*sleek*). Tal vez seas un auto híbrido. Si juegas un deporte, es al golf o haces jogging.

10–19 Eres un auto rápido deportivo. No te importa el costo de la gasolina. Es probable que seas descapotable. Si juegas a un deporte, es al tenis o te gusta nadar.

20–28 Eres un vehículo deportivo utilitario grande y poderoso con tracción a cuatro ruedas. Si juegas a un deporte, es al fútbol americano o al rugby.

Ahora contesta las siguientes preguntas.

1. ¿Cómo eres si tuviste 3–9 puntos?
2. Con 10–19 puntos, ¿qué tipo de auto eres?
3. Con 20–28 puntos, ¿a qué deportes juegas?
4. ¿Cuántos puntos tiene el que puede ser un auto híbrido?
5. ¿Quién tiene tracción a cuatro ruedas?
6. ¿A quién no le importa el costo de la gasolina?

◀))) **1-31 Una encuesta (*poll*) del periódico.** Vas a escuchar un informe que apareció en el periódico basado en una encuesta que hizo The Associated Press. Indica si las siguientes declaraciones son ciertas o falsas. Explica las falsas.

Según la encuesta...

1. _____ La mayoría de los estadounidenses cree que su auto tiene una personalidad.
2. _____ Hay varios apodos populares para los autos.
3. _____ La personalidad y los apodos son típicamente femeninos.
4. _____ Los hombres generalmente bautizan (*baptize*) a sus autos.
5. _____ A los norteamericanos les gusta conducir su auto.
6. _____ Les gusta conducir más a los que tienen entre 30 y 39 años.
7. _____ La marca de auto indica la personalidad de su dueño.

1-32 ¿En onda o fuera de onda? A continuación hay una lista de cambios de estilo o de utilidad que se introdujeron en la industria automovilística a partir de los años 50. Decidan cuál es el orden de importancia para la moda (**M**) y para la humanidad (**H**) de estos cambios. ¿Cuáles han perdurado? Expliquen su opinión.

_____ las aletas (*fins*) de los 60

_____ el combustible biodiesel

_____ las ventanillas eléctricas

_____ el tocador 8 track

_____ los autos con 8 cilindros

_____ los autos eléctricos

_____ los autos que pueden estacionarse automáticamente

 1-33 A explorar: Los autos. El estilo de los autos pasa rápidamente de moda según los gustos personales y las campañas publicitarias de las empresas de automóviles. Visita la página web de *Conexiones* para ver algunos autos clásicos de otras épocas. Elige uno y escribe un párrafo en que lo compares con el que tienes ahora o el que quieres tener algún día.

1-34 De nuevo: Una marca de automóvil que ya no se fabrica (*The preterit*). Elige una marca que se haya dejado de fabricar, por ejemplo, el Falcon, el Yugo, el Beetle o el SEAT, e investiga en la Internet eventos que ocurrieron durante su apogeo (*apogee*) en este país y en el mundo hispano. Diseña una línea de tiempo para los aficionados a la historia del automóvil con algunos eventos relacionados a la época en que ese auto era popular.

> **MODELO:** El Modelo T (1907–1928)

- *1907 La empresa Ford Motors <u>introdujo</u> el Modelo T y el automóvil <u>llegó</u> a formar parte de la vida estadounidense. En España <u>nació</u> el Infante Alfonso, heredero (heir) al trono.*
- *1914 La empresa <u>anunció</u> un sueldo mínimo de $5 por día y <u>estableció</u> un día laboral de 8 horas. En España se <u>descubrió</u> que el Infante tenía hemofilia.*

. . .

- *1928 Se <u>dejó</u> de fabricar el Modelo T y se <u>empezó</u> a fabricar el Modelo A. España fue readmitida a la Liga de Naciones.*

Recuerda: Para escribir el texto de tu página necesitas utilizar el pretérito de la *Primera parte.*

Reto: Incluye por lo menos cinco puntos en tu línea de tiempo y cinco eventos del mundo hispano.

¡Así lo hacemos! Estructuras

3. Preterit vs. imperfect

- The **preterit** and the **imperfect** reflect the way the speaker views an action or event. The **preterit** informs about a finished action. The **imperfect** describes people, objects, or situations and informs about an unfinished action in the past.
- When used together, the **preterit** refers to the action that takes place while the **imperfect** describes the surroundings or what was happening.

Hacía un sol brillante. Era un día perfecto y Bond iba paseando en auto por la carretera de la costa cuando de repente se encontró con una enorme roca en el camino.

Note: The underlined verb is in the imperfect tense and the verb in bold is in the preterit.

Todo <u>estaba</u> oscuro. A lo lejos <u>había</u> una puerta. La **abrí, entré** y **encontré** un automóvil T-bird de 1955. <u>Era</u> el auto de mis sueños.

*Everything <u>was</u> dark. In the distance there <u>was</u> a door. **I opened** it, **entered** and **found** a 1955 T-bird. It <u>was</u> my dream car.*

- An action may take place while another one is under way. In that case, the first is expressed in the **imperfect,** while the **preterit** is used for the second.

<u>Inspeccionaba</u> el interior del auto que <u>pensaba</u> comprar cuando **vi** un billete de cien dólares en el piso.

<u>I was inspecting</u> the interior of the car that <u>I was planning to buy</u> when **I saw** a hundred-dollar bill on the floor.

PRETERIT

1. **completed actions**

   El cliente **pagó** mucho por su auto.
   The customer paid a lot for his car.

2. **beginning/end**

   Los diseñadores **llegaron** temprano para la reunión y **se fueron** muy de noche.
   The designers arrived early for the meeting and left very late into the night.

3. **series of completed actions**

   Henry Ford **fundó** la empresa, **diseñó** los automóviles y **pudo** vender millones.
   Henry Ford founded the business, designed the cars, and managed to sell millions.

4. **time frame/weather event**

   El Modelo T fue popular por veinte años.
   The Model T was popular for twenty years.

5. **mental, emotional, and physical changes**

   El nombre del fundador **se convirtió** en la marca.
   The name of the founder became the make.

IMPERFECT

1. **background/description**

   El auto **era** descapotable y **tenía** dos puertas.
   The car was a convertible and had two doors.

2. **ongoing action**

   Mientras **conducíamos, escuchábamos** la radio.
   While we drove (were driving) we listened (were listening) to the radio.

3. **habits**

   Todas las noches **oíamos** los todoterrenos.
   Every night we heard the ATVs.

4. **time/weather as background**

   Eran las dos de la tarde y **llovía**.
   It was two in the afternoon and it was raining.

5. **mental, emotional, and physical conditions**

   El auto híbrido **era** pequeño y económico.
   The hybrid car was small and economical.
   Su dueño **estaba** muy contento con él.
   Its owner was very happy with it.

The preterit and imperfect used in the progressive forms emphasize an action in progress. Unlike the more common imperfect progressive, the preterit progressive implies the action has ended.

La mujer **estuvo conduciendo** sin parar hasta que llegó al hospital.

The woman was driving without stopping until she arrived at the hospital.

El policía **estaba hablando** por la radio cuando vio pasar el auto robado.

The policeman was talking on the radio when he saw the stolen car going by.

▶ Aplicación

1-35 El auto del agente 007. Muchas veces los automóviles se convierten en personajes de películas. Eso sucedió con las películas de James Bond. Lee sobre esos autos, subraya los verbos en el pretérito y haz un círculo alrededor de los verbos en el imperfecto.

Los coches del agente 007

El famoso Aston Martin

A través de sus misiones James Bond tenía varios vehículos con elementos adicionales que le eran muy útiles. Todo comenzó a partir de los años de la Guerra Fría con el *Sunbeam Alpine*. Después consiguió el famoso Aston Martin DB5 de 1963, el que se convirtió en su vehículo oficial. En los años 70 conducía el fabuloso Lotus Esprits de 1977. En los 80 volvió el Aston Martin, esta vez el modelo V8 del 1987. En la época actual, lo encontrarán o en un BMW o en un Aston Martin. Sin lugar a duda el Aston Martin se identifica como el vehículo de James Bond

007. En 1970, este auto se vendía por menos de $10.000. Sin embargo, en 2006, se vendió uno por más de dos millones de dólares.

A lo largo de sus misiones el agente 007 pudo escapar gracias a un medio de transporte especial, ya fuera por aire, mar o tierra. No siempre James Bond utilizaba un vehículo directamente. En ocasiones usaba el que le proporcionaba Q, o uno rentado. Varias veces era sólo pasajero, y la que conducía el auto era una de sus espectaculares amigas.

1-36 Los autos del agente 007. Ahora, contesta las preguntas basadas en el artículo anterior.

1. ¿En qué época empezó la historia de James Bond?
2. ¿Cuál fue el primer auto que tuvo?
3. ¿Qué vehículo se convirtió en "su auto oficial"?
4. ¿Cuánto costaba un Aston Martin en 1970?
5. Cuando era pasajero, ¿quiénes le ayudaban a escaparse?
6. En tu opinión, ¿tenía personalidad su auto?

1-37 Los jefes de estado que vivieron la historia. Identifica quién era el presidente de EE. UU. cuando ocurrieron los hechos siguientes. Combina las dos columnas para formar oraciones completas.

> MODELO: *Dwight D. Eisenhower __era__ presidente en 1957 cuando los rusos __lanzaron__ el primer satélite.*

1. _____ John F. Kennedy
2. _____ Gerald Ford
3. _____ Harry Truman
4. _____ Ronald Reagan
5. _____ Richard Nixon
6. _____ Jimmy Carter

a. (*Caer*) el muro de Berlín en 1989.

b. (*Proponer*) un programa para llegar a la Luna en 1962.

c. (*Perdonar*) al presidente Nixon en 1974.

d. (*Reconciliarse*) los gobiernos de Israel y Egipto en el convenio de Camp David en 1978.

e. Los primeros astronautas (*pisar*) la Luna en 1969.

f. (*Ordenar*) el bombardeo nuclear de Japón en 1945.

1-38 La piloto hispana en la Indie 500. Lee sobre esta pionera de la Indie 500 y prepara cinco preguntas sobre esta destacada conductora.

> MODELO: *¿Cuántas conductoras compitieron en la Indie 500?*

Talentosa, bella e inteligente son algunos adjetivos que se pueden utilizar para describir a la venezolana Milka Duno, una de los conductores de autos de carreras más exitosos del mundo. Milka es ingeniera naval y tiene cuatro maestrías. En 2004, Milka llegó a ser la primera mujer en ganar una carrera internacional importante cuando triunfó en la carrera Grand American Rolex Sports Car Series Grand Prix en Miami. Ella repitió este éxito con una segunda victoria en el mismo circuito siete meses más tarde. Es más, en el 2005 Milka consiguió su tercera victoria en la misma carrera.

La piloto Milka Duno volvió a hacer historia en 2007 como la primera mujer hispana en competir en la Indianápolis 500. Ella fue una de sólo tres conductoras femeninas que compitieron en la carrera. Condujo un Honda y terminó la carrera en el lugar número 31.

"Este es el día más asombroso de mi carrera", les dijo la Srta. Duno a los periodistas después de calificar para la carrera. "Nunca he experimentado tanta presión ni tanta tensión como en los últimos dos días".

 1-39 ¿Qué saben de Milka Duno? Háganse y contesten las preguntas que escribieron para la actividad de **1-38**.

 1-40 ¿Qué hacías cuando...? Piensen cada uno/a en cinco momentos importantes de su vida. Escriban los detalles: dónde estaban entonces, cómo eran y qué hacían; luego compártanlos con su compañero/a.

> MODELO: *Tenía dieciséis años cuando recibí mi carné de conducir y estaba muy nerviosa porque mi padre era muy estricto. Y tú, ¿a qué edad lo recibiste?*

1-41 Otro pasado juntos. Imagínense que eran uno de los autos de James Bond e inventen una aventura que tuvieron. ¿Qué año era? ¿Dónde estaban? ¿Qué les pasó? ¿Qué hicieron? ¿Cómo terminó el incidente?

The preterit and the imperfect with different meanings
Certain Spanish verbs change meaning in the preterit depending on whether the emphasis is given to the beginning of an action, or to the effort put forth in doing the action.

PRETERIT: BEGINNING OF AN ACTION AND EFFORT PUT FORTH

- **conocer: Conocí** a la conductora en una fiesta.
  I met the driver at a party. (beginning of knowing)

- **costar:** El auto **costó** muchísimo dinero.
  The car cost a lot of money. (effort required)

- **poder:** Los japoneses **pudieron** dominar el mercado.
  The Japanese managed to dominate the market. (could and did—effort put forth)

- **no poder: No pude** conducir un auto con transmisión manual.
  I couldn't (failed to) drive a car with standard transmission. (a special effort and failure implied)

- **querer:** La señora **quiso** comprar un auto de lujo.
  The woman tried to buy a luxury car. (wanted and acted upon it)

- **no querer:** El agente **no quiso** venderle una marca económica.
  The agent refused to sell her an economical make. (acted upon the desire not to)

- **saber: Supimos** que viajaríamos en el Porche azul.
  We found out we would travel in the blue Porche. (beginning of knowing about it)

- **tener: Tuve** una noticia muy emocionante.
  I received (beginning of having) very exciting news.

- **tener que:** El diseñador de la Nissan **tuvo que** contarme sus planes.
  The Nissan designer had to tell me his plans. (he acted upon it)

IMPERFECT: ONGOING ACTION (NO PARTICULAR BEGINNING OR END)

- **conocer: Conocía** entonces a varios conductores de autos de carreras.
  I used to know then (was acquainted with) several race-car drivers.

- **costar:** En esa época un auto deportivo **costaba** $50.000.
  At that time a sports car cost (was) $50,000. (implies not bought)

- **poder:** El vendedor **podía** vender autos con tracción a cuatro ruedas.
  The salesman could sell four-wheel drive cars. (had the ability and/or opportunity)

- **no poder:** Los clientes no **podían** acostumbrarse a los autos pequeños.
  The clients couldn't get used to small cars. (no reference to a specific effort or failure)

- **querer:** Las empresas **querían** convencer al público que cuanto más grande, mejor.
  The companies wanted to convince people that bigger was better. (no reference to success)

- **no querer: No querían** promover los modelos más económicos.
  They didn't want to promote more economical models. (but perhaps did)

- **saber: Sabíamos** que habría una crisis de energía.
  We knew that there would be an energy crisis.

- **tener:** Mi mamá **tenía** talento para diseñar autos clásicos.
  My mom had a talent for designing classic cars.

▶ Aplicación

1-42 Las carreras de Milka Duno. Combina las preguntas con las respuestas más adecuadas. Luego, explica por qué se usa el pretérito o el imperfecto de los verbos subrayados.

1. _____ ¿Cuándo supo Milka que <u>quería</u> estudiar biología marítima?

2. _____ ¿Cuándo <u>conoció</u> al alcalde de Indianapolis?

3. _____ ¿<u>Pudo</u> terminar la Indie 500?

4. _____ ¿Por qué <u>quería</u> ser conductora de autos de carreras?

5. _____ ¿Cuánto <u>costó</u> el auto que manejó para Citgo?

a. Muchos miles de dólares.

b. Sí, pero no ganó.

c. Cuando decidió integrarse a las fuerzas navales.

d. Siempre soñaba con ser la conductora más rápida del mundo.

e. Se <u>conocieron</u> cuando este le dio la llave de la ciudad.

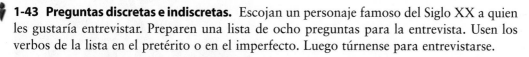

1-43 Preguntas discretas e indiscretas. Escojan un personaje famoso del Siglo XX a quien les gustaría entrevistar. Preparen una lista de ocho preguntas para la entrevista. Usen los verbos de la lista en el pretérito o en el imperfecto. Luego túrnense para entrevistarse.

conocer   costar   (no) poder   (no) querer   saber   tener (que)

MODELO: (Ángel Cabrera)

REPORTERO/A: *¿Cuándo supo Ud. que quería ser jugador de golf?*

AC: *Cuando tenía diez años y asistí a una competencia de golf.*

R: *¿Conoció Ud. mucha gente famosa?*

AC: ...

1-44 A explorar: Ángel Cabrera. Visita la página web de *Conexiones* para obtener más información sobre Ángel Cabrera. Toma nota de algunos de sus logros (*achievements*) personales y profesionales. ¿Qué pudo hacer en 2007 que lo hizo famoso?

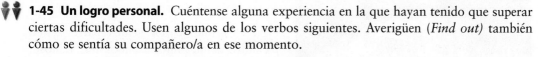

1-45 Un logro personal. Cuéntense alguna experiencia en la que hayan tenido que superar ciertas dificultades. Usen algunos de los verbos siguientes. Averigüen (*Find out*) también cómo se sentía su compañero/a en ese momento.

conocer   (no) poder   (no) querer   saber   tener (que)

MODELO: *Desde niña, <u>quería</u> jugar al béisbol en el mismo equipo de mi hermano mayor. Cuando ingresé en la escuela secundaria, <u>quise</u> jugar en el equipo del colegio, pero no pude por ser muchacha. Entonces...*

1-46 Debate: Los autos. Formen dos grupos para debatir uno de los siguientas temas.

• **Resolución:** Se debe prohibir que los chicos menores de 18 años tengan automóvil.

• **Resolución:** Las personas que manejan vehículos deportivos utilitarios deben pagar un impuesto adicional para compensar el uso excesivo de gasolina.

MODELO: *Escúchenme. Antes no había tantos accidentes de automóvil como ahora...*

¡Así lo expresamos!

Imágenes

El arte de la moda (El Corte Inglés, España)

A veces los anuncios de publicidad usan cuadros o imágenes clásicos, como en este caso. Los dos son carteles de publicidad para El Corte Inglés, un almacén español muy conocido.

En el primer cartel vemos parte de un cuadro de un pintor español muy famoso. ¿Sabes quién es?

En el segundo cartel, el vestido de la mujer refleja un diseño que hizo el famoso arquitecto español, Antonio Gaudí en el Parque Güell de Barcelona.

▶ Perspectivas e impresiones

 1-47 El arte en la moda. Usen las preguntas a continuación para comparar los dos carteles.

1. Describan los dos cuadros. ¿Cúales son los colores predominantes?
2. ¿En qué sentido se diferencian?
3. ¿Por qué creen que se usaron diseños conocidos en los carteles?
4. En su opinión, ¿el arte crea la moda o la moda crea el arte?
5. ¿Es la moda un arte? Expliquen sus razones.

 1-48 A explorar: Las fuentes artísticas. Visita la página web de *Conexiones* para ver en qué están inspirados estos dos carteles. Inventa un contexto original que pueda explicar en qué se inspiró el artista para crear su obra.

> **MODELO:** *Cuando Gaudí era joven, soñaba con dragones y otros seres fantásticos.*
> *Un día soñó con un dragón gigantesco que tenía un sólo ojo en la cabeza...*

1-49 Un diseño tuyo. Diseña un anuncio publicitario en el que combines la obra de un artista o arquitecto famoso con la imagen de un producto que quieras vender. Explica por qué has elegido esa obra y lo que representa para ti. Puedes dibujar tu anuncio o usar recortes de fotos si lo prefieres.

 # Ritmos

María Isabel López (España)

Tan pequeña y tan talentosa... María Isabel López ya era famosa a la edad de nueve años. En el **Festival de la Canción de Eurovisión Junior** dejó con la boca abierta a los asistentes y televidentes con su *rap* flamenco. Ha dicho que "no quiere parecerse a nadie". ¿Y para qué? María Isabel logró ser seleccionada como representante española en Eurojunior tras competir con más de 3.000 niños de entre ocho y quince años que se presentaron.

▶ Antes de escuchar

1-50 ¿Qué hace la gente para estar de moda? Haz una pequeña lista de lo que hace una mujer o un hombre para ser atractivo/a y estar a la moda.

▶ A escuchar

🔊 **1-51 A escuchar.** Al escuchar este *rap*, indica lo que hace la muchacha con tus propios gestos.

Antes muerta que sencilla

El pintalabios, toque de rimel°   *mascara*
Moldeador° como una artista de cine   *moulding gel*
Peluquería, crema hidratante
Y maquillaje que es belleza al instante
Abrid la puerta que nos vamos pa'la° calle   *para la*
Que a quién le importa lo que digan por ahí°   *allí*

Antes muerta que sencilla,
ay que sencilla, ay que sencilla
Antes muerta que sencilla,
ay que sencilla, ay que sencilla

Y es la verdad porque somos así
Nos gusta ir a la moda, que nos gusta presumir°   *to show off*
¿Qué más nos da que digas tú de mí?
De Londres, de Milán, de San Francisco o de París

Y hemos venido a bailar
Para reír y disfrutar°   *to enjoy*
Después de tanto y tanto trabajar
Que a veces las mujeres necesitan
Una poquita, una poquita, una poquita, una poquita libertad*
Mucho potaje° de los de antes   *mess*
Por eso yo me muevo así con mucho arte
Y si algún novio se me pone por delante
Le bailo un rato°   *a bit*
Y unas gotitas° de Chanel n° 4   *sprinkle*
¡El más barato!
Que a quién le importa lo que digan por ahí

Antes muerta que sencilla...

*The above correct expression is: un poquito de libertad

▶ Después de escuchar

 1-52 En su opinión. Den su opinión sobre el *rap* de María Isabel López.

1. Expliquen la frase, "antes muerta que sencilla". ¿Refleja los sentimientos de ustedes también?

2. ¿Qué hacen ustedes para no lucir "sencillos/as"?

3. ¿Cuál es la reacción de ustedes al escuchar esta canción de una cantante tan joven?

 1-53 A explorar: En vivo. Visita la página web de *Conexiones* para ver un video en el que María Isabel López presenta su *rap*. ¿Ha cambiado tu primera impresión de esta artista después de verla en acción? Explica. Compara su estilo con el de una cantante norteamericana.

Páginas

Foro: Esas modas ¿pasajeras? (Anónimo/a)

Las personas que participan en un foro firman por lo general sus entradas con un apodo para mantener su anonimato. Así pueden escribir lo que les dé la gana (*what they feel like*) sin temer repercusiones de sus lectores. En las entradas que siguen, hay varios comentarios sobre la moda y nuestra afición a seguirla, o no.

▶ Antes de leer

1-54 Estrategias de la lectura. El género y el contexto en que se publica te ayuda a anticipar el contenido. Mira el título y el formato para orientarte e identificar lo siguiente.

Estilo: formal o informal
Público: jóvenes o personas mayores
Contenido: hechos verdaderos u opiniones

▶ A leer

1-55 Compruébalo. Lee el siguiente texto para confirmar tus respuestas a la actividad anterior.

El foro de Sofía la Curiosa

---

1   De: **Sofía la Curiosa,** San Salvador, El Salvador   Fecha: **19-junio**

Chicos. Hoy en la peluquería vi a una mujer muy bien vestida que se estaba tiñendo° el pelo de blanco y rojo. Verla así me hizo preguntar ¿qué significa estar de moda? O para decirlo de otra manera, ¿qué diferencia hay entre seguir la moda y ser individualista?

was coloring

---

2   De: **Esmeralda, siempre espléndida,** Buenos Aires, Argentina   Fecha: **19-junio**

Me encanta estar de moda. La moda nos permite agruparnos, identificarnos y definirnos a nosotros mismos de acuerdo a nuestros intereses y aficiones. La juventud necesita formar parte de un grupo que no sea la familia o la escuela. En eso la ropa que usas juega un factor fundamental.

---

3   De: **La Rosita de segunda mano,** Key Biscayne, FL   Fecha: **20-junio**

Muchos definen la moda como el arte de lo efímero°, otros la critican porque piensan que es algo frívolo. Me resulta curioso que los defensores de la moda digan que "Lo importante es no seguir las tendencias, sino ser uno mismo". Y eso lo dice una persona que viste una blusa que cuesta 650 euros, más que el sueldo mínimo de muchas mujeres.

momentáneo

---

4   De: **Desconfiado,** Lima, Perú   Fecha: **20-junio**

Para mí la moda es una farsa. El caso de los *punks* es un ejemplo. Comenzaron haciendo visible su protesta por medio de su atuendo°: pantalones rotos, pelos parados°, parches° con protestas alusivas. Pero lo que fue original y disonante del resto de la sociedad se convirtió en cortes precisos hechos por famosos diseñadores y todos a masificarse° y jugar a ser *punks* de fin de semana.

attire / spiked / patches
formar parte de la masa

---

5   De: **Felizconmigo,** Madrid, España   Fecha: **22-junio**

Creo que no eres más feliz ni mejor persona cuando llevas esa camisa o ese suéter. Eso sí, que nadie me critique mis zapatos o mi perfume, porque en mi caso es una demostración de buen gusto.

---

6   De: **Malcontento,** Bogotá, Colombia   Fecha: **22-junio**

La moda nos reconforta° porque nos hace creer que nos vemos mejor cuando usamos esa chaqueta elegante, o esos pantalones cortos, o ese pelo engrasado°... pero todo es mentira, la moda se vende para hacernos sentir diferentes y al final formar parte de los batallones de clones que consumen lo mismo y se visten igual.

comforts
slick

---

7   De: **Carmencita,** San Juan, Puerto Rico   Fecha: **22-junio**

Desnudos seríamos todos iguales... bueno, algunos más iguales que otros. Pero detrás de la moda se esconde también mucha insatisfacción, complejos de inferioridad y falta de valores. Voy a comprar algo rojo, todo lo tengo azul...

---

8   De: **Igualquetodos,** Monterrey, México   Fecha: **23-junio**

Pienso que desde hace 30 años la moda no ha cambiado mucho, y en los hombres mucho menos. Llevamos pantalones vaqueros desde hace 50 años. Hoy en día en una gran ciudad nadie llama la atención.

▶ Después de leer

1-56 ¿Quién es quién? De las opiniones dadas en el foro de Sofía, identifica a las personas que se describen y explica por qué.

S: Sofía
E: Esmeralda
R: Rosita
D: Desconfiado
F: Felizconmigo
M: Malcontento
C: Carmencita
I: Igualquetodos

Característica	S	E	R	D	F	M	C	I
1. Es bastante cínico/a.								
2. Suele usar ropa usada.								
3. No ve grandes diferencias entre la moda de hoy y la de ayer.								
4. Analiza la psicología detrás de la moda.								
5. Parece estar satisfecho/a consigo mismo/a (*him/herself*).								
6. Parece ser conformista.								
7. Jamás tendría el pelo parado ni teñido.								
8. Se pregunta qué significa estar de moda.								
9. Parece ser individualista.								
10. Se identifica con un grupo que sigue la moda.								

 1-57 Defiéndanse. Escojan a una de las personas que participaron en el foro y háganse preguntas para defender su punto de vista.

> **MODELO:** E1: *¿Por qué cree usted que la moda es una farsa?*
> DESCONFIADO: *Porque me río cada vez que...*

 1-58 ¿Una moda defendible? Elijan una moda que se intente prohibir por razones de salud, seguridad u otras. Preséntenle su opinión al resto de la clase.

> **MODELO:** Hablar por móvil mientras uno conduce un automóvil.
> *No tiene sentido prohibir hablar por móvil cuando uno conduce un automóvil. Si hacemos eso, debemos también prohibir comer mientras uno conduce...*

 # Taller

Tu propio foro (*blog*)

Hoy en día los foros son muy populares entre los que deseen expresar su opinión y recibir comentarios de otros. Muchas veces los temas tienden a ser algo controversiales.

▶ Antes de escribir

Examinar. Vuelve a leer el foro de Sofía y los comentarios que recibió para usarlo como modelo.

Idear. Piensa en un incidente en el pasado que te haya causado confusión. Formula una pregunta sobre el incidente que provoque respuestas con diferentes opiniones. Inventa un apodo para identificarte en tu foro.

▶ A escribir

Describir. Usa el imperfecto en cinco o seis oraciones que describan el evento. Incluye tus impresiones del ambiente, de los participantes y del tiempo. Describe lo que veas y sientas.

Inventar los sucesos. Usa el pretérito para narrar qué pasó, qué hicieron los participantes, cómo reaccionaron, etc. Usa las siguientes expresiones para dar continuidad a la acción.

al día (mes, año) siguiente	de repente	en seguida
al final	después de que	finalmente
al mismo tiempo	durante	de pronto
al principio	entonces	tan pronto como
al rato	inmediatamente	

Ampliar el estado psicológico, el suspenso. Indica, al mismo tiempo que narras los eventos, cómo se sentían los participantes, qué pensaban, qué iban a hacer, qué pensaban que iba a pasar, etc.

Hacer tu pregunta. Usa el presente para hacerles a tus lectores una pregunta que provoque diferentes opiniones.

▶ Después de escribir

Revisar. Revisa tu escrito para verificar los siguientes puntos:

☐ el uso del pretérito y el imperfecto

☐ la concordancia y la ortografía

Responder. Intercambia tu foro con el de dos o más de tus compañeros para que ellos respondan a tus preguntas y tú respondas a las suyas. Usa tu apodo en tu respuesta.

Entregar. Pon tu ensayo en limpio y entrega tu foro con los comentarios de tus compañeros a tu profesor/a.

Vocabulario

Primera parte

a la moda	in style/fashion (a person)
cambiar	to change
con todo respeto	with all due respect
darse cuenta de	to realize, to recognize
de moda	in style/fashion (something)
la demanda	demand
destacar	to stand out
difundirse	to spread
diseñar	to design
el diseño	design
durar	to last
en mi opinión	in my opinion
en onda/boga	in vogue
(no) estoy de acuerdo	I (don't) agree
fuera de onda	out of vogue
el género	type, genre
hacerse popular	to become popular
imitar	to imitate
influir en/sobre	to influence
lograr	to achieve
mantenerse (ie)	to maintain oneself
el maquillaje	make-up
la marca	brand (of a product), make of a car
la moda (pasajera)	(passing) fad
el/la modelo	model
el modo (de vestir, de bailar, etc.)	way (of dressing, dancing, etc.)
el movimiento	movement
pasado/a de moda	out of style
pegar fuerte	to catch on
el peinado	hairstyle
realizar	to carry out, to achieve
solo/a	alone
sólo	only
la tendencia	tendency

Segunda parte

ágil	agile, quick
el apodo	nickname
los asientos de cuero	leather seats
el auto compacto	compact car
las bandas decorativas	decorative stripes
conducir (-zc)	to drive (a vehicle)
considerar	to consider
dejar + D.O.	to leave (something)
dejar + inf.	to allow, to let
dejar de + inf. + D.O.	to stop doing (something)
el descapotable/ convertible	convertible
el/la dueño/a	owner
la época	era
espacioso/a	spacious
fabricar	to manufacture
la furgoneta	van
gastar	to spend, to waste
el híbrido	hybrid
la imagen	image
inventar	to invent
los kilómetros por hora	kilometers per hour (km/h)
los kilómetros por litro/galón	kilometers per liter/gallon
lujoso/a	luxurious
manejable	manageable
manejar	to drive (a vehicle), to handle
el monovolumen	van
la novedad	novelty, news
potente	powerful
preferir (ie, i)	to prefer
el todoterreno	all-terrain vehicle (ATV)
la tracción a cuatro ruedas	four-wheel drive
el vehículo deportivo utilitario	sport utility vehicle (SUV)
la velocidad	speed

2 La tecnología y el progreso

A empezar

¿Quién fue el presidente que bajó el límite de velocidad en la carretera a 55 millas por hora para conservar gasolina? ¿En qué partes del mundo está de moda la conservación de energía? ¿Por qué? ¿A quién oíste hablar del calentamiento global por primera vez? ¿Lo tomaste en serio?

Curiosidades

¿Sabes…

cuántos galones de petróleo se usan en el mundo en un día?

a. tres mil quinientos millones (3.500.000.000)
b. quinientos millones (500.000.000)
c. doscientos cincuenta millones (250.000.000)

cuál es el material que más abunda en los basureros?

a. el papel
b. el aluminio
c. el plástico

en qué ciudad de Estados Unidos se implementó el primer programa de reciclaje?

a. Nueva York
b. Los Ángeles
c. Miami Beach

cuál es el porcentaje de basura que puede reciclarse?

a. 25%
b. 45%
c. 75%

cuál es el porcentaje de basura que se recicla?

a. 25%
b. 45%
c. 75%

Primera parte

¡Así es la vida!

ENCUESTA SOBRE
El reciclaje y la contaminación ambiental
Centro Español del Consumidor

1. La adopción de medidas en cuanto a la protección del medio ambiente, tiene que ser...
   - ○ inmediata.
   - ○ a medio plazo.
   - ○ a largo plazo.
   - ○ No sé.

2. ¿Sabe usted qué es la recogida selectiva de basura?
   - ○ sí
   - ○ no

3. Cerca de su domicilio, ¿hay contenedores específicos para reciclar el cristal, el papel, el cartón, el plástico y las pilas?
   - ○ sí
   - ○ no

4. ¿Separa usted los distintos tipos de basura que se generan en su casa?
   - ○ sí
   - ○ no

5. ¿Qué cosas cree que dificultan esta separación?
   - ○ falta de espacio para tantas bolsas
   - ○ pérdida de tiempo
   - ○ desconocimiento de la forma de hacerlo
   - ○ desconocimiento de las ventajas que este trabajo tenga para el futuro

6. ¿Qué tipo de residuos separa usted con más regularidad?
   - ○ el cristal *(glass)*
   - ○ las pilas *(batteries)*
   - ○ el papel y el cartón *(paper/cardboard)*
   - ○ la materia orgánica
   - ○ el plástico y los metales
   - ○ los medicamentos

7. ¿Considera que los ayuntamientos deberían adoptar medidas para restringir el tráfico en las grandes ciudades y así disminuir la contaminación ambiental?
   - ○ sí
   - ○ no

8. ¿Estaría dispuesto a renunciar al uso de su vehículo o a reducir su uso a días determinados, para así mejorar la calidad del medio ambiente?
   - ○ Renunciaría a utilizar el vehículo.
   - ○ Reduciría su utilización.
   - ○ No le haría caso a esta ley.

9. ¿Qué cree que contamina más el ambiente?
   - ○ las fábricas
   - ○ los coches
   - ○ la energía que usan las grandes ciudades
   - ○ No sé.

10. ¿Qué tipo de contaminación cree que es más seria en las ciudades?
    - ○ acústica
    - ○ ambiental
    - ○ No sé.

¡Así lo decimos! Vocabulario

Vocabulario primordial

conservar
la contaminación
la energía eléctrica, nuclear, solar
las especies en peligro de extinción
generar
el petróleo
el plástico
reciclar

Vocabulario clave: El medio ambiente

Verbos

calentar (ie)	to warm
desechar	to throw away, to discard
destruir (y)	to destroy
dificultar	to make difficult
disminuir (y)	to diminish
hacer caso	to pay attention
prevenir (ie)	to prevent
renovar (ue)	to renew
rescatar	to rescue

Sustantivos

la basura	trash
el bosque	forest
la capa de ozono	ozone layer
el carbón	coal
el combustible	fuel
el contenedor	container
el cristal	glass
el desecho	waste
la (des)ventaja	(dis)advantage
el efecto invernadero	greenhouse effect
las fuentes	sources
el humo	smoke
el medicamento	medicine/drug
la medida	measure
el medio ambiente	environment
el plomo	lead
la recogida	pickup
el recurso	resource
la selva	jungle
la sequía	drought

Adjetivos

ambiental	environmental
potable	safe to drink

Otras expresiones

a medio/largo plazo	in the mid/long term
sin embargo	however

Ampliación

Verbos	Sustantivos	Adjetivos
calentar (ie)	el calentamiento	caliente
desechar	el desecho	desechable
destruir (y)	la destrucción	destruido/a
extinguir	la extinción	extinto/a
reciclar	el reciclaje	reciclado/a

¡Cuidado!

un poco de, pocos/as, poco/a, pequeño/a

- In Spanish, use **un poco de** to express *a little*.

  Necesitamos **un poco de** combustible. *We need a little fuel.*

- Use **pocos/pocas** to say *few*, with respect to a limit in number.

  Quedan **pocas** fuentes de energía. *There are few energy sources left.*

- Use **poco/poca** to express *little*, with respect to amount, scope, or degree.

  Tristemente, usamos **poca** energía solar. *Sadly, we use little solar energy.*

- To express *small* or *little* in size, use **pequeño/a(s)**.

  Aun los bosques **pequeños** son importantes. *Even small forests are important.*

▶ Aplicación

2-1 El reciclaje y la contaminación ambiental. Clasifica estos problemas ambientales de 1 a 8 según la gravedad de su efecto en el medio ambiente, en la economía y en tu vida. (El número 1 representa el más grave en tu opinión.)

Problema	Efecto en el medio ambiente	Efecto en la economía	Efecto en mi vida
la contaminación del agua por desechos agrícolas			
el calentamiento global			
la contaminación del aire por el humo de las fábricas			
la contaminación de la tierra por los desechos industriales			
el sobreuso de pesticidas			
el sobreuso de artículos hechos de plástico			
el uso del plomo en la gasolina			
la disminución de las reservas de petróleo			

2-2 En mi opinión. Comparen el orden de importancia que dieron a los problemas de la actividad **2-1**. ¿En qué aspectos están de acuerdo y en cuáles difieren de opinión?

> **MODELO:** *En mi opinión, el problema más grave para el medio ambiente es... El segundo en importancia es...*

2-3 El reciclaje en España. Más de 3.000 españoles participaron en la encuesta que aparece en *¡Así es la vida!* Comparen sus respuestas con las de los españoles y comenten si están de acuerdo o no y por qué.

> **MODELO:** *Mi compañero y yo pensamos que... mientras que la mayoría de los españoles...*

1. inmediata   86%

2. sí   98%

3. sí   92%

4. sí   92 %

5. falta de espacio para tantas bolsas 77%

6. el cristal   83%
las pilas   61%
el papel y el cartón   92%
la materia orgánica   47%
el plástico y el metal   73%
los medicamentos   16%

7. sí   86%

8. Renunciaría a utilizar
el vehículo   40%
Reduciría su uso 44%
No haría caso   16%

9. las fábricas   18%
los coches   38%
la energía que usan
las grandes ciudades   21%
No sé.   24%

10. acústica   27%
ambiental   51%
No sé.   22%

2-4 Causas y consecuencias. Coloca las siguientes afirmaciones en el lugar correspondiente del cuadro para completar la descripción de cada problema, su causa y su consecuencia.

- El costo del seguro médico es cada vez más alto.
- Hay cada vez más barrios pobres en las afueras de las grandes ciudades.
- No hay controles estrictos de los gases de escape de los automóviles.
- Hay menos árboles que purifiquen el aire y produzcan el oxígeno necesario para vivir.
- No hay un buen sistema de transporte público.
- Muchos jóvenes fuman a pesar de (*in spite of*) las campañas antitabaco.

Problema	Causa	Consecuencia
MODELO: *En algunos países del tercer mundo todavía se usa gasolina con plomo.*	*La gasolina con plomo cuesta menos que la gasolina sin plomo.*	*Hay más incidencia de atraso mental entre los niños.*
1. Las ciudades grandes tienen mucha contaminación.		Mucha gente sufre de enfermedades respiratorias.
2. Los árboles que rodean la Ciudad de México están muriéndose.	Hay demasiados coches que circulan en el centro de la ciudad.	
3.	El tabaco es relativamente económico.	En el futuro, habrá más casos de enfisema y cáncer pulmonar.
4. Hay muchas personas que no consultan al médico cuando están enfermas.		Cuando van al médico ya es demasiado tarde.
5. Las ciudades de las naciones tercer mundistas son cada vez más grandes.	La gente cree que hay más oportunidades en las grandes ciudades que en el campo.	
6. Cada vez hay más coches y camiones en las carreteras.		Hay más accidentes y más contaminación. Se tarda más tiempo en llegar al trabajo. Hay más interés en trabajar desde la casa con una computadora.

2-5 A explorar: El índice UV. El índice UV cuantifica la intensidad de la radiación ultravioleta B. Este índice se determina al mediodía, siguiendo un procedimiento internacionalmente establecido, y se basa en los siguientes valores, en función de la intensidad del sol:

ÍNDICE UV	
1–2	Bajo
3–4	Moderado
5–6	Alto
7–8	Fuerte
9–10	Extremo

Visita la página web de *Conexiones* para averiguar el nivel del índice UV en alguna ciudad de un país hispanohablante. ¿Es un buen día para pasear al aire libre, o es mejor quedarse en casa en esa ciudad? ¿Es más alto o más bajo el índice en el lugar donde tú vives? ¿Por qué está subiendo el índice UV en muchas partes del mundo?

 2-6 ¿Cuánto dura la basura? Preparen una campaña para reciclar los desechos. Presenten razones convincentes. Pueden usar la información que sigue e incluir razones económicas, sociales, políticas y/o personales.

MODELO: *Debemos... (verb) porque si no... en el futuro.*

o

Si no... ahora, en el futuro no vamos a tener...

¿Cuánto dura la basura?	
Pedazo de papel	2–4 semanas
Tela de algodón	1–5 meses
Pedazos de madera	13 años
Lata de hojalata	100 años
Plástico	450 años
Botella de vidrio	más de 500 años

 2-7 De nuevo: Así era (*The imperfect*). Piensa en una zona industrializada o comercializada que conozcas. Primero, descríbela brevemente usando el presente. Después, imagina cómo era esa zona antes o consulta en la Internet o a alguien que la recuerde. Descríbela en una página: ¿Cómo era antes la naturaleza en esa zona? ¿Y el aire? ¿El agua? ¿El nivel de ruido? ¿Qué se podía hacer allí? ¿Qué había antes en esa zona que ya no hay?

MODELO: *Cancún es una zona playera que está llena de hoteles, restaurantes, cafeterías, tiendas y clubes nocturnos. Es muy popular nadar en sus aguas cristalinas, etc.*

Antes, Cancún era una playa desierta. Había muchas palmeras pero muy poca gente, etc.

Recuerda: Para hacer tu descripción debes emplear *el imperfecto*. Consulta el *Capítulo 1*.

Reto: Trata de hacer tu descripción en forma de poema. Usa muchas palabras de *¡Así lo decimos!*

¡Así lo hacemos! Estructuras

1. Uses of *ser*, *estar*, and *haber*

Uses of *ser*

- with a noun or pronoun that identifies the subject:

    Juan **es** una persona feliz.   *John is a happy person.*
    Nosotros no **somos** fumadores.   *We are not smokers.*

- with adjectives or nouns that identify the nationality, religious and political affiliations, or occupation of the subject:

    Somos canadienses.   *We are Canadian.*
    Los expertos **eran** científicos.   *The experts were scientists.*
    Mi novia **es** hindú.   *My girlfriend is a Hindu.*

- with adjectives to express characteristics of the subject such as size, color, and shape:

    La selva amazónica **es** inmensa.   *The Amazon jungle is immense.*
    El petróleo **es** negro.   *Oil is black.*
    El mundo **es** redondo.   *The world is round.*

- with the preposition **de** to indicate origin or possession, and to tell what material something is made of:

    Héctor **es de** Guatemala.   *Hector is from Guatemala.*
    Las bolsas de plástico **son de** Luisa.   *The plastic bags are Luisa's.*
    La ventana **es de** cristal.   *The window is made of glass.*

- to indicate where and when events take place:

    La conferencia **fue** en el auditorio.   *The conference was in the auditorium.*
    Las entrevistas **son** a las ocho.   *The interviews are at eight.*

- to express dates, days of the week, months, and seasons of the year:

Era jueves, 26 de junio de 2008.	*It was Thursday, June 26, 2008.*
Es invierno y hace mucho frío.	*It's winter and it's very cold.*

- to express time:

Son las cinco de la tarde.	*It's five o'clock in the afternoon.*
Era la una de la mañana.	*It was one in the morning.*

- with the preposition **para** to tell for whom or for what something is intended:

¿Para quién **son** los medicamentos?	*For whom are the medicines?*
Son para el señor Ramírez.	*They're for Mr. Ramírez.*

- in impersonal expressions:

Es alarmante que en México haya tanta contaminación.	*It is alarming that there is so much pollution in Mexico.*

- with a past participle to express the passive voice: (Notice that in the passive voice, the subject is acted upon by a person or persons introduced by **por,** and that the past participle agrees in gender and number with the subject.)

Los desechos **fueron reciclados por** la gente.	*The waste products were recycled by the people.*

Uses of *estar*

- to indicate the location of objects and persons:

El agujero de la capa de ozono **está** sobre el Polo Sur.	*The hole in the ozone layer is over the South Pole.*

- with progressive (**-ndo** form) constructions:

La fábrica petroquímica **estaba reciclando** sus desechos.	*The petrochemical factory was recycling its waste.*

- with adjectives to express a physical or mental/emotional state or condition of the subject:

El paciente **estaba** deprimido cuando llegué.	*The patient was depressed when I arrived.*
El agua del mar **está** fría para ser agosto.	*The ocean water is cold for August.*

- with a past participle to describe the resultant condition of a previous action:

  La playa **está contaminada.**   *The beach is contaminated.*

- to express change from the norm, whether perceived or real:

  Estás muy flaca. ¿Comes bien?   *You're (You look) thin. Are you eating well?*

  El director del programa **está** muy simpático hoy.   *The program director is being/acting very nice today.*

- Some adjectives have different meanings when used with **ser** or **estar:**

WITH *SER*	ADJECTIVE	WITH *ESTAR*
to be boring	**aburrido/a**	*to be bored*
to be good, kind	**bueno/a**	*to be good (tasting), in good condition*
to be funny	**divertido/a**	*to be amused*
to be clever	**listo/a**	*to be ready*
to be bad, evil	**malo/a**	*to be sick, ill*
to be handsome	**guapo/a**	*to look handsome*
to be pretty	**bonito/a**	*to look pretty*
to be ugly	**feo/a**	*to look ugly*
to be smart, lively	**vivo/a**	*to be alive*

Uses of *haber*

- as the auxiliary verb in the perfect tenses:

  Siempre **he reciclado** el papel y el cristal.   *I have always recycled paper and glass.*
  Habían recogido la basura en su calle.   *They had picked up the trash in their street.*

- in the special third-person singular form, **hay** (**había/habrá,** etc.), to signal the existence of one or more nouns (there is/are/was/were/will be, etc.):

  Hay bosques pluviales en Ecuador.   *There are rain forests in Ecuador.*
  Había aire puro en esa montaña.   *There was pure air on that mountain.*
  Habrá aun más problemas ecológicos para nuestros nietos.   *There will be even more ecological problems for our grandchildren.*

- in the expression **hay** (**había/habrá**) **que** + infinitive to convey to be necessary to… or one (we) must…:

  Hay que conservar electricidad.   *We must conserve electricity.*
  En el futuro **habrá que** iniciar un programa de reciclaje.   *In the future it will be necessary to begin a recycling program.*

▶ Aplicación

2-8 La mejor energía. La energía renovable es la que se obtiene de fuentes naturales que son virtualmente inagotables *(inexhaustible)*. Lee el cuadro sobre las fuentes renovables de energía y contesta las preguntas según la información presentada.

Fuentes renovables de energía			
Tipo de energía	**Contamina**	**Tiempo necesario para renovarse**	**Importancia actual**
la energía eólica (*wind*)	–	continua, pero variable	✔ ✔
la hidroelectricidad	–	depende de la cantidad de lluvia	✔ ✔ ✔ ✔ ✔
la energía solar	–	todos los días, cielos claros o nublados	✔ ✔
la leña (*wood*)	✔ ✔ ✔	7 años o más	✔ ✔ ✔ ✔ ✔
la energía maremotriz (*tidal*)	–	dos veces al día	✔ poca
la biomasa	✔	continua	✔ ✔
la geotermal	–	continua	se está haciendo más importante

1. ¿Qué desventajas tiene el uso de algunas de estas formas de energía renovable?

2. En tu opinión, ¿qué fuente de energía es la más práctica para el futuro?

3. La energía biomasa es de origen orgánico, animal o vegetal. Un ejemplo de esta energía es el biodiesel. ¿Qué importancia tiene el biodiesel en Estados Unidos o Canadá?

4. ¿Cuál es la energía renovable que más contamina? ¿La usas en tu casa?

5. Si estás cerca de la costa, ¿qué tipo de energía puedes utilizar? Si estás en una zona desértica, ¿qué fuentes de energía puedes usar?

6. La energía geotérmica usa el calor natural de la tierra. ¿Por qué es una fuente de energía renovable? ¿Crees que es posible usarla en una región sin actividad volcánica?

 2-9 A explorar: Fuentes renovables de energía. Visita la página web de *Conexiones* para ver una ilustración de una fuente de energía renovable y escribe tres cosas nuevas que aprendiste sobre este tema.

2-10 ¿Dónde? ¿Cómo? Piensa en un lugar y descríbeselo a tu compañero/a sin identificarlo. Explica dónde está, qué hay en él, por qué es famoso y/o por qué ha recibido atención últimamente. Puede ser tu ciudad o pueblo, una ciudad hispana o de EE. UU., o donde estudias. Tu compañero/a debe adivinar qué lugar es.

> **MODELO:** E1: *Está al norte de Europa. Es una isla que está entre el Mar de*
> *Groenlandia y el Océano Atlántico Norte. Es uno de los países*
> *nórdicos. Hay muchos volcanes activos; por eso su energía geotérmica*
> *es importante. También hay muchos baños termales.*
> E2: *Es Islandia.*

2-11 Premio Bandera Azul Ecológica. El proyecto Bandera Azul Ecológica se estableció para proteger el medio ambiente de las playas de Cosa Rica. Este programa premia a comunidades costeras que, entre otras cosas, logren evitar la contaminación del agua de mar, mantengan la limpieza de las playas y den a la población acceso al agua potable. Imagínense que se encuentran en la Playa Dominical, que acaba de ser premiada. Elaboren una descripción de lo que hay en la playa, quiénes están y qué están haciendo. Usen los verbos **ser, estar** y **haber (hay)** en su descripción.

> **MODELO:** *Hay muchas personas que están...*

2-12 Una crisis ecológica. A continuación tienen una lista de varias situaciones que pueden causar desastres ecológicos. Elijan una y explíquenla. Usen los verbos **ser, estar** o **haber** para comunicar la seriedad del problema.

> **MODELO:** el uso excesivo de fertilizantes
> *El uso excesivo de fertilizantes es peligroso porque puede dañar los*
> *animales y también a las personas que habitan la región. Hay una*
> *campaña para controlar la cantidad y tipo de fertilizantes que se emplean.*

- el uso excesivo de pesticidas
- las plantas nucleares
- la bioingeniería
- la construcción de tuberías para llevar petróleo a través de Canadá

2. The future tense

- The Spanish future tense, like the English *will* + verb structure, expresses what will happen in the future.
- The Spanish future tense is formed adding the present tense endings of the verb **haber** to the infinitive of the verb being conjugated. The silent **h** is dropped for all and the **ab** is dropped for the vosotros form. There is only one set of endings for the -**ar**, -**er**, and -**ir** verbs. Note that all endings, except for the **nosotros** form, have a written accent mark.

	TOMAR	COMER	VIVIR
yo	tomar**é**	comer**é**	vivir**é**
tú	tomar**ás**	comer**ás**	vivir**ás**
Ud., él, ella	tomar**á**	comer**á**	vivir**á**
nosotros/as	tomar**emos**	comer**emos**	vivir**emos**
vosotros/as	tomar**éis**	comer**éis**	vivir**éis**
Uds., ellos, ellas	tomar**án**	comer**án**	vivir**án**

Mañana **hablaremos** con el científico.	*Tomorrow we will talk with the scientist.*
¿**Asistirás** a la conferencia conmigo?	*Will you attend the lecture with me?*

- The Spanish future tense never expresses the idea of willingness, as does the English future.

¿Quieres ayudarme/Me ayudas a dejar de fumar?	*Will you help me stop smoking?*

- There are several Spanish verbs that have irregular stems in the future. The irregular stems can be grouped into three categories:

1. The future stem is different from the stem of the regular verb.

decir	**dir-**	diré, dirás, dirá…
hacer	**har-**	haré, harás, hará…

2. The **e** of the infinitive is dropped to form the stem of the future.

haber	**habr-**	habré, habrás, habrá…
poder	**podr-**	podré, podrás, podrá…
querer	**querr-**	querré, querrás, querrá…
saber	**sabr-**	sabré, sabrás, sabrá…

3. The **e** or the **i** of the infinitive is replaced by **d** to form the stem of the future.

poner	**pondr-**	pondré, pondrás, pondrá…
salir	**saldr-**	saldré, saldrás, saldrá…
tener	**tendr-**	tendré, tendrás, tendrá…
venir	**vendr-**	vendré, vendrás, vendrá…

¿Habrá vida en Marte?

- In Spanish, the future tense can often express probability or conjecture in the present.

  ¿**Estará** contaminado el aire?   *Could the air be contaminated?*
  Sí, **será** por el plomo en la gasolina.   *Yes, it's probably because of the lead in the gasoline.*

- The phrase *ir a* + infinitive can also convey a future meaning.

  Voy a proteger el medio ambiente.   *I am going to protect the environment.*

- In English we can use the progressive to express future intent. In this case, Spanish uses the simple present.

  Mañana **llevo** la basura al reciclaje.   *Tomorrow I'm taking the trash for recycling.*

▶ Aplicación

2-13 La población envejece. Lee el artículo sobre las predicciones demográficas para España y subraya todos los verbos en el futuro. Después, escribe el infinitivo de cada verbo.

Según las predicciones demográficas, en el año 2015 España contará con una población de ancianos (65 años o más) de más de siete millones de personas. Esto supone un gran problema para la sociedad española que tendrá que dedicar más atención y recursos a este creciente sector de la población. Se informa que cada tres días una persona muere en soledad en su casa o en su piso. Sin embargo este problema continuará si no se encuentra un apoyo adecuado e inmediato tanto de la comunidad como del gobierno.

Sin duda, una nueva legislación y conciencia social ayudarán a crear centros adecuados para satisfacer las necesidades de los ancianos. Los avances tecnológicos también podrán mejorar sus condiciones de vida si se ponen en buen uso. Todos los miembros de la sociedad deberán cooperar en programas comunitarios que aseguren una mejor calidad de vida para los ancianos y sus familias. Así pues, en un futuro inmediato habrá que implementar en España sistemas de asistencia médica, económica y social destinados a "la tercera edad".

2-14 Cuestiones demográficas de España. Ahora, contesta las preguntas basadas en el artículo de la actividad 2-13.

1. ¿Cuántos ancianos vivirán en España para el año 2015?
2. ¿Por qué será esto un problema?
3. ¿Qué recursos se usarán para atender a (*assist*) la población de ancianos?
4. La población actual de España es de 40.500.000 personas. Si no crece la población total, ¿cuál será el porcentaje de ancianos para el año 2015?
5. En contraste con España, se predice que el porcentaje de ancianos en EE. UU. será del 12,6%. ¿Cuáles son algunos de los problemas que se presentarán en este país para el año 2015?

 2-15 Predicciones. Hagan un mínimo de diez predicciones para el mundo en el año 2020. Preséntenselas luego a la clase.

MODELO: *Las clases universitarias se tomarán en casa por computadora. Los estudiantes conocerán a los profesores sólo por correo electrónico. Sólo verán su imagen en la pantalla.*

 2-16 Logros para el futuro. A continuación verán algunos logros que se consideran importantes para el año 2025. En su grupo, decidan si están de acuerdo o no y expliquen por qué. ¿Qué otros logros pueden incluir? Presenten sus conclusiones a la clase.

- educación universitaria al alcance de todos los que la quieran
- independencia del petróleo extranjero
- asistencia médica universal
- transporte público económico y eficiente al alcance de todos

2-17 ¿Qué tipo de persona será? El canal del consumidor ofrece artículos para el consumo doméstico y también servicios para los consumidores. ¿A quién crees que le interesarán estas ofertas? Escucha los anuncios y escoge las características que probablemente posea esta persona. Escribe *sí* o *no* para cada descripción.

1. La persona interesada en esta oferta...

___ verá mucho la televisión.

___ hará obras caritativas (*charitable*) en su comunidad.

___ escuchará música.

___ usará aparatos pequeños.

___ tendrá una colección de videos digitales.

2. La persona interesada en esta vivienda...

___ preferirá la soledad.

___ tendrá problemas en las rodillas.

___ irá al teatro y a los buenos restaurantes con frecuencia.

___ estará fascinada por las vacas y otros animales.

___ caminará a su trabajo que se encuentra en el centro de la ciudad.

3. La persona interesada en inscribirse en esta universidad...

___ preferirá el contacto personal con sus profesores.

___ vivirá muy lejos de la universidad.

___ no sabrá usar la tecnología.

___ se pondrá nerviosa al hablar en público.

___ no tendrá mucho dinero en efectivo.

2-18 ¿Y ustedes? Vuelvan a escuchar los tres anuncios y expliquen en detalle si les interesa o no la oferta.

2-19 Debate: Resoluciones para el futuro. Preparen su posición a favor o en contra de uno de estos temas.

Resolución: Seremos vegetarianos para el año 2030.

Resolución: Dejaremos de usar el automóvil en los próximos 25 años.

Resolución: No se permitirá producir artículos que no sean reciclables.

Frases comunicativas

Creo que...

Es cierto que...

Pienso que...

MODELO: *Creo que todos seremos vegetarianos para el año 2030. Primero, no habrá suficiente carne para alimentar a todos y...*

Conéctate

VideoRed

▶ Antes de verlo

2-20 Dilemas del medio ambiente. Haz una lista de cinco o más problemas del medio ambiente que te afecten personalmente.

▶ A verlo

El calentamiento global (Andrés Eloy Martínez, México)

▶ Después de verlo

2-21 Las consecuencias. Elige una de las consecuencias del problema que se presenta en el video y di lo que haces tú personalmente para combatirlo.

Comunidades

2-22 Un cartel de servicio público. Diseña un cartel (*poster*) con un anuncio publicitario para mejorar la calidad del aire en tu ciudad o región. Incluye en el anuncio por lo menos diez sugerencias para el público.

MODELO: *Los ciudadanos deben ir en bicicleta al trabajo.*

Conexiones

 2-23 ¿Un futuro sostenible? ¿Quiénes tienen la responsabilidad de asegurar un futuro sostenible (*sustainable*) para las próximas generaciones? Den un ejemplo de la responsabilidad de varias de estas entidades y personas: el gobierno federal, estatal, local; las organizaciones no gubernamentales como Paz Verde; las organizaciones internacionales como las Naciones Unidas; las grandes empresas como las petroleras; cada uno de nosotros.

Comparaciones

2-24 En tu experiencia. ¿Qué significa para ti la idea de arquitectura sostenible o construcción "verde"? Escribe dos características.

2-25 En armonía con la naturaleza. Ahora lee sobre este novedoso proyecto español. ¿Conoces un edificio o una casa que siga las normas mencionadas?

Las fachadas de los pisos y casas dan o al norte o al sur, y así aprovechan las horas de sol y sombra.

Sarriguren, una ecociudad modelo

Según la Organización de las Naciones Unidas (ONU), la ecociudad de Sarriguren es un modelo ejemplar del desarrollo sostenible. Está situada a cinco kilómetros de las estrechas (*narrow*) calles de Pamplona por donde corren los toros durante las fiestas de San Fermín. En Sarriguren se respetan las leyes del juego climático con amplias avenidas, hermosas zonas verdes y viviendas que conforman los principios de la arquitectura sostenible. Estos principios, según la ONU, incluyen:

- viviendas ecológicas con ahorro energético
- acceso físico, económico y social para grupos desfavorecidos
- planificación sostenible de los usos de la tierra y de la estructura urbana
- mejoras del medio ambiente urbano (físico, económico y social) en barrios y ciudades de tamaño mediano
- el uso y la producción más eficaz de la energía: reducción del consumo de electricidad, energías renovables y reciclaje
- conservación y utilización de la naturaleza en el medio urbano: parques, corredores y áreas verdes
- integración de infraestructuras de transporte y reducción del impacto ambiental

Sus habitantes, la mayoría con viviendas de un precio promedio de menos de 120.000 euros, vivirán en 5.217 viviendas que disfrutarán de un ahorro energético de hasta un 50 por ciento gracias a paneles solares, calderas (*furnaces*) comunitarias, la orientación de las casas y los materiales «sanos» de construcción. En estas viviendas, la energía que sobra se revenderá para beneficio de la comunidad.

 2-26 En su opinión. ¿Cuáles son los factores a favor o en contra de la arquitectura sostenible? ¿Cuáles son los factores que más les importan a ustedes?

 2-27 A explorar: Revolución renovable. Visita la página web de *Conexiones* para ver cómo puedes ser más eficiente en el uso de energía. Indica por lo menos tres cosas que puedas hacer.

Segunda parte

¡Así es la vida!

Encuesta: La ingeniería genética

La **ingeniería genética** es la tecnología de la manipulación y transferencia de ADN de un organismo a otro, lo cual posibilita la creación de nuevas especies, la corrección de defectos genéticos y la fabricación de numerosos compuestos. ¿Cuáles son tus opiniones sobre estas cuestiones?

	muy de acuerdo	algo de acuerdo	algo en desacuerdo	muy en desacuerdo
1. Muchos alimentos en el supermercado contienen productos transgénicos.	○	○	○	○
2. Los comestibles manipulados deben ser claramente etiquetados.	○	○	○	○
3. En general, los alimentos transgénicos son sanos para los niños.	○	○	○	○
4. Si hay una opción, prefiero la comida orgánica, no manipulada.	○	○	○	○
5. Los consumidores deben leer la etiqueta para saber si contiene alimentos transgénicos.	○	○	○	○
6. Los comestibles manipulados con genes de otras especies pueden ser más nutritivos que los naturales.	○	○	○	○
7. El futuro de la ingeniería genética se concentrará en sanar enfermedades graves como la fibrosis quística y la hemofilia.	○	○	○	○
8. La oveja, el perro, el gorila, el ser humano. La clonación es nuestro futuro.	○	○	○	○

¡Así lo decimos! Vocabulario

Vocabulario primordial

Campos y profesiones importantes en el futuro

la astrofísica (el/la astrofísico/a)
la bioquímica (el/la bioquímico/a)
la cibernética
la genética (el/la genetista)
la ingeniería nuclear/genética (el/la ingeniero/a...)
la microbiología (el/la microbiólogo/a)
la programación (el/la programador/a)

Vocabulario clave: Profesiones y actividades del futuro

Verbos

aumentar	*to increase*
clonar	*to clone*
dañar	*to damage*
etiquetar	*to label*
manipular	*to manipulate*
mejorar	*to improve*
predecir (i)*	*to predict*
proponer†	*to propose*

*like *decir*
†like *poner*

Sustantivos

el ADN	*DNA*
el alimento	*food*
el aparato	*device*
el avance	*advance*

Adjetivos

beneficioso/a	*beneficial*
grave	*serious*
sano/a	*healthy*
transgénico/a	*genetically modified*

Ampliación

Verbos	**Sustantivos**	**Adjetivos**
agravar	la gravedad	grave
avanzar	el avance	avanzado/a
clonar	la clonación	clonado/a
dañar	el daño	dañado/a
etiquetar	la etiqueta	etiquetado/a
manipular	la manipulación	manipulado/a
predecir (i)	la predicción	predicho/a

¡Cuidado!

Calidad/cualidad

- **Calidad** and **cualidad** are both cognates of the English word *quality*, but have different meanings:

  calidad—*quality,* as in a measure of worth.

Todo depende de la **calidad** de los materiales.	*Everything depends on the quality of the materials.*

  cualidad—*quality,* as in a characteristic of a person or thing.

Su dedicación es la **cualidad** que más admiro en él.	*His dedication is the quality I most admire in him.*

▶ Aplicación

2-28 La ingeniería genética. Clasifica estos usos de la ingeniería genética de acuerdo con su orden de importancia (1 es el más importante, 6 el menos importante) para el bienestar de la sociedad, de la economía y para ti personalmente. Explica tus razones.

El uso	Importancia para la sociedad	Importancia para la economía	Importancia para mí
La fabricación de medicamentos			
La clonación de animales			
La creación de especies de plantas nuevas			
La identificación de enfermedades genéticas			
La cura de enfermedades			
La determinación del sexo del feto			

2-29 La encuesta. Comparen sus respuestas a la encuesta anterior y conversen sobre las opiniones que tienen en común y sobre las que no están de acuerdo.

2-30 Profesiones del futuro. A continuación hay una lista de profesiones científicas y tecnológicas que tendrán un papel importante en el futuro. ¿Qué creen que estas profesiones aportarán (*contribute*) a la sociedad? ¿Qué profesiones relacionadas con las humanidades o con el comercio se podrían agregar a esta lista? Expliquen por qué.

la astrofísica	la cibernética	la microbiología
la bioquímica	la ingeniería nuclear/genética	la programación

2-31 Abandonados en una nave espacial. Su grupo fue abandonado en el espacio y tiene que aterrizar en el planeta Marte. Elijan los siete artículos de la lista que consideren los más importantes para poder sobrevivir o para volver a la Tierra. Decidan su orden de importancia. Compartan su lista con la clase y expliquen por qué decidieron ese orden de importancia.

___ una computadora
___ algunos discos compactos
___ una caja de cerillos o fósforos (*matches*)
___ un radio
___ algunas células de plantas de frijoles
___ un televisor

___ un satélite
___ agua por un año para dos personas
___ un metro cúbico de tierra
___ un aparato para purificar el aire
___ un tanque de oxígeno
___ algunos programas de realidad virtual

2-32 De nuevo: Llegaron los humanos (*Preterit/imperfect*). Imagínate que eres un pez, un pájaro o cualquier otro animal y que un día llegaron los seres humanos a la región donde vivías feliz en tu hábitat perfecto con otros animales y plantas. Utiliza el pretérito y el imperfecto para narrar cómo llegaron, qué hicieron, con qué experimentaron o qué construyeron, cómo afectaron sus acciones tu hábitat y qué tuvieron que hacer tus compañeros y tú para sobrevivir.

> **MODELO:** Yo _vivía_ feliz jugando y nadando con mis compañeros. Nosotros, los
> peces, _vivíamos_ en un lago de aguas cristalinas. Un día _llegaron_ los
> humanos…, etc.

Recuerda: Para escribir tu historia necesitas consultar la sección que explica los usos del pretérito y el imperfecto en el *Capítulo 1*.

Reto: Sé lo más original posible. Usa muchas palabras de la *Primera* y la *Segunda parte* de *¡Así lo decimos!*.

¡Así lo hacemos! Estructuras

3. The subjunctive in noun clauses

A clause is a string of words containing a subject and a conjugated verb. A main (or independent) clause stands alone and expresses a complete idea. A subordinate (or dependent) clause cannot stand alone and depends on the main clause to complete its message. Sentences with a main clause and a subordinate clause are called complex sentences, with the subordinate clause functioning as a noun, adjective, or adverb. The subjunctive mood often occurs in subordinate clauses.

- A noun clause is used as the direct object or subject of the verb, or as the object of a preposition.

  Necesito **el análisis.**
  (direct object = noun)
  Necesito **el análisis genético.**
  (direct object = noun phrase)
  Necesito **que Ud. me dé el análisis genético.**
  (direct object = noun clause)

main clause… + **que**… + dependent noun clause
(subject + verb)   (different subject + verb in subjunctive)

- The subjunctive is not automatically used in subordinate noun clauses. The present subjunctive, like the present indicative, expresses actions or states in the present or near future. Unlike the indicative, which expresses real/factual actions or states, the subjunctive describes hypothetical situations, that is, actions or states that may or may not be real/factual, or that are "conditioned" by the emotive perception or attitude of the speaker or subject.

Compare the following complex sentences with noun clauses:

Indicative	Subjunctive
Sabemos que **construyen** una casa verde.	Recomendamos que **construyan** una casa verde.
Dicen que el aparato **está** dañado.	Temen que el aparato **esté** dañado.
Es verdad que los gases **son** dañinos.	Es posible que los gases **sean** dañinos para las personas que viven cerca.

- The sentences that use the indicative in the noun clause present the ideas as fact: *we know, they say, it's true*. The subjunctive is required in the contrasting sentences due to the ideas established in the main clauses: *we recommend* (but it may not happen), *they fear* (emotive conditioning of situation, no certainty expressed), and *it's possible* (not certain).

The present subjunctive of regular verbs

- The present subjunctive is based on the first-person singular form of the present indicative: drop the -o and add the appropriate subjunctive endings.
- Note that -ar verbs have an e with the present subjunctive endings, while -er and -ir verbs have an a. Some people find it helpful to think in terms of "opposite vowel," with a being the opposite of e and i.

hablar	habl**o**	→	habl	+ e	hable
comer	com**o**	→	com	+ a	coma
vivir	viv**o**	→	viv	+ a	viva

The chart shows the present subjunctive forms of regular verbs. Note that the endings of -er and -ir verbs are identical.

	HABLAR	COMER	VIVIR	PENSAR	DECIR
yo	habl**e**	com**a**	viv**a**	piens**e**	dig**a**
tú	habl**es**	com**as**	viv**as**	piens**es**	dig**as**
Ud., él, ella	habl**e**	com**a**	viv**a**	piens**e**	dig**a**
nosotros/as	habl**emos**	com**amos**	viv**amos**	pens**emos**	dig**amos**
vosotros/as	habl**éis**	com**áis**	viv**áis**	pens**éis**	dig**áis**
Uds., ellos, ellas	habl**en**	com**an**	viv**an**	piens**en**	dig**an**

- With verbs that are irregular in the **yo** form of the present indicative (except verbs whose first person indicative ends in -**oy**), use the irregular **yo** form to form the subjunctive.

tener: tengo → tenga, tengas, tenga, tengamos, tengáis, tengan
ver: veo   → vea, veas, vea, veamos, veáis, vean

- Note that **-ar** and **-er** stem-changing verbs, just as in the indicative, change in all forms except **nosotros** and **vosotros**.

  encontrar → encuentre, encuentres, encuentre, encontremos, encontréis, encuentren
  querer   → quiera, quieras, quiera, queramos, queráis, quieran

- For **-ir** stem-changing verbs, the unstressed **e** changes to **i,** and the unstressed **o** changes to **u** in the **nosotros** and **vosotros** subjunctive forms.

  sentir   → sienta, sientas, sienta, sintamos, sintáis, sientan
  dormir → duerma, duermas, duerma, durmamos, durmáis, duerman

- Verbs whose infinitives end in **-car, -gar,** and **-zar** have spelling changes in the present subjunctive.

-car:	c → **qu**	buscar	→	busque, busques, busque, busquemos, etc.
-gar:	g → **gu**	llegar	→	llegue, llegues, etc.
-zar:	z → **c**	empezar	→	empiece, empieces, etc.

Verbs with irregular present subjunctive forms

- Six verbs have irregular present subjunctive forms:

dar	dé, des, dé, demos, deis, den
estar	esté, estés, esté, estemos, estéis, estén
haber	haya, hayas, haya, hayamos, hayáis, hayan
ir	vaya, vayas, vaya, vayamos, vayáis, vayan
saber	sepa, sepas, sepa, sepamos, sepáis, sepan
ser	sea, seas, sea, seamos, seáis, sean

Subjunctive vs. indicative in noun clauses

- The subjunctive is used in noun clauses when the main clause expresses wishes, preferences and recommendations, emotions or feelings, and doubt or denial.

Insisto en que **destruyas** los clones.	*I insist that you destroy the clones.*
Nos alegramos de que **puedas** manipular el ADN.	*We are glad that you are able to manipulate the DNA.*
Es bueno que **investiguen** las emisiones de esa fábrica.	*It's good that they're investigating the emissions from that factory.*
El ingeniero **niega** que la especie **desaparezca.**	*The engineer denies that the species will disappear.*

- The following expressions in a main clause can trigger the subjunctive in a subordinate noun clause.

VERBS AND EXPRESSIONS OF WILL AND INFLUENCE		
decir	necesitar (es necesario)	proponer
desear (es deseable)	ojalá	querer
esperar	permitir	recomendar
importar (es importante)	preferir (es preferible)	urgir (es urgente)
interesar (es interesante)	prohibir (es prohibido)	vale la pena
mandar	prevenir	

VERBS AND EXPRESSIONS OF EMOTION		
alegrarse	es (una) lástima	temer
es bueno/malo	es mejor/peor	tener miedo
es crucial	es preciso	
es fácil/difícil	sentir	

VERBS AND EXPRESSIONS OF DOUBT AND DENIAL		
dudar	es (im)posible	no estar seguro
es dudoso	es (im)probable	no creer
no es cierto	negar	es increíble

- The subject of a subordinate noun clause must be different from the subject of the main clause except after expressions of doubt or denial. If there is only one subject, use an infinitive rather than a subordinate clause.

Es crucial que todos protejamos el medio ambiente.	*It is crucial that we all protect the environment.*
Es crucial proteger el medio ambiente.	*It is crucial to protect the environment.*

- When there is no doubt about an action or event, use the indicative in the noun clause to convey certainty or conviction. Expressions of certainty or conviction in the main clause may be **estar seguro, creer, pensar, ser evidente,** etc.

Estoy seguro que la planta **purifica** el agua.	*I am sure that the plant purifies the water.*
Creo que el río **está** contaminado.	*I believe that the river is contaminated.*

- Note that when an expression of certainty or conviction is negated in the main clause, the subjunctive is used in the subordinate clause. Conversely, a speaker may negate an expression of doubt or denial in the main clause to convey certainty or conviction, and so use the indicative in the subordinate clause.

No creo que **haya** menos contaminación.	*I don't think there is less contamination.*
No niego que **hay** contaminación del aire.	*I don't deny that there is air pollution.*

- However, the speaker can reveal underlying feelings, suspicions, opinions, etc. by using the subjunctive or indicative when the opposite may be expected.

Como ecologista **no niego** que las compañías petroleras **hagan** todo lo posible para proteger la vida marítima.	*As an ecologist, I don't deny that the oil companies may do all that is possible to protect marine life.*

▶ Aplicación

2-33 Pazverde.   Pazverde es una organización ambientalista independiente sin fines comerciales o políticos. Promueve campañas en todo el mundo para preservar el medio ambiente. Lee el artículo sobre una de estas campañas y subraya los verbos en el subjuntivo.

Los manglares (*mangroves*) de nuestro país son un ecosistema único que contiene una gran biodiversidad. Es necesario que el público se dé cuenta de su importancia, pues proporcionan (*provide*) áreas de crianza (*breeding*) y alimentación de especies acuáticas de gran valor comercial. Por otra parte, es crucial que los manglares se conserven, ya que su existencia ayuda al mantenimiento de la biodiversidad de otros ecosistemas como, por ejemplo, el del coral. Es evidente que también contribuyen a la regulación del clima local y global, producen oxígeno y regulan el dióxido de carbono atmosférico. Es crucial además que los manglares continúen existiendo como medio de protección ante inundaciones, huracanes y la erosión de las costas. Por todas estas razones, Pazverde insiste en que todos participemos en la preservación de los manglares de nuestro país y que hagamos lo posible por ayudar.

2-34 Equilibrio ecológico.   Haz una lista de cinco razones para mantener los manglares. ¿Cuál de estos problemas afecta la economía o la calidad de vida de tu región? Si ninguno de ellos afecta tu área, menciona otros problemas que haya en tu pueblo o ciudad.

2-35 A explorar: Los manglares.   Hay muchas organizaciones protectoras de los manglares. Visita la página web de *Conexiones* para ver fotos y aprender más sobre las actividades para protegerlos. ¿Dónde se encuentran los manglares mayormente? ¿Qué factores contribuyen a la devastación del manglar?

2-36 Protejamos los manglares.   A continuación vas a escuchar un noticiero de Pazverde sobre la situación de los manglares en un país latinoamericano. Completa las frases con la opción más lógica en cada caso.

1. La información procede de…

    a. El Salvador.   **b.** Guinea Ecuatorial.   **c.** Ecuador.

2. Uno de sus productos importantes es…

    a. el camarón.   **b.** el pescado.   **c.** el arroz.

3. El porcentaje de los manglares que resultó destruido por esa industria es…

    a. el 35%.   **b.** el 53%.   **c.** el 75%.

4. El síndrome de Taura es una enfermedad causada por…

    a. una bacteria.   **b.** un virus.   **c.** pesticidas.

5. Para aliviar el problema la industria ha…

    a. cambiado de lugar.   **b.** dejado de usar pesticidas.   **c.** instalado filtros nuevos.

6. Pazverde ha respondido…

    a. a favor de la campaña.   **b.** pidiendo más concesiones.   **c.** poniéndose totalmente en contra.

2-37 Deseos. Completa las frases lógicamente usando el indicativo o subjuntivo del verbo en itálica.

1. El público quiere que...
2. Los profesores insisten en que...
3. Los ingenieros esperan que...
4. Ojalá que...
5. Paz Verde prefiere que...

- (los científicos) *buscar* un remedio para el síndrome Taura
- (los fabricantes de coches) *producir* un modelo de coche libre de emisiones
- (el mundo) *ver* las consecuencias del calentamiento global
- (el gobierno) *proteger* los manglares
- (los turistas) no *dañar* el hábitat de los pájaros durante sus visitas

2-38 Desafío. Dile a tu compañero/a un sujeto y un verbo de la lista siguiente. Él/Ella debe empezar la oración con *Quiero que* y combinar el sujeto con el verbo en el subjuntivo. Las oraciones pueden ser afirmativas o negativas, lógicas o absurdas.

nosotros	buscar	fabricar
el gobierno	conocer	hacer caso
los industriales	conservar	prevenir
Pazverde	construir	rescatar
los ingenieros	disminuir	traer
el director de la compañía petrolera	empezar	vivir

MODELO: E1: *nosotros / reciclar las botellas de agua*
E2: *Quiero que nosotros reciclemos las botellas de agua.*

2-39 Las predicciones de un futurólogo. Cambien las siguientes predicciones transformándolas de hechos ciertos a unos menos probables. Utilicen algunas de estas expresiones para indicar menos certidumbre y añadan otros comentarios.

No creo que...	Prefiero que...	Es sorprendente que...
Dudo que...	Niego que...	No es cierto que...
Temo que...	Insisto en que...	Urge que...

MODELO: Según las predicciones, no habrá peces en los océanos para el año 2050.
Sin embargo, yo no creo que desaparezcan totalmente porque...

1. Todos llevaremos una tarjeta con una muestra (*sample*) de ADN para probar nuestra identidad.
2. Los padres podrán seleccionar los rasgos (*features*) físicos e intelectuales de sus hijos.
3. Los medicamentos serán personalizados según el ADN del paciente.
4. La manipulación genética de las plantas y animales eliminará el hambre del mundo.
5. Cada niño será clonado, por si acaso (*just in case*).
6. Viajaremos a otros planetas.
7. Las ciudades costeras desaparecerán.
8. Se prohibirán todos los alimentos transgénicos.

2-40 ¿Qué quieren? A veces no queremos las mismas cosas que quieren, por ejemplo, nuestros padres o amigos. Comenten qué quieren ustedes y qué quieren sus padres y sus amigos. Usen el subjuntivo.

> **MODELO:** *Quiero viajar y conocer el mundo. Mis padres quieren que (yo) tenga éxito en los estudios, que me gradúe a tiempo y que haga un posgrado. Mis compañeros quieren que yo salga con ellos todas las noches y que lo pasemos bien.*

 2-41 Creo, no creo… Hagan una lista de seis o más predicciones y opiniones que tengan para la próxima década y luego comparen sus listas. ¿Tienen algunas predicciones en común? ¿En cuáles difieren de opinión? Usen frases de la lista u otras para presentar sus opiniones.

alegrarse	desear	(no) estar seguro/a	opinar
considerar	(no) dudar	gustar	sugerir

> **MODELO:** *Creo firmemente que algún día viviremos en la Luna, pero no pienso que mis hijos quieran vivir allí.*

2-42 Una carta al editor. Escribe una carta al editor en la que expreses tu opinión sobre uno de los siguientes titulares. Ten cuidado al usar el indicativo y el subjuntivo cuando expreses tu opinión.

> **«Inmensos incendios en Cataluña»**
>
> **«Científicos clonan el primer bebé»**
>
> **«El gobierno local permitirá la construcción de viviendas en una zona histórica»**
>
> **«El ruido en las grandes ciudades llega a ser peligroso»**

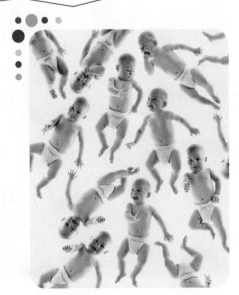

2-43 Debate: La manipulación genética. Preparen su posición a favor o en contra de uno de estos temas.

Resolución: No se permitirá bajo ninguna circunstancia la clonación de seres humanos.

Resolución: Se etiquetarán todos los comestibles que han sido manipulados genéticamente.

Resolución: Nos identificaremos por nuestro ADN cuando saquemos dinero del banco o cuando hagamos una compra con tarjeta de crédito.

> **MODELO:** *Es cierto que la tecnología existe para clonar seres humanos, sin embargo no creo que sea beneficioso para la humanidad porque…*

¡Así lo expresamos!

Imágenes

Juanito en la laguna (Antonio Berni, 1905–1981, Argentina)

Antonio Berni nació en Rosario, Argentina. En sus largos viajes por Europa descubrió las vanguardias plásticas contemporáneas (*avant-guard art*), especialmente el arte surrealista. Su prolífica obra está presente en algunos de los museos más importantes del mundo.

▶ Perspectivas e impresiones

 2-44 Su interpretación. Compartan con su compañero/a su interpretación de la obra (*art piece*) de Berni. En su opinión, ¿cuáles son las causas de esa situación? ¿Qué relación hay entre el tema de la obra y la actitud de una sociedad que tira todo a la basura (*"throw-away society"*)?

2-45 A explorar: Canción para la contaminación. Visita la página web de *Conexiones* para leer la letra de una canción sobre la contaminación. El tema es de uno de los grupos de rock en español más importantes de Latinoamérica. Comenta cómo interpretas la canción y qué piensas sobre ella. Comparte tu información con el resto de la clase.

 2-46 Los pasos de la contaminación. Ilustren cada uno de Uds. el orden de factores que han contribuido a la contaminación en la sociedad por medio de un esquema (*outline*) o dibujo. Después, explíquenle su visión particular al resto del grupo.

> **MODELO:** *el petróleo → el motor → la industrialización → ...*

Antonio Berni, Juanito en la laguna, *óleo y collage sobre madera, 1974; 160 × 105 cm. Ruth Bencázar Galería de Arte, Buenos Aires.*

Ritmos

Bebe (España)

La cantautora Nieves Rebolledo Vila, más conocida por su nombre artístico Bebe, nació en Valencia, España. De niña, creció en un ambiente musical ya que sus padres también eran músicos. Tuvo su primera guitarra a los once años y a los dieciocho años empezó su carrera como cantante. En 2004 lanzó su primer CD como solista y compositora, *Pafuera telarañas*, con el que ganó un Grammy y la acogida de millones de hispanos alrededor del mundo. Sin embargo, en 2006 anunció su retirada temporal del mundo de la música.

▶ Antes de escuchar

2-47 La Madre Tierra. En esta canción se personifica a la Tierra como si sufriera personalmente los abusos que le impone la gente. En tu opinión, ¿cuáles son algunos de los abusos del medio ambiente más graves?

▶ A escuchar

2-48 La personificación de la Tierra. Al escuchar la canción, subraya las palabras que indican el sufrimiento de la Tierra a manos del ser humano.

Ska de la tierra

La tierra tiene fiebre necesita medicina
Y poquito de amor que le cure la penita° que tiene. *sorrow*
Aah-aah *(bis)*
La tierra tiene fiebre
Tiembla°, llora, se duele del dolor más doloroso *It trembles*
Y es que piensa que ya no la quieren. *(bis)*
Y es que no hay respeto por el aire limpio
Y es que no hay respeto por los pajarillos° *pájaros pequeños*
Y es que no hay respeto por la tierra que pisamos° *donde caminamos*

Y es que no hay respeto ni por los hermanos
Y es que no hay respeto por los que están sin tierra
Y es que no hay respeto y cerramos las fronteras
Y es que no hay respeto por los niños chiquininos° *pequeños*

Y es que no hay respeto por las madres que buscan a sus hijos.
La tierra tiene fiebre necesita medicina
Y poquito de amor que le cure la penita que tiene.
Aah-aah *(bis)*
La tierra tiene fiebre
Tiembla, llora, se duele del dolor más doloroso
Y es que piensa que ya no la quieren. *(bis)*
Y es que no hay respeto y se mueren de hambre
Y es que no hay respeto y se ahoga° el aire *is choking*
Y es que no hay respeto y lloran más madres
Y es que no hay respeto y se mueren de pena los mares
Y es que no hay respeto por las cosas de los pueblos
Y es que no hay respeto desde los gobiernos
Y es que no hay respeto por los coches mininos° *pequeños*
Y es que no hay respeto y el mundo se prendió° *caught on fire...*

▶ Después de escuchar

2-49 Una falta de respeto. Según la cantautora, ¿quiénes necesitan respeto y quiénes no se lo dan? ¿Cuáles son algunas de las agencias que se responsabilizan por el bienestar del medio ambiente? Cita un ejemplo de un programa que conozcas.

Páginas

Los mutantes (José Ruibal, 1925– , España)

José Ruibal es un dramaturgo (*playwright*) contemporáneo español. Es uno de los iniciadores del "teatro subterráneo" que comenzó en los años 60. En esa época, el gobierno español censuraba las obras de teatro. Algunos de los temas comunes en las obras de Ruibal son la autoridad, la represión, la libertad y el individuo frente a la sociedad.

▶ Antes de leer

 2-50 En anticipación. La tecnología simplifica la vida diaria. Sin embargo, a veces causa problemas. Explícale a tu compañero/a las ventajas y las desventajas de la tecnología. En estos ejemplos, ¿qué es más importante, el problema que la tecnología soluciona o el que causa? Algunas posibilidades: el avión, el teléfono móvil, la televisión, la Internet.

> **MODELO:** *El auto es un ejemplo de una invención que facilita la vida. Sin embargo, su motor contamina, causa accidentes y es difícil de mantener.*

▶ A leer

2-51 Estrategias de la lectura. La información sobre los personajes y las características del género de una obra literaria ayudan a comprender el contenido de la obra. Contesta estas preguntas antes de leer la obra.

1. ¿Cuál es el género literario de esta obra: poesía, narrativa, drama o epistolar (*letter writing*)?
2. ¿Cuántos personajes hay?
3. ¿Quiénes son?
4. ¿Piensas que esta historia es del pasado, del presente o del futuro?
5. ¿Cómo defines a un mutante?

Los mutantes

Personajes:

HOMBRE

MUJER

crushed Una piedra inmensa se ilumina. Bajo ella, aplastados°, HOMBRE y MUJER conviven.
squeezed together 5 El espacio es mínimo y se mueven con enorme dificultad. Allí, apretujados°, aparecen, en miniatura, todos los aparatos de la vida moderna, auto incluido, invadiendo todos los rincones libres.

(HOMBRE *hace movimientos mecánicos sobre una máquina electrónica invisible de la que, por momentos, se percibe el sonido°.* MUJER *pone en marcha° algunos de los electrodomésticos que le ayudan en las tareas de la casa. Luego enciende la televisión y crece° el volumen musical.*)

a sound can be heard / pone... enciende / goes up

HOMBRE: (*sin dejar de trabajar*)

Sí, soy feliz. Voy a ser padre. Era lo único que me faltaba para ser totalmente dichoso°. No me puedo quejar°, la vida me sonríe. Mi mujer es un sol, un sol hogareño°. Y no lo parecía. Cuando me casé era una señorita frívola. Soñaba con viajar y viajar, pero se ha acoplado° perfectamente a mi vida.

feliz
complain / de la casa
adaptado

MUJER: (*revolviendo° entre los objetos*)

rummaging

¡Estoy harta! Todo el día entre monstruos eléctricos. Me van a matar. En cualquier momento soy noticia: "Ama de casa electrocutada". ¡Qué horror! Y ahora, para colmo°, voy a tener un hijo, aquí, en este hogar sin espacio para jugar. ¡Sol, sol, quiero sol!

to top it all

HOMBRE: Este año no podrá ser. Tengo muchísimo trabajo. Me han ascendido°. Manejo una máquina electrónica que ha costado un dineral° a la empresa. Con ella llevo el control de la producción. Mis jefes me estiman muchísimo. Me han subido el sueldo. Me han animado para que cambie de modelo de auto. Claro que para venir al trabajo utilizo el Metro. Viajo apretujado, pero llego puntualmente. Al cruzar la ciudad, el tráfico está imposible.

promoted
mucho dinero
salary

MUJER: ¡Sol, sol! ¡Necesito sol! Si no tomo sol, el hijo que crece dentro de mí no será una persona. Será un gusano° pálido.

worm

HOMBRE: (*en una tienda, pero sin haber cambiado de sitio*). ¡Por favor! Despácheme° pronto. Tengo que volver al trabajo. Quiero una lámpara de rayos solares. No se trata de mí. Eso mismo, un regalo para mi mujer. Sí, envuélvala en un papel vistoso°. No, este año no podemos ir a la playa. Desde luego. No es por dinero. Es por algo que no se puede comprar: la falta de tiempo. Yo estoy siempre ocupado. Para colmo, la empresa acaba de comprar un ordenador electrónico y sólo yo sé manejarlo. Sí; tuve que hacer unos cursillos. Pero compensa el esfuerzo, se paga muy bien ese trabajo.

¡Atiéndame!
bonito
computadora

(*Coge el paquete.*) ¿Y la lámpara cómo funciona? Entendido, sólo darle a la llave°. Supongo que dará buen resultado. ¡Lo mismo que el sol! ¡Increíble! La técnica es prodigiosa.

turn the knob

MUJER: (*Las cosas se le caen encima.*) ¡Socorro°, me aplastan! ¡Mi hijo, mi hijo!...¡Ay...!

¡Ayude!

HOMBRE: Está dormida. Claro, el embarazo°. Se fatiga muchísimo. Menos mal que le he comprado el lavaplatos superautomático. (*Le pone encima el paquete de la lámpara.*) Cuando se despierte se llevará una agradable sorpresa. Será como si tuviera el sol en casa. ¡Sol a domicilio°! Eso la compensará del veraneo. Todavía no le he dicho que este año no podremos ir al mar. La lámpara hará el milagro de conformarla. Hoy la técnica hace milagros.

pregnancy
home delivery

40   MUJER: (*inconsciente*) ¡Aire…, aire…!

(HOMBRE *hace funcionar el ventilador.*) ¡Sol…, sol! ¡Quiero sol…!

(HOMBRE *abre el paquete y enciende la lámpara.*)

HOMBRE: Está soñando con su hijo; con nuestro hijo. Pero todavía faltan dos meses. Será un niño feliz. No sufrirá las privaciones que yo padecí. Crecerá sano y robusto. Le atenderán los mejores pediatras. Irá a
45   los mejores colegios. Sabrá idiomas. Estudiará… Sí, especialista en algo… En algo provechoso. Ganará todo el dinero con muchísima facilidad.

she twists

MUJER: (*Despertando. Se retuerce° con dolores espasmódicos.*)

Va a nacer. Va a nacer. Le aplastarán. (*Trata de quitarse objetos de encima. Tira la lámpara. Después con dificultad, el ventilador. Pero otros aparatos se le caen encima.*) ¡Oh, esto es horrible! (*Mientras aparta unos*
they defeat her 50   *objetos, van cayendo otros. Parecen estar animados y la vencen.°*) Se morirá aplastado. ¡Estos malditos
cursed pieces of junk   trastos° no le dejan nacer!

HOMBRE: Tan pronto nazca, ya se encontrará en un hogar civilizado donde nada le faltará. Le compraré juguetes, muchísimos juguetes. (*Echa juguetes dentro, sobre la mujer también.*)

Todos los juguetes imaginables. Tendrá todos los juguetes que yo no he podido tener.

55   MUJER: (*Con gran esfuerzo hace un movimiento violento y la parte inferior de su cuerpo asoma al exterior de la piedra. Los objetos, mezclados con los juguetes, forman una barrera entre ella y* HOMBRE.) Va a nacer. Me siento mejor. ¡Oh!…¡Oh!…¡Oh!…(*llanto del recién nacido*)

HOMBRE: (*al teléfono, pero sin dejar su ritmo mecánico*) ¡Cómo! ¿Qué he tenido un hijo? No es posible. Faltan todavía dos meses. ¿Un accidente? Póngame con mi mujer. ¡Oh! Está dormida. ¿Cómo,
60   inconsciente? No puedo salir ahora. La máquina está funcionando. Si la dejo sola, se arruinará toda la producción. Iré tan pronto termine; ahora me es imposible.

MUJER: Ya ha nacido. ¡Qué alegría! Y ha nacido fuera de aquí. Será libre. Crecerá al viento y al sol. No, no
I feel him (the baby)   puedo verlo. Pero lo siento°. Lo siento como cuando estaba dentro de mí. Le oigo llorar al aire libre. ¡Soy feliz! (*como en sueños*) Jugará con el sol…, el viento…, las estrellas…, el mar…, la luna…, los árboles…, la
65   arena…, el cielo azul…, la lluvia…

HOMBRE: (*Tiene un sonajero° eléctrico.*) *baby rattle*

No lo encuentro. (*Busca entre objetos y juguetes.*) ¿Estará fuera? ¡Qué horror! Ha nacido fuera de aquí. Tendré que ir a buscarle. Fuera se morirá. El sol puede quemar su piel. Es muy fina la piel de un recién nacido. ¿Y si se moja°? Seguro que coge un catarro. *gets wet*

70 Tengo que tenerle aquí dentro. Fuera no le protege nadie. Allí crecerá a la intemperie° y sin ley. No. No *outdoors, exposed to the weather*
quiero que sea un salvaje ni un inadaptado social. ¡Eso no! Me traería un montón de complicaciones. He trabajado toda mi vida como un animal para ser feliz. Tengo un hogar donde no falta de nada. Mi hijo podrá vivir sin complicaciones. Quiero conservar todo esto para él. Se trata de mi hijo. Tiene que crecer aquí. Fuera es el caos. El desorden. Tengo que hacer algo para que venga. Es urgente. Puede coger una

75 infección o una peste°. Eso mismo... Avisaré a la policía. *plague*

(*Llanto del recién nacido*)

MUJER: (*La luz desciende.*) ¡No! ¡No!

(*Suena un disparo° en un lugar indefinido.*) *A gunshot is heard*

▶ Después de leer

2-52 ¿Cómo lo interpretas tú? Contesta las siguientes preguntas relacionadas con el texto que acabas de leer.

1. ¿Qué simboliza la piedra en este drama?
2. ¿Por qué no llevan nombre los personajes?
3. ¿Qué es importante para el hombre? ¿Y para la mujer?
4. ¿Qué simboliza el sol para la mujer?
5. ¿Por qué no quiere el hombre que el hijo nazca fuera de su casa?
6. ¿Cómo ven el hombre y la mujer los electrodomésticos?
7. ¿Con qué personaje te identificas más? ¿Por qué?

2-53 Un resumen. Escribe un resumen del contexto, de los personajes, del argumento (*plot*) y de la resolución del drama.

 2-54 Una sesión con el/la psicólogo/a. Dos compañeros/as harán el papel de psicólogo/a y de cliente. El/La cliente (el hombre, la mujer o el hijo de *Los mutantes*) explicará el problema; el/la psicólogo/a tratará de ayudarle a resolverlo.

 **Taller**

Expresa tu opinión

En cualquier periódico encontrarás editoriales y cartas al editor donde la gente expresa su opinión con el propósito de influir a los demás. Muchas veces los temas son algo controversiales.

▶ Antes de escribir

Idear. Piensa en algo que consideres un problema para ti y para la sociedad en que vives.

Completar. Completa esta oración en español.

> Yo creo firmemente que…
>
> **MODELO:** *Yo creo firmemente que los medios de comunicación, especialmente la televisión, afectan negativamente nuestro desarrollo intelectual.*

▶ A escribir

Abrir el tema. Usando tu opinión como base, escribe una oración para plantear el problema y para atraer el interés del lector.

> **MODELO:** *Para el año 2025, los que sepan leer serán una minoría privilegiada en nuestra sociedad.*

Explicar y respaldar (*support*). Escribe cinco o seis oraciones para explicar por qué esto es un problema. Incluye razones específicas.

Sugerir. Escribe cinco o más recomendaciones para explicar qué hay que hacer para solucionar el problema.

Resumir. Escribe tres o cuatro oraciones para resumir el problema y su solución.

Concluir. Escribe una oración para convencer al público de la crisis y concluir tu ensayo.

▶ Después de escribir

Revisar la comunicación. Vuelve a leer tu composición. ¿Son lógicas tus opiniones?

Revisar la gramática y el vocabulario.

☐ ¿Has incluido una variedad de vocabulario?

☐ ¿Has incluido algunas acciones usando el futuro?

☐ ¿Has usado bien el subjuntivo y el indicativo?

☐ ¿Has verificado la concordancia y la ortografía?

Intercambiar. Intercambia tu trabajo con el de un/a compañero/a. Mientras lees la composición de tu compañero/a, comenta sobre el contenido, la estructura y la gramática. ¿Ha seguido bien los procesos de la escritura? Incluye una evaluación de la comunicación y otra de la mecánica.

Entregar. Incorpora las sugerencias de tu compañero/a y pon tu ensayo en limpio. Luego, entrégaselo a tu profesor/a.

Vocabulario

Primera parte

a medio/largo plazo	in the mid term/ long term
ambiental	environmental
la basura	trash
el bosque	forest
calentar (ie)	to warm
la capa de ozono	ozone layer
el carbón	coal
el combustible	fuel
contaminar	to contaminate
el contenedor	container
creo que...	I believe that...
el cristal	glass
desechar	to throw away, to discard
el desecho	waste
destruir (y)	to destroy
la (des)ventaja	(dis)advantage
dificultar	to make difficult
disminuir (y)	to diminish
el efecto invernadero	greenhouse effect
es cierto que...	it's true that...
extinguir	to extinguish
las fuentes	sources
hacer caso	to pay attention
el humo	smoke
lo más importante es (que)...	the most important thing is (that)...
el medicamento	medicine/drug
la medida	measure
el medio ambiente	environment
pequeño/a	small, little (in size)
pienso que...	I think that...
el plomo	lead
poco/a	little (amount, scope, or degree)

pocos/as	few
potable	safe to drink
prevenir (ie)	to prevent
reciclar	to recycle
la recogida	pickup
el recurso	resource
renovar (ue)	to renew
rescatar	to rescue
la selva	jungle
la sequía	drought
sin embargo	however
un poco de	a little

Segunda parte

el ADN	DNA
agravar	to aggravate
el alimento	food
el aparato	device
aumentar	to increase
el avance	advance
avanzar	to advance
beneficioso/a	beneficial
la calidad	quality (as a measure of worth)
clonar	to clone
la cualidad	quality (as a characteristic)
dañar	to damage
etiquetar	to label
grave	serious
manipular	to manipulate
mejorar	to improve
predecir (i)	to predict
proponer	to propose
sano/a	healthy
transgénico/a	genetically modified

3 Los derechos humanos

Amnistía Internacional patrocina conciertos para que se tome conciencia de los abusos con respecto a los derechos humanos que ocurren en todo el mundo. El músico español, Kiko Veneno, participó en un concierto que tuvo lugar en Madrid.

A empezar

¿Por qué es importante respetar los derechos humanos? ¿En qué partes del mundo no se respetan los derechos humanos? ¿Qué organización defiende los derechos de los niños?

Curiosidades

¿Sabes…
cuándo se fundó Amnistía Internacional?

a. 1961
b. 1973
c. 1952

qué país fue el primero en legalizar las uniones de parejas homosexuales?

a. Francia
b. Suiza
c. Suecia

el nombre de dos centroamericanos que ganaron el Premio Nobel de la Paz?

a. Miguel Ángel Rodríguez y Alda Facio
b. Óscar Arias y Rigoberta Menchú
c. Francisco Flores y Ana Elena Obando

cuándo se celebra el Día Internacional de la Mujer?

a. el 1° de mayo
b. el 7 de julio
c. el 8 de marzo

Primera parte

¡Así es la vida!

Libertad, igualdad y fraternidad

Los derechos humanos son aquellas libertades y derechos básicos que le garantizan a toda persona una vida digna.

En 1979, Karel Vasak organizó los derechos humanos en tres generaciones, de acuerdo con el desarrollo social, político y económico del país que se evaluaba. Su división seguía las nociones centrales de las tres palabras que fueron el emblema de la Revolución Francesa: libertad, igualdad y fraternidad.

Primera generación (la libertad). La primera generación de derechos humanos está relacionada con la libertad y la vida polítca. En los países donde se tienen estos derechos se observan los derechos civiles y políticos básicos, o sea, se respetan las libertades clásicas.

Segunda generación (la igualdad). Se observan los derechos relacionados con la igualdad en sociedades más avanzadas en las que los derechos económicos, sociales y culturales básicos son realmente accesibles al pueblo. Por ejemplo, en estas sociedades hay un salario mínimo establecido, elecciones periódicas, centros culturales, etc.

Tercera generación (la fraternidad). Se estableció en los 70 y trata de incentivar el progreso social y elevar el nivel de los pueblos. Para ello se aprovecha el avance de las ciencias y la tecnología para tratar de alimentar y educar a todos, mejorar la calidad del medio ambiente, lograr una vida digna y poder desarrollar la personalidad individual.

A continuación leerás una muestra de los derechos que se incluyen en la *Declaración Universal de los Derechos Humanos* que fue aprobada en 1948 por la Organización de las Naciones Unidas (ONU). A ver si puedes clasificarlos según su generación.

	1ra	2da	3ra
el trabajo en condiciones equitativas y satisfactorias	○	○	○
los derechos y libertades fundamentales sin distinción de raza, color, idioma, posición social o económica	○	○	○
el uso de los avances de las ciencias y de la tecnología para beneficio mundial	○	○	○
la libertad de expresión, la libertad de movimiento y la libertad religiosa	○	○	○
la seguridad social y el acceso a los derechos económicos, sociales y culturales	○	○	○

	1ra	2da	3ra
la conservación del medio ambiente	○	○	○
el patrimonio común de la humanidad	○	○	○
el formar sindicatos para la defensa de los trabajadores	○	○	○
un nivel de vida adecuado	○	○	○
el obtener asilo político y a disfrutar de él, en cualquier país	○	○	○
el libre desarrollo de la personalidad	○	○	○
la vida, la libertad y la seguridad jurídica	○	○	○

¡Así lo decimos! Vocabulario

Vocabulario primordial

asesinar
la cárcel
el derecho
la opresión
la persecución

Vocabulario clave: Los derechos humanos

Verbos

amenazar	to threaten
asegurar(se)	to assure (to make sure)
desaparecer (-zc)	to disappear
desarrollar	to develop
desterrar (ie)	to exile
detener (ie)	to detain
disfrutar	to enjoy
ejecutar	to execute
escoger (j)	to choose
exigir (j)	to demand
garantizar	to guarantee
promover (ue)	to promote
proteger (j)	to protect
tomar conciencia	to become aware
violar	to rape someone, to violate something

Sustantivos

el asilo (político)	(political) asylum
el bienestar	well-being
el delito	crime
el desarrollo	development
la esclavitud	slavery
el juicio	trial
el nivel de vida	standard of living
el/la preso/a, el/la prisionero/a	prisoner
el sufragio universal	universal suffrage
el trato	treatment
la vejez	old age

Adjetivos

preso/a	imprisoned

Otras expresiones

sin fines de lucro	non-profit

Ampliación

Verbos	**Sustantivos**	**Adjetivos**
asesinar	el asesinato	asesinado/a
desaparecer (-zc)	la desaparición	desaparecido/a
ejecutar	la ejecución	ejecutado/a
oprimir	la opresión	oprimido/a
perseguir (i, i)	la persecución	perseguido/a
proteger (j)	la protección	protegido/a
tratar	el trato	tratado/a
violar	la violación	violado/a

¡Cuidado!

recordar / acordarse de / acordar

While the verbs **recordar** and **acordarse (de)** are synonymous, **acordar** means *to agree*.

- **recordar:** *to remind; to remember*

Recuérdame la fecha del juicio.	*Remind me of the date of the trial.*
Recuerdo el año que Óscar Arias recibió el Premio Nobel.	*I remember the year that Oscar Arias received the Nobel Prize.*

- **acordarse de:** *to remember, recollect*

Me **acuerdo del** día en que visité la ONU.	*I remember the day I visited the UN.*

- **acordar:** *to agree; to resolve by common consent*

Acordaron no hablar más de sus diferencias políticas.	*They agreed not to talk anymore about their political differences.*

▶ Aplicación

3-1 Un esquema. Aquí tienes algunas de las garantías y las protecciones de la Declaración Universal de los Derechos Humanos. Decide si los derechos a continuación son garantías o protecciones y escribe la oración bajo la categoría apropiada.

la libertad	la presunción de inocencia
un día laboral de ocho horas	el juicio público
el trato cruel	la intrusión arbitraria en la vida privada
la propiedad	la libertad de culto (*freedom of religion*)
la detención arbitraria	la libertad de movimiento

MODELO: **Garantías**   **Protecciones**
              la vida   los abusos

Se garantiza el derecho a la vida.   *Se protege contra los abusos.*

3-2 Otras categorías. De los derechos y protecciones, ¿cuáles son los tres más importantes para ti? ¿Cuáles son los más importantes para un país en vías de desarrollo (*developing*)?

 3-3 Los derechos humanos. Expliquen las garantías y las protecciones que identificaron en la actividad **3-1** con ejemplos. ¿Por qué son importantes?

> MODELO: la educación
> *Es el derecho de poder recibir una instrucción básica gratis. La educación básica es importante para poder ganarse la vida, tener una vida feliz...*

 3-4 A explorar: Los derechos humanos. Visita la página web de *Conexiones* para ver cuáles son algunos países que, según Amnistía Internacional, limitan los derechos humanos. Escribe una breve descripción de la situación actual respecto a los derechos humanos en uno de esos países.

> MODELO: China
> *Dicen que en muchas fábricas chinas hay malas condiciones de trabajo. Contratan a los campesinos y les prometen un buen sueldo, pero luego los obligan a trabajar largas horas por poco dinero.*

 3-5 Para la mujer. En muchos países la mujer sufre persecución o discriminación simplemente por ser mujer. Hay discriminación en cuanto a las normas de comportamiento (*behavior*), de vestir, de trabajo, de la sexualidad, de la asistencia médica, del sufragio, etc. Den ejemplos de las diferencias de trato que reciben los hombres y las mujeres en diferentes aspectos de la vida.

> MODELO: *En la Arabia Saudita los hombres pueden... pero las mujeres, no.*

3-6 A explorar: Los dedicados a la paz. Visita la página web de *Conexiones* para buscar más información sobre algunas personas u organizaciones y sus causas. Escribe un párrafo donde incluyas esta información:

- cuándo se fundó o empezó su misión
- cuál es su meta (*goal*)
- cuál es uno de sus logros

> **MODELO:** *Óscar Arias, presidente de Costa Rica, recibió el Premio Nobel de la Paz en 1987 por su contribución a la paz en Centroamérica.*

3-7 Un emblema (*logo*) nuevo para Amnistía Internacional. Expliquen qué simboliza el emblema de Amnistía Internacional. Luego diseñen otros emblemas para este movimiento.

 3-8 De nuevo: Un informe a la Comisión de Derechos Humanos (*Ser, estar,* and *haber*). Imagínate que eres el líder de una de estas organizaciones que defiende los derechos humanos en casos específicos:

- Médicos en Defensa de los Derechos Humanos
- Comité para la Protección de los Periodistas
- Liga de antidifamación
- Organización Internacional del Trabajo
- Organización Mundial Contra la Tortura
- MADRE

Utilizando oraciones con *ser, estar* y *haber*, escribe un informe de dos o tres párrafos en el que describas la situación de un país (real o imaginario) con respecto a la violación de los derechos humanos que defiende tu organización. Debes añadir un párrafo en el que propongas soluciones al problema.

> **MODELO:** *MADRE es una organización que defiende los derechos de la mujer. Desde 2008 ha estado en Colombia donde hay un conflicto que perjudica el bienestar de muchas personas…*

Recuerda: Consulta el *Capítulo 2* para repasar los usos de *ser, estar* y *haber*.

Reto: Trata de usar los verbos *ser, estar* o *haber* en casi todas las oraciones. Usa muchas palabras de *¡Así lo decimos!*

¡Así lo hacemos! Estructuras

1. Indirect commands

Es inocente.
¡Que lo dejen libre!

- You can order someone to do something directly with a direct command, or indirectly (via a third party) with an indirect command. Indirect commands use the subjunctive in all persons.

No quiero trabajar más de ocho horas diarias.	*I don't want to work more than eight hours a day.*
Que trabajen los jefes.	**Let the bosses work.**
No tenemos tiempo para terminar el informe.	*We don't have time to finish the report.*
Que lo haga Laureano.	**Let Laureano do it.**

- Indirect commands are formed by truncating a noun clause that uses the subjunctive to order or wish for someone to do something.

~~Ojalá~~ que venga Óscar Arias.	*May Oscar Arias come.*
~~Es necesario~~ que dejen de maltratar a los prisioneros.	*Have them stop mistreating the prisoners.*

▶ Aplicación

3-9 Esperanzas para el futuro del mundo. Combina cada organización con el mandato indirecto que mejor exprese su deseo.

> **MODELO:** *La UNESCO… "Que se asegure la educación básica para todos los niños, mediante la cooperación internacional".*

1. _____ Amnistía Internacional
2. _____ La Cruz Roja
3. _____ UNICEF
4. _____ Médicos sin Fronteras

a. "Que todos donen dinero para ayudar a reconstruir las casas dañadas por el huracán".

b. "Que no se maltrate a los prisioneros políticos".

c. "Que se les proporcione cuidado médico a los más necesitados en las zonas de conflicto".

d. "Que se les proteja a los niños contra el maltrato".

3-10 Cartas al editor. Estos comentarios han aparecido en las páginas editoriales del periódico. Indica si estás de acuerdo o no y escribe tu opinión sobre cada comentario con un mandato indirecto.

> **MODELO:** Los representantes buscan soluciones diplomáticas a los conflictos.
> *Estoy de acuerdo. Que todos busquemos soluciones diplomáticas.*

1. El gobierno desea proteger las industrias nacionales.
2. Representantes de las Naciones Unidas van a observar nuestras elecciones.
3. Se necesitan leyes para garantizar el derecho a votar.
4. El terrorismo amenaza la paz mundial.
5. El gobierno propone un buen nivel de educación para todos.

3-11 Cambios necesarios. Ustedes son miembros de una comisión que planea la reconstrucción de un país que logró la paz después de un largo conflicto. Preparen una lista de seis o más mandatos indirectos que propongan ideas o soluciones para ayudar al país y a sus habitantes. Luego, preséntenle el plan al resto de la clase.

> **MODELO:** Corea del Norte.
> *Que el gobierno se dedique a mejorar la salud de sus habitantes.*

 3-12 Una pasantía (*internship*) con WOLA. La Oficina en Washington para Asuntos Latinoamericanos (WOLA por sus siglas en inglés) es una organización que trabaja para la promoción de la democracia, los derechos humanos y la justicia social y económica en América Latina y el Caribe. WOLA ofrece una pasantía en honor de Sally Yudelman por sus contribuciones y por su compromiso con esa organización, los derechos humanos y la democracia en América Latina. Escucha la selección e indica si las afirmaciones a continuación son ciertas o falsas. Corrige las falsas.

¿Cierto o falso?

1. _____ WOLA es una organización del Departamento de Estado de Estados Unidos.
2. _____ Los pasantes tienen reuniones regulares con la Casa Blanca.
3. _____ Ofrece una buena oportunidad para familiarizarse con la política actual en Latinoamérica.
4. _____ Una parte importante de la pasantía es un proyecto de investigación.
5. _____ Todas las investigaciones serán publicadas en su revista mensual.
6. _____ El pasante debe trabajar gratis.
7. _____ El pasante trabajará cuarenta horas a la semana.

3-13 Debate: ¿Hay que respetar o no? Preparen su posición a favor o en contra de uno de estos temas.

Resolución: No es necesario respetar los derechos humanos de personas acusadas de terrorismo.

Resolución: Las diferencias culturales juegan un papel importante en la interpretación de los derechos humanos y se deben respetar esas diferencias.

Frases comunicativas

(No) Tienes razón.
Primero,... Segundo,... Finalmente,...
En resumen,... *In summary,...*

> **MODELO:** *Las personas que cometen un acto de terrorismo no merecen los mismos derechos que otras personas acusadas de un crimen. Primero, el terrorismo es un acto en contra de individuos, además del gobierno...*

Conéctate

VideoRed

▶ Antes de verlo

3-14 Su meta. Escribe un párrafo sobre la meta de Hábitat para la Humanidad tal como la entiendes hasta ahora.

▶ A verlo

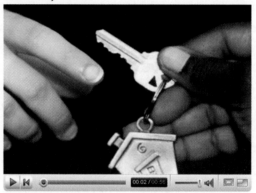

Un hogar digno (Habitat for Humanity International, Costa Rica)

▶ Después de verlo

3-15 Reto. Este video presenta muchas estadísticas sobre las condiciones de vida en Latinoamérica. Escriban cinco preguntas que puedan contestarse viendo el video y rétense (*challenge each other*) para contestarlas.

Comunidades

3-16 Una organización humanitaria. Investiga qué organizaciones humanitarias hay en tu comunidad y cómo sirven a la comunidad hispana o a las comunidades del mundo hispano. ¿Qué tienes que hacer para ser voluntario/a? ¿Piden donaciones monetarias además de tiempo?

Voluntarios de todo el mundo donan su tiempo y materiales a Hábitat para la Humanidad.

Conexiones

3-17 El derecho de vivir en un hogar digno. Según Hábitat para la Humanidad, ¿cómo se define un hogar digno? ¿Qué significa para ti vivir en un lugar digno? Escribe por lo menos cinco características y trata de enfocar los aspectos relacionados con los derechos humanos.

Comparaciones

3-18 En tu experiencia. ¿Conoces una organización sin fines de lucro que realice servicios sociales? ¿Has servido de voluntario/a en un proyecto para ayudar a personas necesitadas? ¿Cómo era?

Hábitat para la Humanidad

En la segunda generación de los derechos humanos se garantiza el derecho a un nivel de vida adecuado que asegure la salud, la alimentación, el vestido, la vivienda, la asistencia médica y los servicios sociales necesarios. Hábitat para la Humanidad es una fuerza importante para que se llegue a esa meta. La organización fue fundada en 1976 por Millard y Linda Fuller y bajo su dirección se han construido más de 250.000 casas en todo el mundo, proporcionando un techo (*dwelling*) seguro, decente y económico a más de un millón de personas en más de 3.200 comunidades. Hábitat tiene presencia en más de noventa países, entre ellos, Estados Unidos. Sus voluntarios son personas de todas las edades y sectores de la sociedad: estudiantes, profesionales y jubilados (*retired persons*).

Con el trabajo de voluntarios y donaciones de dinero y materiales, Hábitat colabora con familias para construir y rehabilitar casas sencillas y decentes. La familia compra la casa financiándola con préstamos a bajo interés. Lo que pagan cada mes contribuye a la construcción de otras casas. Las familias se identifican sin considerar su religión o su etnia. Se aceptan voluntarios que deseen trabajar para eliminar la vivienda inadecuada en el mundo.

Hábitat para la Humanidad ofrece ayuda en todas partes del mundo, incluso en Estados Unidos.

 3-19 En su opinión. En los últimos años, ha llegado a ser más común que los jóvenes participen como voluntarios en su comunidad y en otras partes del país o hasta en el extranjero. Conversen sobre las razones por las que pasa esto y sobre las organizaciones que conocen que hacen este tipo de servicio social. Expliquen en cuáles les gustaría servir como voluntarios/as y por qué.

 3-20 A explorar: Hábitat para la Humanidad en Latinoamérica. Visita la página web de *Conexiones* para ver uno de los sitios en Latinoamérica donde Hábitat para la Humanidad tiene proyectos. Escribe un párrafo en que expliques las condiciones socioeconómicas del país y cómo son las casas que están construyendo.

Segunda parte

¡Así es la vida!

El lado humanitario de Ricky Martin

Todos conocemos el talento de Ricky Martin, el cantante de pop puertorriqueño famoso en todo el mundo. Pero no todos conocen el lado humanitario de Ricky. Su valor humano se ha demostrado año tras año en su labor para proteger a los niños de la pobreza, la explotación sexual y laboral, entre otros males.

Ricky Martin, a través de su fundación, les da voz a los que no la tienen. La Fundación Ricky Martin, establecida en 2004, considera su trabajo un compromiso. Su meta es erradicar la trata de niños globalmente y asegurarse de que reciban educación, servicios de salud y rehabilitación. La Fundación trabaja para educar y denunciar este «crimen abominable», como lo llama Ricky, contra los niños.

Para Ricky, los niños pobres constituyen la población más vulnerable a la explotación de todo tipo. Unos 27 millones de niños son víctimas anualmente del tráfico humano. Por eso la Fundación lanza campañas de educación y de sensibilización en todo el mundo y crea iniciativas de acción ciudadana. También ha hecho alianzas con otras organizaciones protectoras de los niños, incluyendo UNICEF, para la que Ricky es Embajador de Buena Voluntad.

Cada día más celebridades se unen a los esfuerzos de Ricky Martin, quien con su espíritu positivo y su dedicación está creando cada vez más conciencia de este mal y con ello, una vida mejor para los niños del mundo.

¡Así lo decimos! Vocabulario

Vocabulario primordial	Vocabulario clave: Las organizaciones sin fines de lucro

Vocabulario primordial

educar
la explotación
la fundación
  humanitaria

Vocabulario clave: Las organizaciones sin fines de lucro

Verbos

constituir (y)	to constitute
denunciar	to denounce, to report (to police)
erradicar	to erradicate
laborar	to work
lanzar	to launch, to put forth
mostrar (ue)	to show
patrocinar	to sponsor
unirse a	to join with

Sustantivos

la alianza	alliance
la campaña	campaign

el compromiso	obligation, pledge, commitment
el esfuerzo	effort
la meta	goal
la trata (de personas, de niños, etc.)	human trafficking
el valor	courage

Adjetivos

protector/a	protective

Otras expresiones

año tras año	year after year
recaudar fondos	to raise funds

Ampliación

Verbos	Sustantivos	Adjetivos
constituir (y)	la constitución	constituido/a
denunciar	la denuncia	denunciado/a
educar	la educación	educado/a
erradicar	la erradicación	erradicado
laborar	la labor	laboral
unirse a	la unión	unido/a

¡Cuidado!

quedar / quedarse

- **quedarse:** *to stay* (in a place)

  José **se quedó** en Chile hasta 2006.   *José stayed in Chile until 2006.*

- **quedar:** *to be left / remain* (with an adjective)

  Laura **quedó** triste con la noticia.   *Laura was left feeling sad with the news.*

- **quedar:** *to be located* (colloquial = **estar**)

  La casa **queda** cerca de la estación de trenes.   *The house is (located) close to the train station.*

▶ Aplicación

3-21 Información clave. Empareja las frases de las dos columnas para identificar información clave de *¡Así es la vida!*

1. _____ la profesión de Ricky Martin   **a.** a todo el mundo
2. _____ la organización que fundó   **b.** UNICEF
3. _____ dónde nació   **c.** en Puerto Rico
4. _____ su meta   **d.** más de 25 millones de niños
5. _____ el público a quien desea llegar   **e.** cantante
6. _____ el número de víctimas   **f.** son educativos
7. _____ la organización que lo nombró Embajador **g.** lleva su nombre
8. _____ los programas que hace   **h.** proteger a los niños

3-22 Con más detalle. Lee otra vez el artículo y resume brevemente la información que se presenta.

3-23 A explorar: El SIDA. El SIDA es una enfermedad terrible que sufren decenas de millones de personas en todo el mundo. Esta contagiosa enfermedad afecta particularmente a los países pobres porque no tienen recursos para combatirla. La ONU tiene una gran campaña de prevención de esta enfermedad. Visita la página web de *Conexiones* para leer más sobre el SIDA. Anota algún aspecto que desconocías (por ejemplo: los efectos, la transmisión o el tratamiento).

3-24 *Save the Children*. Lean la descripción de la misión y actividades de esta organización y expliquen por qué es importante su labor en los países de América Latina.

> *Save the Children* es una organización benéfica que tiene programas en todo el mundo. En América Latina hay 60 millones de niños menores de cinco años de edad. La organización se dedica a ayudar a los niños que viven en los países más pobres de este hemisferio: Bolivia, El Salvador, Guatemala, Haití y Nicaragua. Además, colabora con *Save the Children Alliance* en Honduras, México y República Dominicana. Con su base en la comunidad, *Save the Children* se enfoca en las necesidades de las madres, los niños y los adolescentes para mejorar su estado de salud y bienestar. Tiene cuatro prioridades: la salud neonatal y reproductiva, el desarrollo preescolar y la educación primaria, la nutrición y, por último, la preparación para emergencias.

3-25 Una causa suya. Decidan entre ustedes cuál sería una causa que les gustaría patrocinar. Conversen sobre estos detalles y compartan sus conclusiones con la clase.

- el nombre de la organización
- sus metas
- cómo van a participar en ella
- los beneficios sociales y personales que van a recibir de su participación
- los problemas que puede tener la organización
- cómo van a darle publicidad a la causa

3-26 Otros que trabajan por la justicia social. Los Jesuitas y otros grupos religiosos y humanitarios son conocidos por sus labores en el campo de la justicia social. Investiga qué grupos hay en tu comunidad, ciudad o estado y preséntale a la clase información sobre dos de ellos.

 3-27 De nuevo: Un discurso inaugural (*The subjunctive in noun clauses*). Imagínate que eres el/la nuevo/a presidente/a de una nueva democracia después de largos años de dictadura y de violaciones sistemáticas de los derechos humanos. Escribe un discurso dirigido a los ciudadanos para proponer cambios, investigaciones y nuevas leyes que aseguren la preservación de los derechos humanos en el país. Usa al menos cinco de las siguientes frases en tu discurso:

> *No creo que…*
> *Espero que…*
> *Todos necesitamos que…*
> *Insisto en que…*
> *Es urgente que…*
> *Yo sé que ustedes quieren que…*
> *Dudo que el gobierno anterior…*
> *El gobierno anterior niega que…*
> *No permitiré que…*
> *Exigiré que…*
> *Los animo a que…*
> *Le pediremos a Amnistía*
>   *Internacional que…*

Recuerda: Para repasar el subjuntivo en cláusulas nominales, consulta el *Capítulo 2.*

Reto: ¡Trata de incluir todas las frases en tu discurso! Usa muchas palabras de la *Primera* y de la *Segunda parte* de ¡*Así lo decimos!*

¡Así lo hacemos! Estructuras

2. Direct and indirect object pronouns and the personal *a*

*No quise ofender al presidente.
¡Lo admiro muchísimo!*

The direct object and direct object pronouns

- A direct object is the noun that generally follows and is affected directly by the verb. It answers "what" or "who" received the action of the verb.

La fundación lanzó **una campaña** educativa.	*The foundation launched an educational campaign.*
Tiene como meta proteger a **los niños víctimas.**	*It has as its goal to protect the child victims.*

- Note that the direct object can either be an object (**la campaña**) or a person (**los niños**). Direct object nouns are often replaced by direct object pronouns. The chart below shows the forms of the direct object pronouns.

Direct object pronouns

SINGULAR		PLURAL	
me	*me*	nos	*us*
te	*you (informal)*	os	*you (informal) (Spain)*
lo	*you (masculine), it, him*	los	*you (masculine), them*
la	*you (feminine), it, her*	las	*you (feminine), them*

- Direct object pronouns agree in gender and number with the noun to which they refer.

El gobierno denunció **la trata de personas.**	*The government denounced human trafficking.*
El gobierno **la** denunció.	*The government denounced it.*
No veo a **los voluntarios** en la reunión.	*I don't see the volunteers in the meeting.*
No **los** veo.	*I don't see them.*

- Direct object pronouns are usually placed immediately before the conjugated verb.

¿Ves **la casa de Hábitat**?	*Do you see the Habitat house?*
Sí, **la** veo.	*Yes, I see it.*

- In constructions with the infinitive or the present progressive forms, the object pronoun may either precede or be attached to the infinitive or the present participle (-**ndo** form). Note the use of a written accent when attaching the direct object pronoun to the present participle.

Vamos a patrocinar **a esta niña**.	*We're going to sponsor this child.*
Vamos a patrocinar**la**. **La** vamos a patrocinar.	*We're going to sponsor her.*
Estoy leyendo **el informe**.	*I'm reading the report.*
Estoy leyéndo**lo**. **Lo** estoy leyendo.	*I'm reading it.*

- In negative sentences, the direct object pronoun is placed between the **no** and the conjugated verb. It may also be attached to the infinitive or to the present participle.

No **los** vamos a mostrar. No vamos a mostrar**los**.	*We're not going to show them.*

Personal *a*

When the direct object is a specific person or persons, an **a** precedes the noun in Spanish. This is known as the personal **a**. Remember that **a** + **el** contract to form **al**.

El periodista entrevistó **al** cantante.	*The journalist interviewed the singer.*
La fundación patrocinó **a** 15.000 niños este año.	*The foundation sponsored 15,000 children this year.*

- The personal **a** is required before every specific human direct object in a series, and before the indefinite expressions **nadie** and **alguien.** It is not used to introduce hypothetical persons.

La fundación ayuda tanto **a** los padres como **a** los niños.	*The foundation helps the parents as much as the children.*
Después de la reunión no encontramos **a** nadie en el salón.	*After the meeting, we didn't find anyone in the room.*
Queremos un presidente democrático y honrado.	*We want a democratic and honest president.*

- When the interrogative **quién(es)** requests information about the direct object, the personal **a** precedes it.

¿**A** quiénes está deteniendo la policía?	*Whom are the police detaining?*

- The personal **a** is not normally used with the verb **tener.**

Tenemos un patrocinador muy generoso.	*We have a very generous sponsor.*

The indirect object and indirect object pronouns

Le quité los cigarrillos hace dos días.

- An indirect object indicates to/for whom a noun/action is given/carried out, or from whom something is bought, borrowed, or taken away. The following chart shows the forms of the indirect object pronouns.

Indirect object pronouns

SINGULAR		PLURAL	
me	*(to) me*	**nos**	*(to) us*
te	*(to) you (familiar)*	**os**	*(to) you (familiar) (Spain)*
le	*(to) you (formal)* *(to) him / it (masculine)* *(to) her / it (feminine)*	**les**	*(to) you (formal)* *(to) them (masculine)* *(to) them (feminine)*

- The indirect object pronouns are identical to the direct object pronouns, except for the third-person singular and plural.

- Indirect object pronouns agree in number with the noun to which they refer. There is no gender agreement.

Le acabo de dar un abrazo (**al niño**).	*I've just given him a hug (to the child).*
El joven **le** mostró su casa **a la señora**.	*The young man showed her his house (to the woman).*

- The indirect object pronoun is normally used even when the indirect object noun is expressed. These forms are called redundant or repetitive object pronouns and have no equivalent in English. They are only used with third person nouns; thus, **le** and **les** are the only redundant indirect object pronouns.

Les escribo una carta **a los periodistas**.	*I write a letter to the journalists.*
Le daremos una donación **a la causa**.	*We'll give a contribution to the cause.*

- Indirect object pronouns follow the same rules of placement as the direct object. Note the use of a written accent when attaching the indirect object pronoun to the present participle (-**ndo** form).

Le aseguré (a ella) que iba a donar tiempo y dinero.	*I assured her that I was going to donate time and money.*
Te doy las firmas que tengo.	*I'll give you the signatures that I have.*
El joven **me** quiere mostrar su escuela. El joven quiere mostrar**me** su escuela.	*The young man wants to show me his school.*
Te estoy dando consejos. Estoy dándo**te** consejos.	*I'm giving you advice.*

- The familiar plural form **os**, corresponding to **vosotros**, is used only in Spain. In Hispanic America, **les** is used as the plural of **te**. **Les** is the form that we will use in this text.

Los niños **os** pidieron
una foto (de vosotros). (*Spain*)
Los niños **les** pidieron una foto
(de ustedes). (*Latin America*)

⎫
⎬
⎭ *The children asked you for your picture.*

▶ Aplicación

3-28 Digna Ochoa. Lee este artículo sobre la mexicana Digna Ochoa, defensora de derechos humanos, que murió en 2001. Identifica si las palabras subrayadas son objetos directos o indirectos, marcándolas con *OD* o *OI* e indica también si son nombres o pronombres.

MODELO: Digna Ochoa recibió <u>mensajes anónimos</u> con amenazas de muerte.
OD (nombre)

Digna Ochoa Plácido murió de dos balazos (*gunshots*) el 19 de octubre, 2001 a la edad de 37 años. Había nacido en el pueblo de Misantla en Veracruz y dedicó <u>su vida</u> a la defensa de los derechos humanos. Estudió para religiosa pero nunca profesó (*took her vows*).

Para ella su profesión de abogada era un arma. En el año 2000 fue entrevistada en Estados Unidos donde dijo que había estudiado <u>derecho</u>. Su padre, líder obrero en una azucarera (*sugar refinery*), siempre decía que los obreros necesitaban <u>abogados</u> que no <u>les</u> cobraran mucho.

En 2003 Kerry Kennedy, hija de Robert Kennedy, <u>la</u> homenajeó (*paid her homage*) en Washington por su trabajo a favor de los derechos humanos. En el homenaje, Digna Ochoa era parte de un grupo de 51 activistas de derechos humanos de 40 países a quienes se incluyó en el libro *Hablar con la verdad al poder: Defensores de derechos humanos que están cambiando el mundo*.

Ahora hay una petición al gobierno mexicano para que investigue <u>su muerte</u>. La petición dice, "<u>Les</u> pedimos, urgentemente, que se unan a nosotros demandando <u>una completa y transparente investigación</u> de esta atrocidad. <u>Les</u> pedimos <u>acciones inmediatas</u> para prevenir <u>las amenazas</u>" contra los defensores de derechos humanos.

Antes de su muerte, Digna Ochoa y sus colegas sufrieron <u>cinco años de hostigamientos</u> (*harrassment*) por teléfono, <u>intimidaciones personales</u>, <u>persecuciones</u>, <u>advertencias</u> (*warnings*) de secuestro o desaparición, <u>violaciones</u>, <u>vigilancia en domicilios privados y oficinas de trabajo</u>. Digna Ochoa y el Centro Pro fueron víctimas de espionaje telefónico, robos de materiales, así como también de dinero en efectivo.

En 2003, la comisión oficial que investigó <u>su muerte</u> pronunció que Digna Ochoa se había suicidado.

3-29 ¿Cuál es el caso de Digna Ochoa? Contesta las siguientes preguntas, basándote en el artículo.

1. ¿Quién fue Digna Ochoa?

2. ¿Por qué se hizo abogada?

3. ¿Cómo murió?

4. ¿Qué hostigamientos sufrió con sus colegas?

5. ¿Qué honor recibió?

6. ¿Crees que fue asesinada? ¿Por qué?

3-30 Ante la comisión. Imagínate que eres abogado/a y trabajas con un grupo que investiga la muerte de Digna Ochoa. Escribe lo que quieres pedirles a las siguientes personas o entidades:

> **MODELO:** al gobierno
> *Le pido justicia.*

1. a la prensa

2. a su familia

3. a los jueces

4. al público

5. a tus colegas

6. a los historiadores

3-31 Una experiencia curiosa. Completa los espacios en blanco de la carta con el pronombre de objeto directo o indirecto, la **a** (**al**) personal, o una X, si no se necesita agregar nada. OJO: Hay dos espacios en blanco que necesitan la contracción **al.**

Querida Antonia:

(**1**) _____ escribo para contar (**2**) _____ una experiencia que tuve durante mi visita a tu país. (**3**) _____ tuve una noche poco antes de volver a casa. Primero estuve en la capital donde conocí (**4**) _____ jefe de nuestra empresa. (**5**) _____ visité en su casa en una colonia cerca del centro. Después, cuando conducía mi coche de regreso al hotel, vi de repente (**6**) _____ un automóvil que venía hacia mí. Cuando (**7**) _____ vi, me di cuenta de que íbamos a chocar, y así fue. Afortunadamente, nadie se lastimó, pero el otro conductor (**8**) _____ dijo que él no tenía seguro y que no (**9**) _____ podría pagar la multa a la policía. (**10**) _____ aseguré que no (**11**) _____ iba a denunciar por el accidente y que mi seguro me pagaría los daños del coche. En ese momento vi (**12**) _____ una luz brillante. Llegó un coche largo y negro. Tres hombres vestidos de negro bajaron del coche y agarraron (*grabbed*) (**13**) _____ otro conductor. (**14**) _____ metieron en el coche y salieron a toda velocidad. Al día siguiente no vi nada en el periódico cuando salí para el aeropuerto. Ahora me pregunto si fui testigo (*witness*) de un asalto o un secuestro (*kidnapping*). ¿Qué crees tú?

3-32 Otra experiencia curiosa. Usando la actividad **3-31** como modelo, inventen una experiencia curiosa. No se olviden de usar pronombres de objeto directo e indirecto y empleen la **a** personal cuando sea necesario.

> **MODELO:** *Quiero contarte una experiencia que tuve...*

Double object pronouns

- When both a direct and an indirect object pronoun are used together in a sentence the indirect object pronoun precedes the direct object pronoun.

Te traigo la denuncia ahora.	*I'll bring you the accusation now.*
Te la traigo ahora.	*I'll bring it to you now.*

- The indirect object pronouns **le** (to you, to her, to him) and **les** (to you, to them) change to **se** when they appear with the direct object pronouns **lo, los, la, las.**

El periodista **les** dio el nombre del patrocinador.	*The journalist gave them the name of the sponsor.*
El periodista **se lo** dio.	*The journalist gave it to them.*

- As with single object pronouns, double object pronouns may be attached to an infinitive or to a present participle. In this case, the order of the pronouns is maintained and an accent mark is added to the stressed vowel of the verb. The pronouns may also be placed before the conjugated verb.

Joven, ¿puede traer**me** las firmas de los signatarios?	*Young man, can you bring me the signatures of the signatories?*
Enseguida voy a traér**selas.** Enseguida **se las** voy a traer.	*I'll bring them to you right away.*
¿El delegado **nos** está preparando la lista de participantes?	*Is the delegate preparing us the list of participants?*
Sí, está preparándo**nosla.** Sí, **nos la** está preparando.	*Yes, he's preparing it for us.*

▶ Aplicación

3-33 En la oficina de Amnistía Internacional. Combina las oraciones y preguntas con sus respuestas lógicas.

1. _____ Jaime, ¿dónde están mis apuntes para el jurado?

2. _____ Mariana, búscame el número de teléfono del testigo.

3. _____ Ramón, tráeme una botella de agua.

4. _____ Carlos, tengo hambre. ¿Está listo el almuerzo?

5. _____ Toña, ¿dónde están las cartas que preparé anoche?

6. _____ Pepe, ¿puedes pedirles a los testigos que vengan esta tarde?

a. Se las puse en su escritorio esta mañana.

b. No se preocupe, se lo preparo ahora mismo.

c. Si quiere, se lo marco ahora.

d. Sí, ahora mismo se lo digo.

e. Se los traigo enseguida.

f. No hay, pero voy al mercado y se la compro.

3-34 En una junta de la Fundación Ricky Martin. Completa este diálogo con pronombres de objeto directo, indirecto o con los dos juntos según el contexto. OJO: Los objetos directos están subrayados para ayudarte.

CLAUDIA: Bueno, Ramiro. Mañana es la inauguración de la campaña para recaudar fondos para nuestra causa. ¿Tienes los panfletos para repartir?

RAMIRO: Sí, Claudia. (**1**) _____ recogí esta tarde. Esta noche (**2**) _____ _____ voy a llevar a Manolo para que me ayude a repartir (**3**) _____ mañana temprano.

CLAUDIA: La campaña de televisión empieza a primera hora en el programa *Primer impacto*. (**4**) _____ han anunciado en el periódico, pero no (**5**) _____ saben todos todavía. Si vamos a tener éxito, tiene que participar todo el mundo. Manolo, ¿por qué no preparas una notificación para la radio? ¿(**6**) _____ _____ podemos mandar al director de noticias esta misma noche para que (**7**) _____ pueda difundir a partir de la medianoche? Cuando veas a Francisca, (**8**) _____ _____ dices y ella también puede avisar (**9**) _____ a la estación para que (**10**) _____ anuncie cada hora durante toda la noche.

MANOLO: De acuerdo. (**11**) _____ _____ explicaré bien a Francisca. Ella es muy responsable. Además, por ser cuñada del presidente, (**12**) _____ van a escuchar. Seguramente la gente (**13**) _____ demostrará su apoyo.

CLAUDIA: ¿A qué hora es la reunión con Ricky?

RAMIRO: Esperamos ver (**14**) _____ al mediodía como (**15**) _____ ha notificado su secretario. Llegará en helicóptero y (**16**) _____ recogeremos para la visita con el presidente.

CLAUDIA: Bueno, todo está en orden. ¡Mañana comienza la campaña! Y con su ayuda, amigos, una nueva época para los niños del mundo.

3-35 Una entrevista con Nane Annan. Completa la entrevista con Nane Annan, la esposa del ex Secretario General de las Naciones Unidas, usando dos pronombres de objeto.

ENTREVISTADORA: Señora Annan, sabemos que usted se interesaba mucho por los derechos de los niños y que viajaba por todo el mundo en apoyo de esa causa. Cuando usted visitaba un nuevo lugar, ¿los niños le entregaban flores?

SRA. ANNAN: _____

ENTREVISTADORA: ¿Usted les regalaba algo a los niños, como por ejemplo camisetas de la ONU?

SRA. ANNAN: _____

ENTREVISTADORA: ¿Las familias le mostraban sus casas?

SRA. ANNAN: _____

ENTREVISTADORA: ¿El alcalde le daba la bienvenida?

SRA. ANNAN: _____

ENTREVISTADORA: Y usted, ¿le regalaba la bandera de la ONU como recuerdo de su visita?

SRA. ANNAN: _____

3-36 Amnistía Internacional entrevista a un jefe o una jefa de estado. Escojan un país que no respete los derechos humanos según la información de Amnistía Internacional. Preparen entre ocho y diez preguntas para hacerle al jefe o a la jefa de estado. Un miembro del grupo hará el papel de jefe o jefa de estado. Asegúrense de usar pronombres de objeto indirecto y directo en sus preguntas o respuestas.

MODELO: E1: *Señor/a Presidente/a, ¿por qué no nos permite visitar a los prisioneros políticos?*

E2: *Les doy permiso para visitarlos, pero ellos no quieren verlos a ustedes.*

3-37 Una causa importante. Imagínate que eres miembro de una organización que necesita fondos para una causa importante. Escribe una carta de ocho a diez líneas para explicar el propósito de la organización y por qué solicitas donaciones. Puedes empezar la carta con una variación del modelo:

MODELO: *Estimado colega (amigo, compañero, etc.):*
Quiero hablarle sobre una organización que va a tener mucha influencia en este siglo...

3. *Gustar* and similar verbs

¿Te gustó el resultado de las elecciones?

- The verb **gustar** expresses preferences, likes, and dislikes. **Gustar,** however, is not directly equivalent to the English verb "to like." Literally, it means "to be pleasing."

Me gusta la libertad.	*I like liberty. (Liberty is pleasing to me.)*
Al secretario general Ban Ki-moon **le gustan** los gobiernos democráticos.	*Secretary General Ban Ki-moon likes democratic governments. (Democratic governments are pleasing to him.)*

- **Gustar** is most often used in the third-person singular or plural forms, **gusta** and **gustan.** It is also accompanied by an indirect object pronoun to express the idea that object(s) or person(s) are pleasing to someone. (That someone is an indirect object.)

Nos gustó el discurso pacifista del delegado.	*We liked the delegate's pacifist speech.*
No me gustan ni las dictaduras de derecha ni las dictaduras de izquierda.	*I don't like either right- or left-wing dictatorships.*

- To express the idea that one likes to do something, use the singular form of **gustar** with an infinitive or series of infinitives.

Nos gustaba siempre votar temprano.	*We always liked to vote early.*
Me gusta patrocinar y ayudar a un niño.	*I like to sponsor and help a child.*

Other verbs used like *gustar:*

caer bien	*to like (a person)*
caer mal	*to dislike (a person)*
encantar	*to love (colloquial; lit., to be enchanting)*
faltar	*to lack, miss (lit., to be lacking)*
fascinar	*to be fascinated by (lit., to be fascinating)*
hacer falta	*to need (lit., to be needed)*
importar	*to matter (lit., to be important to)*
impresionar	*to be impressed (lit., to impress)*
interesar	*to be interested in (lit., to interest)*
molestar	*to be a bother (lit., to be bothersome)*
parecer	*to seem*
quedar	*to be left over (lit., to be remaining, to fit [clothing])*

- Be careful when using the verb **gustar** to express likes and dislikes related to people. In Spanish, **gustar** is used with people to express the idea that you feel attracted to a person in a physical or emotional sense.

Me gusta María Luisa.	*I like María Luisa. (I am attracted to her.)*
A muchos votantes **les gustan** los políticos jóvenes.	*Many voters like young politicians. (They are attracted to them.)*

- To say that you like or dislike someone because of the way that person behaves or acts, Spanish speakers frequently use the expressions **caer bien** and **caer mal.**

Nos cae bien la presentadora.	*We like the talk show hostess. (She's a great person.)*
Me caen mal los que maltratan a los niños.	*I don't like those who mistreat children. (I can't stand them.)*

- Use **gustar** when referring specifically to qualities or defects of a person.

Me gusta cómo escribe el periodista.	*I like how the journalist writes.*
No **le gustan** las personas inflexibles.	*She doesn't like inflexible persons.*

- When referring to food, use **gustar** to express that a certain food is pleasing or not pleasing, and the verb phrase **caer bien** or **caer mal** to express that the food agrees or does not agree with someone.

A los refugiados no **les cae** bien la comida enlatada.	*The canned food doesn't agree with the refugees.*
Sin embargo, **les gustan** mucho las meriendas de la Cruz Roja.	*But they like the Red Cross snacks a lot.*

▶ Aplicación

3-38 Un plan estratégico. Completa el monólogo con pronombres de objeto indirecto, el verbo **gustar** u otros similares que tengan sentido según el contexto.

Compañeros y compañeras, lo que voy a decirles quizás no les va a gustar pero (a nosotros) (**1**) _____ pensar seriamente en el futuro de esta fundación. (A mí) (**2**) _____ que hemos esperado demasiado tiempo para hacer algunos cambios radicales. Primero, (a nosotros) no (**3**) _____ muy bien el director de la campaña educativa. A nosotros (**4**) _____ sus anuncios y circulares (*memos*). Además, (a él) (**5**) _____ las peleas entre los empleados. (A nosotros) (**6**) _____ un líder fuerte, alguien que sepa actuar en beneficio de la fundación. Por lo tanto, (a mí) (**7**) _____ poder ser su nueva directora. ¿Qué (**8**) _____ a ustedes mi propuesta?

3-39 En tu opinión. Usa verbos como **gustar, parecer, fascinar,** etc. para dar tu opinión sobre los asuntos siguientes.

> **MODELO:** los derechos humanos
> *Me parecen cruciales para todos.*

1. las organizaciones benéficas
2. la trata de niños
3. la educación
4. la violación
5. el secretario general de la ONU
6. la libertad de prensa
7. los voluntarios de Hábitat
8. las fundaciones sin fines de lucro

3-40 Me parece una idea excelente. Escríbanle una carta al editor de un periódico para expresar su opinión sobre cualquier causa humanitaria. Usen expresiones como **gustar, parecer, fascinar, impresionar,** etc.

Me cae mal ese candidato.

3-41 Me cae bien o me cae mal. Hagan una lista de diez políticos, grupos políticos u organizaciones gubernamentales. Háganse preguntas sobre qué tal les caen.

MODELO: E1: *¿Qué tal te caen los administradores de la Cruz Roja?*

E2: *Este año me caen muy bien porque sus actividades en regiones necesitadas han sido excelentes. Me impresionan su organización y su independencia del sector comercial, que es lo que quiere el pueblo.*

3-42 Un noticiero hondureño. Escucha el noticiero de Tegucigalpa después de la visita de la Sra. Yoo Soon-taek, esposa del secretario general de las Naciones Unidas. Completa la información que falta a continuación:

1. La visita duró…

2. Visitó lugares como…

3. Se reunió con…

4. Después se sintió…

5. Su visita ha recibido…

3-43 Debate: Se necesita ayuda. Preparen su posición a favor o en contra de uno de estos temas.

Resolución: Se requerirá que todos los estudiantes hagan un año de servicio social después de graduarse.

Resolución: Las organizaciones humanitarias, como *Save the Children* o la Cruz Roja recibirán apoyo financiero del gobierno para facilitar su labor.

MODELO: *Las personas que dicen que el Gobierno Federal debería financiar organizaciones sin fines de lucro no tienen razón…*

¡Así lo expresamos!

 ## Imágenes

Manos anónimas (Carlos Alonso, 1929– , Argentina)

Carlos Alonso nació en Mendoza, Argentina. Es pintor, dibujante y grabador. En 1959 ilustró el famoso poema gauchesco *Martín Fierro* y continuó ilustrando libros populares por varios años. Como pintor, Alonso ha ganado varios premios importantes. Hoy es considerado uno de los más grandes pintores de Argentina por su extraordinario sentido del color y de la composición y, sobre todo, por sus temas de impacto social y político.

▶ Perspectivas e impresiones

 3-44 Observen el cuadro. Comenten estos elementos del cuadro.

1. los colores y el efecto que tienen
2. la censura
3. las víctimas y los culpables *(guilty)*
4. el mensaje sociopolítico

 3-45 A explorar: Oswaldo Guayasamín. Oswaldo Guayasamín es otro artista latinoamericano cuyos temas muchas veces se centran en los derechos humanos. Visita la página web de *Conexiones* para ver ejemplos de su obra. Elige una de ellas y describe los colores que usa, el estilo y el tema.

Manos anónimas, 1982/83, acrílico s/tela, 102 × 76 cm.

Ritmos

Iván Pérez López (México)

Iván Pérez López nació en Oaxaca, México, en 1984. Desde pequeño estudió música y aprendió a tocar el piano y la guitarra. Un día, mirando un programa de televisión sobre la violencia en el mundo, decidió escribir la canción *Amor y paz*, luego la cantó, la grabó e hizo un video en 2006. —Con esta canción —dice—, hago una pequeña contribución para mejorar el mundo y alcanzar la paz—. Iván escogió la Internet como el mejor método para dar a conocer su música y difundir su mensaje.

▶ Antes de escuchar

3-46 Tus deseos. ¿Cuáles son tus deseos para el futuro de la humanidad? ¿Qué propones para crear un mundo mejor? Además de amor, ¿qué más debemos tener para alcanzar la paz mundial? ¿Qué debemos hacer lo antes posible? Si pudieras formular cinco deseos para el mundo, ¿cuál sería el orden de prioridades?

▶ A escuchar

3-47 Los deseos del artista. Mientras escuchas la canción, anota lo que desea el cantante.

Amor y paz: no más guerras

Puede ser° que la vida te sonría   quizá
si es que tienes el valor para cambiar el mundo
Puede ser que se agoten° las salidas°   run out / soluciones
Pero siempre existirá alguna alternativa
Rescatemos el amor
para darnos lo mejor
Búscalo en tu corazón
Amor y paz
Queremos ya cambiar el rumbo°   course
Amor y paz
Cantar hasta cambiar el mundo
Amor y paz
Llegar hasta lo más profundo
Llena tu corazón de amor y paz
Uhh... de amor y paz

Puede ser que tú tengas la respuesta,
que el amor lo vence° todo,   conquers
que la paz es nuestra
Rescatemos el amor
para darnos lo mejor
Busca ya en tu corazón

▶ Después de escuchar

 3-48 El mensaje. Túrnense para hacer y contestar las siguientes preguntas sobre la canción.

1. ¿Cómo caracterizas la canción? ¿Qué tono tiene? Explica.
2. ¿Qué necesita el cantante para lograr lo que quiere?
3. ¿En dónde hay que buscar para encontrar "lo mejor"?
4. ¿Cómo es el ritmo de la canción? ¿Melancólico? ¿Alegre? ¿Nostálgico? ¿Enérgico? ¿Bailable?
5. ¿Crees, como el cantante, que hay que tener valor para cambiar el mundo? ¿Qué más hay que tener?
6. ¿Crees que el cantante es pesimista, optimista o realista? ¿Por qué?

3-49 Un foro. Lee los siguientes comentarios sobre la canción *Amor y paz* en el foro de Lucía, una fanática del cantante. Luego inventa un nombre de usuario (*user ID*) y escribe tu propio comentario.

---

lucia99honduras

La canción está muy linda. Espero que haya más personas como tú en este mundo. Gracias y sigue así, amigo, que yo también quiero amor y paz.

fernandogarcia0776

La paz está en nuestras manos. ¡Muy bonita la canción! Y así como tú hay más personas que claman por la paz. De todo corazón, ¡Felicitaciones y paz! Me gustan mucho los versos que dicen "Puede ser que se agoten las salidas pero siempre existirá alguna alternativa".

dqdelamancha2010

¡Ayudemos a difundir el mensaje de esta canción! Necesitamos más música con mensajes positivos. Hay demasiada música con letras (*lyrics*) que hablan sobre la violencia, la intolerancia y el odio. ¡Gracias por tu canción!

Musicadelmundo

¡Hola amigos! Gracias por sus comentarios. En verdad me animan a seguir con esta gran labor de aportar mi granito de arena (*grain of sand*) para cambiar el mundo. ¡Por algo se empieza! ¿No? Este es un regalo para todos los que aman la paz y ustedes son una buena muestra. Espero que compartan esta canción con más personas.

 3-50 A explorar: *Amor y paz.* Visita la página web de *Conexiones* para ver el video. Describe brevemente lo que ves. ¿Qué imágenes te han impresionado más? ¿Qué imágenes son más efectivas para difundir el mensaje de amor y de paz?

Páginas

César Vallejo (1898–1938, Perú)

De ascendencia indígena peruana y española, César Vallejo está considerado entre los más grandes innovadores de la poesía del Siglo XX. Uno de once hijos, sus padres querían que se dedicara a la Iglesia, y así empezó sus estudios religiosos. Pero cambió de dirección cuando se hizo profesor y luego escritor de poesía, novelas y teatro. Aunque fue miembro del partido comunista, sus poemas son profundamente humanistas, más que izquierdistas.

▶ Antes de leer

3-51 El poeta y la guerra. Sin duda, la guerra ha sido siempre un importante tema literario. Desde los griegos hasta hoy, hay muchos ejemplos de obras literarias que han tenido origen en las profundas impresiones que tiene el escritor del conflicto. Piensen en algún autor o autora cuya obra tiene como tema la guerra y describan cómo los/las ha afectado leerla. En su opinión, ¿cuáles son algunos motivos del escritor o de la escritora y cómo los logra? Compartan sus observaciones con la clase.

▶ A leer

3-52 Estrategias de la lectura. Un poema usa imágenes, símbolos y repetición para comunicar su mensaje. Lee rápidamente el poema y busca palabras que te ayuden a captar el tono. ¿Qué sustantivos, adjetivos y acciones comunican el mensaje del poeta?

Masa

battle	Al fin de la batalla°,
	y muerto el combatiente, vino hacia él un hombre
	y le dijo: «¡No mueras, te amo tanto!»
kept on dying	Pero el cadáver ¡ay! siguió muriendo°.
le repitieron 5	Se le acercaron dos y repitiéronle°:
	«¡No nos dejes! ¡Valor! ¡Vuelve a la vida!»
	Pero el cadáver ¡ay! siguió muriendo.
Gathered around	Acudieron° a él veinte, cien, mil, quinientos mil,
	clamando: «¡Tanto amor, y no poder nada contra la muerte!»
10	Pero el cadáver ¡ay! siguió muriendo.
surrounded	Le rodearon° millones de individuos,
plea	con un ruego° común: «¡Quédate hermano!»
	Pero el cadáver ¡ay! siguió muriendo.
	Entonces, todos los hombres de la tierra
15	le rodearon; les vio el cadáver triste, emocionado;
se levantó	incorporóse° lentamente,
empezó	abrazó al primer hombre; echóse° a andar...

10 de noviembre de 1937

▶ Después de leer

3-53 ¿Cómo lo interpretas tú?

1. ¿Dónde se encuentra el poeta y con quién habla? ¿Cómo le responde la persona, y por qué?

2. ¿Quiénes llegan después del primer hombre y qué hacen? ¿Por qué no les responde?

3. ¿Qué pasa al final del poema? En tu opinión, ¿qué simboliza el cadáver? ¿Y el primer hombre?

4. Vallejo escribió este poema poco después de estar en el campo de batalla de la Guerra Civil española. ¿Te deja el poema con una sensación optimista o pesimista sobre la guerra?

 3-54 La guerra y sus consecuencias. A ningún país le gusta la idea de ir a la guerra. Sin embargo, hay ocasiones en que después de tratar de resolver un conflicto pacíficamente a través de organismos internacionales, no le queda más remedio al país que declararle la guerra a otro país. ¿Pueden pensar en casos del pasado en que un país estuvo justificado en ir a la guerra? ¿Es diferente una guerra civil dentro de un país como ocurrió en España y EE. UU.? ¿Faltaban en el pasado mecanismos políticos para evitar ir a la guerra? En grupos de tres o cuatro estudiantes, discutan las respuestas a estas preguntas y expliquen qué soluciones existen ahora que no teníamos en el pasado.

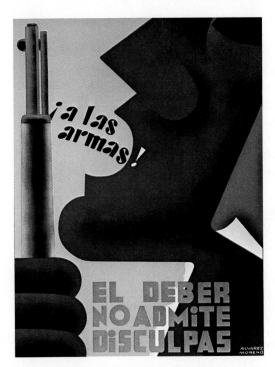

Un cartel que data de la Guerra Civil Española.

 3-55 A explorar: El poema interpretado. Hay muchos ejemplos de interpretaciones de este poema. Visita la página web de *Conexiones* para ver y escuchar una. ¿Ha cambiado tu impresión del poema o del poeta? Explica.

 # Taller

Crea poesía

La poesía puede expresar los sentimientos más sencillos así como los más profundos. Puede ser individual o colectiva. Siguiendo el modelo que está abajo, trabaja solo/a o con un/a compañero/a para crear un poema original.

▶ Antes de escribir

Idea. Piensa en un concepto, imagen u objeto que consideres importante, interesante o curioso.

▶ A escribir

Abre el tema. Abre con un mandato impersonal.

Describe. Describe el concepto (imagen u objeto) con dos o más adjetivos.

Repite. Repite varios mandatos impersonales o frases con **gustar** (u otras expresiones como **gustar**) para dar énfasis.

Desarrolla. Escribe una frase para resumir el tema.

Cierra. Con una o dos palabras, resume o cierra el poema.

Puedes usar también el poema de César Vallejo como modelo.

> **MODELO:** *¡Que vivamos en paz,*
> *una paz sencilla, llena de buena voluntad!*
> *¡Que no nos odiemos!*
> *¡Que hagamos más que sólo tolerarnos!*
> *¡Que nos respetemos!*
> *¡Que trabajemos como uno!*
> *¡Que nos queramos en paz!*

▶ Después de escribir

Revisa la comunicación. Vuelve a leer tu poema. ¿Expresa lo que esperabas?

Revisa la mecánica.

☐ ¿Has incluido vocabulario de este capítulo?

☐ ¿Has incluido adjetivos descriptivos adecuados?

☐ ¿Has incluido mandatos indirectos o el verbo **gustar**?

☐ ¿Has verificado la concordancia y la ortografía?

A intercambiar. Intercambia tu poema con el de un/a compañero/a. ¿ Comunicó bien sus ideas cada uno/a? Háganse una evaluación del mensaje del poema y otra de la estructura.

A entregar. Pon tu poema en limpio, incorporando las sugerencias de tu compañero/a y entrégaselo a tu profesor/a.

Vocabulario

Primera parte

acordar (ue)	to agree, to resolve by common consent
acordarse de (ue)	to remember, to recollect
amenazar	to threaten
asegurar(se)	to assure (to make sure)
asesinar	to assassinate
el asilo (político)	(political) asylum
el bienestar	well-being
el delito	crime
desaparecer (-zc)	to disappear
desarrollar	to develop
el desarrollo	development
desterrar (ie)	to exile
detener	to detain
disfrutar	to enjoy
ejecutar	to execute
en resumen...	in summary...
la esclavitud	slavery
escoger (j)	to choose
exigir (j)	to demand
garantizar	to guarantee
el juicio	trial
el nivel de vida	standard of living
oprimir	to oppress
perseguir (i, i)	to pursue, to chase
preso/a	imprisoned
el/la preso/a, el/la prisionero/a	prisoner
promover (ue)	to promote
proteger (j)	to protect
recordar (ue)	to remind, to remember
sin fines de lucro	non-profit
el sufragio universal	universal suffrage
(no) tener razón	to be right (wrong)
tomar conciencia	to become aware
tratar	to treat
el trato	treatment
la vejez	old age
violar	to rape someone, to violate something

Segunda parte

la alianza	alliance
año tras año	year after year
la campaña	campaign
el compromiso	obligation, pledge, commitment
constituir	to constitute
denunciar	to denounce, to report (to police)
educar	to educate
erradicar	to eradicate
el esfuerzo	effort
laborar	to work
lanzar	to launch, to put forth
la meta	goal
mostrar (ue)	to show
patrocinar	to sponsor
protector/a	protective
quedar*	to be left/remain, to be located
quedarse	to stay
recaudar fondos	to raise funds
la trata (de personas, de niños, etc.)	human trafficking
unirse a	to join with
el valor	courage

*Verbs like *gustar* See page 96.

4 El individuo y la personalidad

¿Te llevas bien con los demás o prefieres escaparte?

A empezar

En tu tiempo libre, ¿te gusta estar con otra gente o prefieres estar solo/a? ¿Qué tipo de persona te cae bien? ¿Cuál te cae mal? ¿Te sientes cómodo/a en un grupo de personas? ¿Te gusta hablar en público? ¿Por qué sí o por qué no?

Curiosidades

¿Sabes...

quién planteó la teoría de que los sueños revelan los pensamientos inconscientes de la mente?

a. Carl Jung
b. Joseph Breuer
c. Sigmund Freud

qué porcentaje del éxito académico es afectado por el coeficiencia intelectual (*IQ*) del estudiante?

a. 25%
b. 50%
c. 40%

cuál es el color que más incita la pasión en una persona?

a. el rojo
b. el negro
c. el anaranjado

a qué edad puede distinguir un bebé su idioma natal de otros idiomas?

a. a los seis meses
b. a los cuatro días
c. a las tres semanas

Primera parte

¡Así es la vida!

¿Eres imaginativo/a, intuitivo/a o analítico/a?

Cuando vas a ver una película:

1. Antes de verla

- Lees las críticas y después decides si quieres verla.
- Eliges dejándote llevar por tu instinto y no por la crítica.
- Decides al último momento, viendo el cartel y las fotos de la película.

2. Durante la película

- Te identificas mucho con uno de los personajes.
- Tratas de adivinar lo que va a hacer el protagonista.
- Te limitas a mirar y a disfrutar la película.

3. Después de verla

- Te gusta recordar ciertas escenas de la película.
- Te imaginas la película a tu manera, transformándola.
- No vuelves a pensar en la película, excepto si alguien te habla de ella.

Cuando tienes que hablar en público:

4. Antes de hablar

- Te preparas sin mucho interés.
- Sueñas con lo que esta experiencia te va a aportar personalmente.
- Te preocupas mucho, pensando en lo peor y en lo mejor que te puede pasar.

5. Mientras hablas

- Evalúas el ambiente del auditorio y te influye, para bien o para mal.
- Evitas mirar al público y te concentras en tu presentación.
- No te importa nada el público.

6. Después de hablar

- Te relajas un poco.
- Te acuerdas de las reacciones del público.
- No te preocupas, siempre miras hacia el futuro.

Cuando tienes que escribir un trabajo:

7. Antes de escribirlo

- Buscas la documentación que podría ayudarte.
- No piensas en ello y esperas a que te venga una idea.
- Piensas mucho en ello, imaginándote diferentes posibilidades.

8. Mientras escribes el trabajo

- Escribes rápidamente y no lo vuelves a mirar.
- Escribes tranquilamente, buscando referencias.
- Lo escribes todo sin parar y lo revisas después varias veces.

9. Después de terminarlo

- Te sientes contento/a o descontento/a.
- Evitas pensar en el tema.
- Piensas otra vez en el trabajo y vuelves a construir el texto mentalmente.

¡Así lo decimos! Vocabulario

Vocabulario primordial	Vocabulario clave: Características personales

Vocabulario primordial

analítico/a
apreciar
imaginativo/a
intuitivo/a

Vocabulario clave: Características personales

Verbos

acostumbrarse (a)	to get used to
adivinar	to guess
aportar	to contribute
elegir (i, i)	to choose
equivocarse	to make a mistake
evaluar	to evaluate
portarse bien/mal	to behave/to misbehave
relajarse	to relax
vencer	to defeat, to overcome

Sustantivos

la autoestima	self-esteem
el carácter	personality
la confianza	confidence
el instinto	instinct
la vergüenza	embarrassment

Adjetivos

afligido/a	distressed
ansioso/a	anxious
bondadoso/a	good-natured, kind
celoso/a	jealous
desenvuelto/a	outgoing
despreocupado/a	carefree
exitoso/a	successful
gracioso/a	funny
grosero/a	nasty, vulgar
honrado/a	honest
inseguro/a	insecure
maduro/a	mature
malhablado/a	foul-mouthed
malvado/a	evil
maniático/a	compulsive
mentiroso/a	lying, false
orgulloso/a	proud
rudo/a	rough

Ampliación

Verbos	Sustantivos	Adjetivos
analizar	el análisis	analítico/a
avergonzar (üe)	la vergüenza	avergonzado/a
confiar (en)	la confianza	confiado/a
evaluar	la evaluación	evaluado/a
mentir (ie, i)	la mentira	mentiroso/a

¡Cuidado!

Cognados falsos

- **soportar:** *to put up with, to tolerate*

  ¡No **soporto** a un hombre tan grosero!   *I don't tolerate such a nasty man!*

- **apoyar:** *to support*

  Te **apoyo** en tu decisión.   *I support you in your decision.*

- **el recuerdo:** *memory, as in remembrance*

  Tengo buenos **recuerdos** de mi niñez.   *I have good memories of my childhood.*

- **la memoria:** *memory (capacity)*

  ¡Mi **memoria** es excelente! Puedo recordar mi primer número de teléfono.   *My memory is excellent! I can remember my first telephone number.*

▶ Aplicación

4-1 ¿Eres imaginativo/a, intuitivo/a o analítico/a? Usa la siguiente clave (*key*) para averiguar (*check*) los puntos que corresponden a las respuestas que diste en la encuesta de *¡Así es la vida!* Después de sumar el total, lee la descripción de tu personalidad y explica si estás de acuerdo o no.

	Puntos		Puntos		Puntos		Puntos		Puntos
1.	3	**3.**	1	**5.**	1	**7.**	3	**9.**	2
	2		3		2		2		1
	1		2		3		1		3
2.	1	**4.**	2	**6.**	2	**8.**	1		
	3		1		1		3		
	2		3		3		2		

Si tu total suma entre 9 y 14, eres una persona imaginativa y creativa.

Si tu total suma entre 15 y 20, eres una persona intuitiva. No tomas mucho tiempo para analizar una situación, tampoco pasas mucho tiempo imaginándote más que lo obvio.

Si tu total suma entre 21 y 27, eres una persona analítica. Te gusta ver todos los aspectos de una cuestión antes de tomar una decisión.

4-2 ¿Quiénes? A continuación tienes una lista de figuras actuales, históricas o ficticias. Usa adjetivos de la lista para describirlas y explica por qué eran o son así.

agresivo/a	grosero/a	mentiroso/a
bondadoso/a	honrado/a	orgulloso/a
confiado/a	inseguro/a	rebelde
desenvuelto/a	malhablado/a	rudo/a
despreocupado/a	malvado/a	serio/a
exitoso/a	maniático/a	talentoso/a

MODELO: María Antonieta
María Antonieta, la esposa de Luis XIV, era una persona muy egoísta.

1. Ricky Martin

2. Hugo Chávez

3. Bart Simpson

4. Geraldo Rivera

5. Enrique Iglesias

6. Jennifer López

7. Shakira

8. Hillary Clinton

9. Barack Obama

10. John McCain

4-3 Un consejo. Lee la siguiente carta que un padre le escribió a su hijo en la universidad y complétala con la forma correcta del verbo más apropiado de la lista.

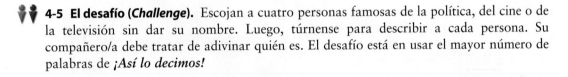

acostumbrarse *(get used to)* apoyar relajarse *(relax)*

recordar portarse *(behave)* vencer *(defeat/overcome)*

Caracas, 10 de octubre de 2008

Querido Toño:

¡Ojalá que todo vaya bien en la universidad y que (**1**) _____ bien en tus clases y con tus amigos! Tu mamá y yo sabemos que es difícil (**2**) _____ a la vida independiente, pero debes pensar en las consecuencias de tus acciones. Tienes que (**3**) _____ que siempre te vamos a (**4**) _____ con nuestro consejo y amor. No te olvides que aunque es bueno (**5**) _____, es importante ser dedicado para (**6**) _____ las dificultades y salir bien en la vida.

Un beso de tu padre

4-4 A explorar: ¿Tipo A o tipo B? Visita la página web de *Conexiones* para hacer otra prueba psicológica y determinar si tienes una personalidad tipo A o tipo B. En un párrafo de cinco líneas, explica los resultados de la prueba.

4-5 El desafío (*Challenge*). Escojan a cuatro personas famosas de la política, del cine o de la televisión sin dar su nombre. Luego, túrnense para describir a cada persona. Su compañero/a debe tratar de adivinar quién es. El desafío está en usar el mayor número de palabras de *¡Así lo decimos!*

4-6 Cápsula personal. Una de las grandes figuras de la historia de Latinoamérica, Simón Bolívar, dijo "El arte de vencer se aprende en las derrotas (*failures*)". Imagínense que sus palabras serán citadas miles de veces en el próximo siglo. Describan ambos su filosofía personal de la vida, del amor y del éxito en sólo tres oraciones por tema. Tomen nota de las respuestas de su compañero/a y compartan sus ideas con el resto de la clase.

4-7 Descubran al mentiroso por sus gestos. Lean el siguiente artículo y luego hablen de las mentiras y los mentirosos.

¿Cómo descubrir a un mentiroso?

De acuerdo con el famoso psicólogo Dr. Paul Ekman, de la Universidad de California, «la mayoría de los mentirosos tienen éxito con sus mentiras porque nadie quiere hacer el esfuerzo que se requiere para descubrirlos». Pero, ¿en qué consiste este esfuerzo? Si quieres descubrir a un mentiroso, sólo tienes que observarlo detenidamente mientras habla. ¡Su actitud y expresión te dirán la verdad sobre sus mentiras!

Probablemente, estás hablando con un mentiroso si...

- su respiración es rápida y agitada, y si respira profundamenta cuando lo confrontas.
- al confrontarlo, se muestra sorprendido o sobresaltado.
- sus ojos se fijan en los tuyos prolongadamente, como para fingir una «mirada sincera».
- mira el reloj varias veces mientras habla, se ajusta los lentes o se alisa la ropa.
- se toca la punta de la nariz con los dedos.
- levanta las cejas (esto indica una reacción de sorpresa si lo sorprenden en un descuido o contradicción).

- se corrige varias veces y da demasiadas explicaciones que no has pedido.
- al confrontarlo, inclina o dobla el cuerpo.
- cuando no está hablando aprieta los labios.
- se toca la cara, particularmente cerca de la boca.
- cruza y descruza las piernas varias veces durante la conversación (así gana tiempo y alivia el estrés).

1. Describan algunas circunstancias en las que es aceptable mentir para no ofender a otra persona.

2. Den ejemplos y justifiquen circunstancias en las que es conveniente no decir toda la verdad.

3. Expliquen cómo se portan las personas cuando mienten.

4. Escriban una lista de los gestos que hace el mentiroso, de acuerdo con el artículo. Luego identifiquen los gestos que han visto en personas que mienten.

5. ¿Qué haces cuando notas que una persona te está mintiendo?

4-8 De nuevo: Una guía sobre el estrés (*The subjunctive, indicative, and infinitive with impersonal expressions*). Escribe sobre algunas situaciones estresantes y sobre cuál es la mejor manera de reaccionar ante ellas. Usa por lo menos cinco de las expresiones impersonales siguientes:

Es obvio (que)...   Es cierto (que)...
Es mejor (que)...   Es raro (que)...
Es necesario (que)...   Es verdad (que)...
Es importante (que)...   Es posible (que)...
Es crucial (que)...

> **MODELO:** *Trabajar con niños pequeños puede ser muy estresante. **Es cierto que** es muy divertido y gratificante, pero **es necesario** estar siempre alerta. **Es obvio que** los niños pequeños requieren mucha atención. Esto causa mucha tensión, por eso en una situación así, **es mejor que** usted mantenga una actitud calmada y positiva*, etc.

Recuerda: Para completar las expresiones impersonales y formar oraciones completas debes elegir entre el subjuntivo, el indicativo o el infinitivo, según la oración. Para repasar consulta el *Capítulo 2*.

Reto: Trata de incluir más de cinco expresiones impersonales. Usa muchas palabras de *¡Así lo decimos!*

¡Así lo hacemos! Estructuras

1. Reflexive constructions

El barbero se afeita.

El barbero afeita al cliente.

Reflexive pronouns

A reflexive construction is one in which the subject both performs and receives the action expressed by the verb. The verb in a reflexive construction is always accompanied by a reflexive pronoun.

SUBJECT PRONOUNS	REFLEXIVE PRONOUNS	VERB
yo	me *(myself)*	lavo
tú	te *(yourself)*	lavas
Ud., él, ella	se *(yourself/himself/herself)*	lava
nosotros/as	nos *(ourselves)*	lavamos
vosotros/as	os *(yourselves)*	laváis
Uds., ellos, ellas	se *(yourselves/themselves)*	lavan

- As with the object pronouns, reflexive pronouns are placed immediately before the conjugated verb, or attached to the present participle (**-ndo**) or the infinitive.

Me lavo las manos.*   *I wash my hands.*

El joven está peinándo**se**.   }
El joven **se** está peinando.   }   *The young man is combing his hair.*

Julia va a maquillar**se** ahora.   }
Julia **se** va a maquillar ahora.   }   *Julia is going to put her makeup on now.*

Reflexive verbs

- Verbs that describe personal care and daily habits or routines are often reflexive.

Me voy a acostar tarde.   *I'm going to bed late.*
Ana **se maquilla** antes de salir.   *Ana puts makeup on before leaving.*
Lávate los dientes después de comer.   *Brush your teeth after you eat.*

- Here are some common verbs of daily routines and personal hygiene.

bañarse	despertarse (ie)	lavarse	peinarse
cepillarse	ducharse	maquillarse	secarse

Me desperté tarde esta mañana y no tuve   *I woke up late this morning and didn't*
    tiempo para **bañarme**.   *have time to take a bath.*

*When talking about parts of the body and articles of clothing, use the definite article rather than the possessive.

- Verbs that express feelings, moods, and changes in conditions or emotional states are often reflexive. In English these ideas are expressed with verbs like *to get* or *to become*, or non-reflexive verbs.

Me alegro de verte.	*I am happy to see you.*
Mis amigos **se enojan** si pierden.	*My friends get (become) angry if they lose.*
Luis **se enamoró de** Ana.	*Luis fell in love with Ana.*
Ayer **nos divertimos** en la fiesta.	*Yesterday we had fun at the party.*
No **me acuerdo de** eso.	*I don't remember that.*
Me olvido de todo cuando estoy afligido.	*I forget everything when I'm distressed.*

- The reflexive structure can be used with almost any transitive verb (a verb that takes a direct object) to indicate or emphasize something one does to or for him/herself.

Compro un libro.	*I buy a book.*
Me compro un libro.	*I buy myself a book.*
Leí una novela rosa.	*I read a romance novel.*
Me leí una novela rosa.	*I read myself a romance novel.*

- Some verbs change meanings when used with a reflexive pronoun.

Non-reflexive		**Reflexive**	
acostar	*to put to bed*	acostarse	*to go to bed*
dormir	*to sleep*	dormirse	*to fall asleep*
enfermar	*to make sick*	enfermarse	*to become sick*
ir	*to go*	irse	*to go away, to leave*
levantar	*to lift*	levantarse	*to get up*
llamar	*to call*	llamarse	*to be called (named)*
llevar	*to wear, to carry*	llevarse[1]	*to take with oneself*
poner	*to put, to place*	ponerse	*to put on, to become*
quitar	*to remove*	quitarse	*to take off (clothing, shoes)*
vestir	*to dress*	vestirse	*to get dressed*

Nos queremos mucho.

Reciprocal actions

- The plural forms of reflexive verbs can express reciprocal actions, things done *to each other* or *to one another*. To distinguish a reciprocal from a reflexive action, the phrases **el uno al otro** (reciprocal) and **a nosotros/vosotros/sí mismos** (reflexive) may be used.

Antonio y Cleopatra **se querían** muchísimo (el uno al otro).	*Antony and Cleopatra loved each other very much.*
Ellos **se veían** (el uno al otro) todos los días.	*They saw each other every day.*
Los niños **se vistieron** (a sí mismos).	*The children dressed themselves.*

[1] **llevarse bien/mal** (*not*) *to get along (with someone)*

▶ Aplicación

4-9 Parejas políticas. Lee sobre un matrimonio influyente en la política de Argentina y subraya los verbos reflexivos. Luego contesta las preguntas a continuación.

Seguramente la política ha producido matrimonios en los cuales ambas personas contribuyen a la historia de su época: Antonio y Cleopatra, Luis XIV y María Antonieta, Juan Perón y Evita, para nombrar algunos. Una de las parejas de esta década juega un papel significativo en Argentina. Son el ex presidente Néstor Kirchner y la actual presidenta Cristina Fernández (de Kirchner). ¿Qué sabemos de este matrimonio? Se conocieron en los años 70 cuando los dos estudiaban derecho, y se casaron después de sólo seis meses de noviazgo. Durante la época del populista Juan Perón, ella se afilió a una organización de jóvenes militantes, lo cual hoy ella misma ha confesado que fue un error. Durante la época del gobierno militar, era peligroso involucrarse (*to get involved*) en la política del país, y ninguno de los dos se arriesgó a destacarse. En efecto, muchos de sus compañeros militantes "desaparecieron" a manos del gobierno durante ese período. Desde 1989 Cristina ha tenido una vida activa en la política de Argentina y es una destacada defensora de los derechos humanos, tanto en Argentina como en el resto de América Latina. Además, es una fuerte promotora de la actividad política de las mujeres. En 2003, Néstor Kirchner fue electo presidente cuando Argentina se encontraba en una crisis económica. Durante su presidencia, se estabilizó la economía y se hicieron grandes reformas judiciales. Aunque gozaba de apoyo público, Kirchner decidió no presentarse a la presidencia en las elecciones de 2007. Sin embargo, con la victoria de su esposa, el ex presidente se ha convertido en el primer caballero de su país.

4-10 Néstor y Cristina. Contesta las preguntas siguientes:

1. ¿Quiénes son Néstor Kirchner y Cristina Fernández?
2. ¿Cuándo se conocieron? ¿Estuvieron mucho tiempo de novios?
3. ¿Cómo eran las creencias políticas de Cristina cuando era joven? ¿Cómo lo sabes?
4. ¿Por qué no se atrevieron a meterse en la política durante los años 80?
5. ¿Qué logró hacer él durante su presidencia?
6. ¿Por qué crees que Kirchner no se presentó a la presidencia en 2007?
7. ¿En qué se ha convertido el ex presidente argentino?
8. ¿Qué otras parejas políticas influyentes conoces?

4-11 Tu vida y la de los ricos y famosos. Escribe un párrafo en el que describas un día típico tuyo. Usa verbos reflexivos para explicar tu rutina diaria y verbos recíprocos para describir tus relaciones con otras personas. Compara tu vida con la de otras personas famosas como la esposa del empresario Donald Trump, la presidenta Cristina Fernández o su esposo, o el tenista español Rafael Nadal.

 4-12 Escucho. El doctor Francisco Garza es un psicólogo que tiene un programa de radio en una ciudad grande y cosmopolita. Cuando los radioyentes (*listeners*) lo llaman, él trata de darles consejos para resolver sus problemas. Escucha las llamadas que recibe el doctor Garza. Mientras escuchas, indica a quién describe en cada oración. **C:** Carlos o **R:** Rosario.

> **MODELO:** _R_ Se preocupa por su salud.

1. ___ Es inseguro/a.
2. ___ Es soltero/a.
3. ___ Le da vergüenza hablar.
4. ___ No soporta el humo.
5. ___ No quiere ser rudo/a con sus colegas.
6. ___ Se queja de los demás.
7. ___ Sufre de baja autoestima.
8. ___ Vive con su familia.

¿Cuál es tu opinión? Vuelve a escuchar el programa de radio y los consejos del doctor Garza. ¿Qué opinas de sus consejos? ¿Y de su personalidad? Explica tu opinión con ejemplos de lo que dice y de la forma en que trata a los radioyentes.

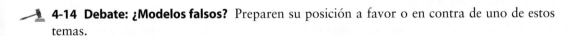 **4-13 A explorar: La inteligencia emocional.** Visita la página web de *Conexiones* para leer un artículo sobre la "inteligencia emocional". Después hazte la prueba para descubrir tu cociente emocional.

4-14 Debate: ¿Modelos falsos? Preparen su posición a favor o en contra de uno de estos temas.

Resolución: En la política, el liderazgo es más importante que la inteligencia.

Resolución: Lo correcto es siempre decir la verdad.

Resolución: Todos los políticos deberán someterse a una prueba de inteligencia emocional como condición para ser electos a un cargo público.

Frases comunicativas

Al contrario,...
Por una parte,... / Por otra parte,...
Para concluir,...

> **MODELO:** *No es prudente siempre decir la verdad. Al contrario, es una tontería insistir en que siempre digamos la verdad aun cuando pueda dañar una relación personal...*

Conéctate

VideoRed

▶ Antes de verlo

4-15 La confianza entre amigos. Imagínate que tienes un/a amigo/a que tiene muy buenas cualidades y talentos, pero que sufre de baja autoestima. Escribe tres consejos que le darías para que tuviera más confianza en sí mismo/a. Luego, cuando veas el video, anota si alguno de tus consejos está incluido. ¿Cuáles te parecen los más válidos?

▶ A verlo

¡Mejora tu autoestima! **(Yasmin Garves, República Dominicana - Pearson VPS)**

▶ Después de verlo

 4-16 El/La especialista responde. Hagan el papel de consejero/a y el de cliente y conversen sobre cómo aumentar la autoestima. Usen verbos reflexivos en su conversación.

> **MODELO:** CLIENTE: *Doctor/a, me siento muy mal. No tengo amigos...*
> CONSEJERO/A: *Es necesario que...*

Comunidades

4-17 La importancia de la autoestima. Investiga si existen en tu comunidad organizaciones que tengan como meta elevar la autoestima de los niños. ¿Incluyen a niños hispanos? Pregunta qué puedes hacer para servir a la comunidad en esta importante labor. Comparte con la clase la información que hayas encontrado.

Conexiones

4-18 La "personalidad". Piensen en un personaje de la televisión, de la política o del mundo de los negocios que en su opinión tenga una alta autoestima. ¿Qué cualidades lo caracterizan? ¿Cómo actúa en diferentes situaciones? ¿Qué hace cuando se equivoca? Hagan un pequeño retrato (*portrait*) psicológico de este personaje y compárenlo luego con otro que sufra de baja autoestima. Para respaldar (*support*) sus descripciones, ofrezcan ejemplos de lo que ha hecho cada uno de estos personajes para ser calificado de esa manera. Presenten sus conclusiones.

Comparaciones

4-19 En tu experiencia. ¿Por qué es importante tener una autoestima positiva? ¿Qué se puede hacer para aumentarla? ¿Qué has hecho para elevar la autoestima de otra persona?

Yo Puedo: un programa para elevar el estatus de la mujer en Honduras

"El machismo" es un término que comúnmente se asocia con la cultura hispana. Este machismo es un conjunto de actitudes, conductas, prácticas sociales y creencias que cuando se tienen resultan en un trato inferior hacia las mujeres. Aunque las actitudes han cambiado mucho en los últimos años, el machismo continúa arraigado (*entrenched*) en regiones aisladas del mundo hispano.

Hombro a Hombro es una organización sin fines de lucro de Honduras que establece clínicas para llevar servicios básicos de salud a localidades apartadas. Su programa, **Yo Puedo,** ha sido establecido en unas localidades tan aisladas que muchas veces la única forma de llegar a ellas es a pie. El personal de **Hombro a Hombro** trabaja con las maestras de las pequeñas escuelas rurales para elevarles la autoestima a las niñas entre las edades de 10 a 14 años.

Las maestras trabajan con las jovencitas para ayudarlas a poner en práctica lo que aprenden en la escuela. La idea es que luego ellas puedan formar pequeñas empresas (*companies*) que sirvan a la comunidad. Las chicas aprenden a hacer un presupuesto (*budget*), a comprar materiales, a vender sus productos, a mantener las cuentas y a calcular sus ganancias (*earnings*).

Las maestras del programa observan que las jovencitas se han vuelto menos tímidas y ahora se ven más desenvueltas. Sin duda, **Yo Puedo** es un excelente programa para combatir el machismo y servirá de modelo para muchos países en vías de desarrollo (*developing*).

 4-20 En su opinión. Den sus opiniones sobre las siguientes afirmaciones.

- En los países desarrollados también existe el machismo.
- En todo el mundo es más común que las chicas sufran de baja autoestima.
- El programa de Acción Afirmativa ha ayudado a elevar la autoestima de las mujeres en Estados Unidos.

Segunda parte

¡Así es la vida!

¡Ejercita la mente!

Goza de **buena** memoria

¿Pierdes la concentración con facilidad? ¿Olvidas las cosas con frecuencia? Con el estrés que produce la vida moderna y el aumento de tareas que estamos obligados a hacer, no es raro que nos quejemos de tener mala memoria. Para aliviar de alguna manera el agobio que sentimos al no poder cumplir con todo lo que nos proponemos, sugerimos las siguientes actividades para ejercitar la mente:

1. **Repite YO TENGO BUENA MEMORIA** una y otra vez. Si crees que tienes mala memoria, tu mente hará todo lo posible para comprobártelo.

2. **Ordena** el lugar donde estudias, lees o trabajas. El lugar siempre debe estar en orden, tener buena luz, y no tener distracciones (TV, radio, etc.).

3. **Haz** ejercicio, ya que ejercitando tu cuerpo oxigenas las células del cerebro.

4. **Escucha música.** Está comprobado que la música (en especial la clásica) es un medio ideal para mantener y desarrollar las funciones cerebrales. La música estimula las

células del cerebro y esto mejora la concentración mental, la memoria y el desarrollo visual y auditivo. Además de que produce un efecto positivo sobre tu estado de ánimo.

5. **Relájate.** Cuando no puedas recordar dónde dejaste algún objeto, por ejemplo, las llaves del auto o tu cartera, el estrés bloqueará automáticamente tu memoria. Cierra un momento los ojos, respira profundamente y exhala lentamente varias veces. Entonces vuelve a pensar en las cosas que hiciste anteriormente hasta que recuerdes dónde dejaste el objeto perdido.

6. **Lee** para comprender. No pases a la línea o párrafo siguiente si no has comprendido lo anterior.

7. **Piensa** con imágenes cuando estés leyendo o estudiando, ya que la imaginación y el pensamiento están unidos. Esta técnica te permitirá recordar sucesos o episodios de un determinado tema. Exagera determinados rasgos, como si fuera una caricatura. Dale movimiento a tus imágenes como si fueran una película.

8. **Haz** varias pausas mientras lees o estudias para recordar lo que vas aprendiendo. Escribe dos o tres palabras en una tarjeta. Revisa tus notas.

9. **Lee o estudia** antes de dormir, ya que durante el sueño no hay interferencias.

10. **Utiliza** reglas mnemotécnicas (trucos lingüísticos, para facilitar la memorización).

¡Así lo decimos! Vocabulario

Vocabulario primordial	Vocabulario clave: La personalidad		

Verbos

		el suceso	event
beneficiar	to benefit	el truco	trick
bloquear	to block	el vicio	vice, bad habit
comprobar	to prove, to verify		
ejercitar	to exercise	**Adjetivos**	
emocionarse	to get excited, to be moved emotionally	apasionado/a	passionate
		capaz	capable
engañar	to deceive	dichoso/a	happy, fortunate
evitar	to avoid	egoísta	selfish
experimentar	to experience	enajenado/a	alienated, absent
obsesionarse	to become obsessed	humilde	poor, humble
retroceder	to go backwards	ingrato/a	ungrateful
superar	to overcome	inquieto/a	restless

Vocabulario primordial:

el cerebro
la mente

Sustantivos

		presumido/a	conceited
el amor propio	pride, self-respect	sensible	sensitive
la conducta	behavior	tenaz	tenacious
el estado de ánimo	mood	terco/a	stubborn
el placer	pleasure	valiente	courageous
el rasgo	characteristic	vanidoso/a	vain

Ampliación

Verbo	Sustantivo	Adjetivo
apasionarse (por)	la pasión	apasionado/a
emocionarse	la emoción	emocionado/a
obsesionarse	la obsesión	obsesionado/a
suceder	el suceso	sucedido/a

¡Cuidado!

Pero, sino, and sino que

Pero, sino, and sino que mean *but* in the following contexts.

● Use **pero** when the second part of the sentence does not correct the first part.

Marta es competente **pero** insegura.   *Marta is competent but insecure.*

● Use **sino** when the first part of the sentence is negative, and the second part is a noun, adjective, adverb, or prepositional phrase that corrects the same in the first part.

No soy vanidoso **sino** sensible.   *I'm not conceited, but (rather) sensitive.*

● Use **sino que** instead of **sino** if the second part of the sentence has a new verb.

Manuel no se obsesiona con las artes **sino que** se apasiona por ellas.   *Manuel doesn't obsess about the arts, but (instead) he is passionate about them.*

▶ Aplicación

4-21 Ejercita la mente. Vuelve a leer los consejos *de ¡Así es la vida!* para identificar lo que haces tú para mejorar la memoria. ¿Cuáles son los consejos más importantes para ti? ¿Cuáles son los más difíciles de seguir? ¿Usas diferentes trucos en diferentes situaciones? Explica.

4-22 Los vicios. Todos tenemos pequeños vicios. Cuéntense uno o dos de sus vicios y después traten de convencerse el uno/la una al otro/a la otra que esos vicios no son tan malos.

> **MODELO:** E1: *Mi vicio es ver una telenovela todos los días. Mi favorita es* Esposas desesperadas, *y si me pierdo un episodio, estoy de mal humor...*
> E2: *Entiendo. Es muy fácil ver un capítulo e identificarse con los personajes.*

4-23 ¿Quiénes? Identifiquen a gente en las noticias o en la historia que tenga las siguientes características personales y explíquense sus opiniones.

> **MODELO:** *Bill y Melinda Gates son muy <u>dichosos</u> porque tienen dinero suficiente para ayudar a las personas necesitadas del mundo.*

1. enajenado/a
2. ingrato/a
3. presumido/a
4. sensible
5. terco/a
6. valiente
7. egoísta
8. vanidoso/a
9. apasionado/a por una buena causa
10. tenaz en su trabajo

4-24 El enojo: ¿amigo o enemigo? Después de leer el artículo, preparen un breve resumen siguiendo las preguntas a continuación. Incluyan también su propia perspectiva sobre la función del enojo. Después, presenten sus conclusiones a la clase.

CONTROLA EL ENOJO ANTES DE QUE TE CONTROLE

Todos nos enojamos de vez en cuando. Lo importante es no dejarse controlar por esta emoción tan poderosa. ¿Cómo podemos lograrlo? Aquí te damos algunas sugerencias:

- Pregúntate por qué estás enojado/a y exprésalo de la siguiente manera: Estoy enojado/a porque...
- Reflexiona y piensa: ¿es esta la primera vez que algo así me ha hecho enojar o existe algún patrón específico que puedo identificar?
- Busca un lápiz o una pluma y papel. NOTA: El acto físico de escribir es parte de este ejercicio, ¡no lo hagas en la computadora!
- Busca un lugar tranquilo y cómodo donde nada ni nadie pueda interrumpirte.
- Escribe una carta dirigida a la persona o a la situación en la que expliques por qué estás enojado.
- Describe cómo este dolor ha afectado tu vida. Escribe sobre las oportunidades que perdiste por su causa, tu depresión y la manera en que te ha afectado tu concepto de ti mismo/a.
- Escribe todo lo que has tenido que hacer y pasar desde que sucedió lo que te provocó el enojo. Escribe cualquier otra cosa que estés pensando o sintiendo en ese momento.

- Lee lo que has escrito. Si puedes, trata de leerlo en voz alta. Entonces ponlo a un lado.
- Repite todos estos pasos las veces que sea necesario hasta que te sientas mejor.
- Cuando te sientas listo/a, busca otro papel y escribe una carta en la que perdones a la persona que te hizo daño. Describe cómo vas a lidiar con este sentimiento.
- Cuando estés listo/a, echa la primera carta a la basura y pon la segunda carta en un lugar donde puedas encontrarla más tarde.

Recuerda: la meta es ser honesto/a contigo mismo/a y sacar estos sentimientos negativos de tu sistema de una manera productiva para así aliviar tu enojo. ¡Inténtalo! ¡Verás que sí funciona!

1. ¿En qué circunstancias se enojan ustedes?
2. ¿Qué hacen cuando se enojan?
3. ¿Cuáles son algunas de las recomendaciones que nos propone el autor del artículo?
4. ¿Cuál de ellas practican o creen que les puedan servir para controlar el enojo?
5. ¿Existen algunas circunstancias en las cuales enojarse tenga una función necesaria? Expliquen.
6. ¿Qué cambios físicos experimentan cuando se enojan? ¿El corazón les palpita más rápido?
7. ¿Se sonrojan (*blush*)? ¿Les duele el estómago?

4-25 A explorar: ¿Se puede curar una obsesión? Todo el mundo se ha sentido en alguna ocasión "obsesionado" por algún pensamiento que lo atormenta, a veces de forma absurda, y otras veces justificadamente. Estos pensamientos traen mucha ansiedad y causan problemas. Visita la página web de *Conexiones* para saber más sobre las obsesiones y sobre cómo curarse de ellas. ¿Cuál es tu opinión del tratamiento de una de estas obsesiones?

4-26 De nuevo: Preferencias personales (*Gustar* and similar verbs). Escribe una composición sobre una persona (real o imaginaria) en la que escribas lo que te gusta y lo que no te gusta de él o de ella. Puedes referirte a su personalidad, su aspecto físico, sus cosas, su actitud, su comportamiento, sus opiniones, etc. Incluye por lo menos cuatro oraciones afirmativas y cuatro negativas. Utiliza el verbo *gustar* y verbos similares como *fascinar, importar, encantar, parecer, molestar, caer bien/mal*, etc.

> **MODELO:** *Carlos **me cae muy bien**. **Me gusta** su sentido del humor y **me encantan** sus cuentos y sus chistes. Sin embargo, a veces **no me gusta**...*

Recuerda: Para repasar el verbo **gustar** y otros verbos similares, debes consultar el *Capítulo 3*.

Reto: ¡Trata de incluir seis oraciones afirmativas y seis negativas! Usa varios verbos diferentes. Usa también muchas palabras de la *Primera* y la *Segunda parte* de *¡Así lo decimos!*

¡Así lo hacemos! Estructuras

2. Agreement, form, and position of adjectives

Soy muy tímido.

- Adjectives agree in gender (masculine or feminine) and number (singular or plural) with the noun or pronoun they modify.

Julio es un hombre **desenvuelto.**	*Julio is an outgoing man.*
Mis amigos son **dichosos.**	*My friends are happy.*

- Ending in **-o**: Adjectives whose masculine form ends in **-o,** have a feminine form ending in **-a.**

El profesor está **afligido.**	*The professor is distressed.*
La estudiante también está **afligida.**	*The student is also distressed.*

- Ending in **-e** or a consonant: Adjectives that end in -e and most adjectives that end in a consonant have the same masculine and feminine forms.

Rigoberta Menchú es una mujer **valiente.**	*Rigoberta Menchú is a courageous woman.*
Alejandro Sanz es un hombre **sensible.**	*Alejandro Sanz is a sensitive man.*
Ayer conocimos a un abogado muy **capaz.**	*We met a very capable lawyer yesterday.*
Violeta Chamorro fue una presidenta **tenaz.**	*Violeta Chamorro was a tenacious president.*

- Plurals: Generally, adjectives follow the same rules as nouns to form the plural.

mexicano → mexicanos	inteligente → inteligentes
tenaz → tenaces	popular → populares

- Nationality: Adjectives of nationality that end in a consonant add **-a** to form the feminine. If the adjective ends in **-e** or **-a,** the singular has only one form. Adjectives of nationality are not capitalized in Spanish.

El comediante **español** era muy bueno.	*The Spanish comedian was very good.*
La actriz **española** es maravillosa.	*The Spanish actress is marvelous.*
Óscar Arias es **costarricense.**	*Oscar Arias is Costa Rican.*
Tengo un amigo **vietnamita.**	*I have a Vietnamese friend.*

- Position, general: Limiting adjectives (numerals, unstressed possessives, indefinites, demonstratives, interrogatives) usually precede the noun they modify, and descriptive or differentiating adjectives (size, color, shape, nationality, etc.) are generally placed after the noun.

Mi novio es **cariñoso.**	*My boyfriend is affectionate.*
Julia es **una** mujer **inquieta.**	*Julia is a restless woman.*
Tenemos **muchos** recuerdos **agradables** de Pablo.	*We have many pleasant memories of Pablo.*

- Position, two or more adjectives: When two adjectives modify a noun, they are placed according to the aforementioned rules; when descriptive adjectives follow the noun, they are connected by **y.**

Son **tus cuatro** amigos **rebeldes.**   *They are your four rebellious friends.*
Mi única tía **generosa** vive en Los Ángeles.   *My only generous aunt lives in Los Angeles.*

Nuestros amigos, **optimistas y apasionados,** creen que es hora de rebelarse.   *Our optimistic and passionate friends think it is time to rebel.*

¡Las altas montañas de los Andes son impresionantes!

- Position, known quality: When descriptive adjectives precede the noun they modify, they usually describe a known or established quality.

El **ancho** río Amazonas es impresionante.   *The wide Amazon River is impressive.*

Ana es una **joven** psicóloga.   *Ana is a young psychologist.*
Rafael es mi **peor** enemigo.   *Rafael is my worst enemy.*

- Spelling changes: Some adjectives change spelling before the noun. **Bueno, malo, primero, tercero, uno, alguno,** and **ninguno** drop the final -o before a masculine singular noun. **Cualquiera** shortens to **cualquier** before any singular noun. **Algún** and **ningún** require a written accent.

Plácido Domingo es un **buen** cantante.   *Plácido Domingo is a good singer.*
El **tercer** consultorio es para los psicoanalistas.   *The third office is for the psychoanalysts.*

Cualquier libro sobre la autoestima te servirá.   *Any book on self-esteem will be useful to you.*

Algún pintor dejó esas pinturas en la mesa.   *Some painter left those paintings on the table.*

- The adjectives **grande, ciento,** and **santo** drop the final syllable in the following cases. **Grande** becomes **gran** before a singular masculine or a feminine noun. The meaning changes to *great.*

Eduardo es un **gran** hipnotizador.   *Eduardo is a great hypnotist.*
Tiene una oficina **grande.**   *He has a big office.*
Mi padre y Plácido Domingo son **grandes** amigos.   *My father and Plácido Domingo are great friends.*

- **Ciento** becomes **cien** before a noun, in counting, and before the adjective **mil.** However, it remains **ciento** when it precedes numerals smaller than one hundred.

cien personas deprimidas   *one hundred depressed people*
noventa y nueve, **cien,** ciento uno...   *ninety-nine, one hundred, one hundred and one...*

cien mil dólares al año   *one hundred thousand dollars per year*
Este año he tenido **ciento** diez días estresantes.   *This year I have had one hundred and ten stressful days.*

- **Santo** becomes **San** before the name of all masculine saints except those beginning with **Do-** or **To-**.

San Juan   *Saint John*
Santo Tomás   *Saint Thomas*

- Some adjectives change meaning depending on whether they precede or follow the noun they modify.

BEFORE NOUN	ADJECTIVES	AFTER NOUN
certain (particular)	**cierto/a**	*certain (sure)*
darn	**dichoso/a**	*happy, fortunate*
great, impressive	**grande (gran)**	*large*
half-	**medio/a**	*middle, average*
same	**mismo/a**	*(the thing) itself*
another, different	**nuevo/a**	*brand new*
unfortunate	**pobre**	*poor*
own	**propio/a**	*proper*
sheer	**puro/a**	*pure*
former, long-standing	**viejo/a**	*old, aged*

▶ Aplicación

4-27 Una personalidad atractiva. Lee la descripción de la personalidad de Carlos Santana y subraya los adjetivos que aparecen. Hay 20 adjetivos, ¿los podrás encontrar todos?

Carlos Santana es una de las celebridades más <u>respetadas</u> en el mundo <u>musical</u> por su <u>gran</u> corazón y su generosidad casi sin límite. Nació en Autlan de Navarro, una ciudad <u>norteña</u> y fronteriza mexicana en 1947, de una familia <u>humilde</u>. Santana, <u>cuyo</u> padre era violinista de mariachi, heredó de él este amor por la música y la familia, además de un <u>saludable</u> orgullo. Cuando Carlos tenía 20 años, emigró a California, donde empezó su verdadera carrera <u>musical</u>. Desde el principio tuvo <u>mucho</u> éxito como músico de rock. Ha ganado <u>varios</u> premios Grammy durante su <u>larga</u> carrera, y aún hoy, su público disfruta de su estilo y energía. Santana es inmensamente <u>generoso</u> con el dinero y les dedica <u>buena</u> parte de su tiempo a los pobres. Encabeza "Milagro", una fundación <u>benéfica</u> que ayuda a los niños <u>desafortunados</u> del mundo. Además, Santana permitió usar su nombre para <u>varios</u> modelos de zapatos muy a la moda y <u>otros</u> productos para la casa con el fin de recaudar (*collect*) dinero para esa causa.

4-28 Carlos Santana. Contesta las siguientes preguntas.

1. ¿Quién es Santana?
2. ¿Cómo es?
3. ¿Qué valores demuestra con su conducta?
4. ¿Qué artículos llevan su nombre y qué causa apoya?
5. ¿Conoces la música de Santana? ¿Cómo la describes?

 4-29 Descríbanlos. Túrnense para hacer descripciones de lugares, situaciones o personas con estas características.

> **MODELO:** una gran mujer: *Jacqueline Kennedy fue una gran mujer.*

1. un hombre feliz
2. una pobre persona
3. un hombre viejo
4. una persona dichosa
5. una gran ciudad
6. el aire puro
7. pura alegría
8. medio vaso
9. mi propio coche
10. el hombre medio

 4-30 Una persona imposible. Trabajen juntos para describir a una persona real o ficticia que tenga una personalidad desagradable y que se comporte mal. Preséntenle la descripción de la persona a la clase y al final, la clase decidirá qué grupo presentó la personalidad más repulsiva.

> **MODELO:** *Mi hermano no lava la ropa, pone la música muy alta, no se baña todos los días, es mentiroso, vanidoso y come mi comida sin pedirme permiso. También tiene muchos complejos y es muy maniático con sus cosas. Una vez...*

 4-31 El mundo. Describe varios lugares en el mundo sin decir su nombre. Tu compañero/a debe tratar de adivinar de qué lugar se trata.

> **MODELO:** E1: *Es una cadena de montañas altas y majestuosas que va del norte al sur de América del Sur.*
> E2: *Los Andes.*

3. The past participle and the present perfect indicative and subjunctive

¿Dónde has estado?

- The past participle is formed by adding **-ado** to the stem of **-ar** verbs and **-ido** to the stem of **-er** and **-ir** verbs.

TOMAR	COMER	VIVIR
tomado (*taken*)	**comido** (*eaten*)	**vivido** (*lived*)

- An accent mark is added to the past participle of **-er and -ir** verbs whose stems end in **-a, -e,** or **-o.**

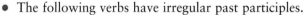

caer	**caído**	*fallen*
creer	**creído**	*believed*
leer	**leído**	*read*
oír	**oído**	*heard*
reír	**reído**	*laughed*
traer	**traído**	*brought*

- The following verbs have irregular past participles.

abrir	**abierto**	*opened*
cubrir	**cubierto**	*covered*
decir	**dicho**	*said*
descubrir	**descubierto**	*discovered, uncovered*
escribir	**escrito**	*written*
hacer	**hecho**	*done, made*
imprimir	**impreso**	*printed*
ir	**ido**	*gone*
morir	**muerto**	*dead*
poner	**puesto**	*put, placed*
resolver	**resuelto**	*resolved*
romper	**roto**	*broken*
ver	**visto**	*seen*
volver	**vuelto**	*returned*

- In both English and Spanish, past participles may be used as adjectives to modify a noun. In Spanish, when the past participle is used as an adjective, it agrees in gender and number with the noun it modifies.

Esa pintura fue **hecha** en Perú.	*That painting was made in Peru.*
La catedral fue **construida** en 1560.	*The cathedral was built in 1560.*
La gente está **desilusionada.**	*The people are disillusioned.*
Las ventanas están **rotas.**	*The windows are broken.*

- The present perfect is a compound tense that requires two verbs. In English, the present perfect is formed with the present tense of the auxiliary verb *to have* + past participle. In Spanish, the present perfect is formed with the present tense of the auxiliary verb **haber** + past participle.

	HABER	PAST PARTICIPLE
yo	he	
tú	has	
Ud., él, ella	ha	tomado/comido/vivido
nosotros/as	hemos	
vosotros/as	habéis	
Uds., ellos, ellas	han	

- In general, the present perfect is used to refer to a past action or event that is perceived as having some bearing on the present.

Mis padres **han logrado** superar muchas dificultades.

My parents have succeeded in overcoming many difficulties.

- The auxiliary verb **haber** agrees with the subject of the sentence. The past participle, however, is invariable when it forms part of the perfect tense.

¿**Has intentado** llamar a tu amiga?
Sí, pero no **ha estado** en casa.

Have you tried to call your friend?
Yes, but she hasn't been at home.

- The auxiliary verb **haber** and the past participle *cannot* be separated by another word. Object pronouns and negative words are always placed before **haber.**

¿**Has conocido** al señor malhumorado?
No **lo he conocido** todavía.
¿**Ha engañado** el político a los votantes?
Sin duda **los ha engañado.**

Have you met the bad-tempered man?
No, I haven't met him yet.
Has the politician deceived the voters?
Without a doubt, he has deceived them.

- The present perfect subjunctive is formed with **haya** (**hayas, haya,** etc.) + the past participle.

Esperamos que el chico **haya dicho** la verdad.
Dudo que **haya mentido.**

We hope the boy has told the truth.
I doubt he has lied.

- The verb **haber** is not interchangeable with **tener.** Haber means *to have* only when used as an auxiliary verb with the past participle. **Tener** means *to have* or *to own* in the sense of possession.

El rector de la universidad **tiene** pocas opciones.
¿**Tienes** algún mal hábito?

The university president has few options.
Do you have any bad habit?

- Remember that you can use the present tense of **acabar de** + infinitive in order to describe an event that *has just happened.*

El vanidoso **acaba de** anunciar su buena fortuna.
Acabo de prevenir una crisis.

The conceited man has just announced his good fortune.
I have just prevented a crisis.

▶ **Aplicación**

4-32 En la prensa. Lee el artículo sobre una persona conocida en el mundo de los negocios y subraya los participios pasados e indica si funcionan como parte del presente perfecto de indicativo o de subjuntivo o como adjetivos.

25 de julio de 2008
MÉXICO, D.F. (Notimex)

Carlos Slim, el exitoso empresario mexicano, ha sobrepasado a Bill Gates como el hombre más rico del mundo, según la revista *Fortune*. Lo ha logrado gracias a la subida de sus acciones (*shares*) en América Móvil. Se ha estimado que esto le ha aumentado a su fortuna hasta casi 70 millardos (*billions*) de dólares, lo que equivale al 8% del producto bruto doméstico (*GNP*) de México. Su banco, Imburso, también ha aumentado sus ganancias en un 20% en el mismo período.

 Ingeniero Civil de profesión, licenciado de la UNAM, comenzó a invertir en la compra de negocios y bienes raíces (*real estate*) en el centro de la Ciudad de México a principios de los años 80, en medio de una crisis económica que paralizó a México. Aunque muchas de estas empresas tenían números rojos y sin mucho futuro, su grupo ha podido convertirlas en empresas sólidas y con una gran utilidad. Carlos Slim ha mencionado repetidamente que siempre ha confiado en el futuro de México. Desde los 80 Carlos Slim ha diversificado en varios sectores; en 1997, con las acciones adquiridas de la empresa informática Apple Computer y justo antes del lanzamiento de la iMac, logró multiplicar su fortuna. En 1997 adquirió Prodigy.

 Carlos Slim es impopular entre muchos mexicanos porque no creen que Slim haya obtenido su riqueza justamente. Sin embargo, es admirado por muchos otros por su tenacidad ilimitada y su astucia en los negocios.

 4-33 Hecho. Imagínense que ustedes controlan los últimos detalles del programa *Despierta América* en Univisión y que van a entrevistar a Carlos Slim. Túrnense para hacer y contestar preguntas basadas en las siguientes frases:

  MODELO: arreglar las sillas
    E1: *¿Has arreglado las sillas?*
    E2: *Sí, las sillas están arregladas.* o *No, todavía no están arregladas.*

1. encender (*to turn on*) las luces

2. hacer la lista de los participantes

3. asignar los asientos para los invitados

4. poner botellas de agua mineral en la mesa

5. preparar el camerino del Sr. Slim con periódicos y acceso a la Internet

6. escribir las preguntas para su entrevista

7. imprimir la agenda y las preguntas para el director

4-34 A que nunca han... Háganse preguntas sobre experiencias que hayan tenido. Pueden usar las frases de la lista u otras que se les ocurran.

ver una discusión entre amigos	vencer una dificultad
engañar a un/a amigo/a	acostumbrarse a una situación difícil
obsesionarse por una persona	equivocarse en algo importante o difícil

> **MODELO:** E1: *¿Te has estresado alguna vez en un evento social formal?*
> E2: *No, no me he estresado en un evento social formal, pero sí en una reunión de familia.*

 4-35 Relaciones interpersonales. Todos tenemos personas importantes en nuestra vida, ya sean familiares, amigos, conocidos, etc. Piensen en alguien importante para ustedes y hagan una lista de lo que esa persona haya hecho para hacerlos felices, para ayudarlos a superar alguna dificultad y también para enojarlos. Compartan su experiencia con su compañero/a. Después él/ella hará alguna observación sobre el hecho usando expresiones que requieran el subjuntivo.

> **MODELO:** E1: *Mi novio me ha comprado flores muchas veces para hacerme feliz. Ha cancelado los planes algunas veces y eso me ha enojado.*
> E2: *Me alegro de que tu novio te haya comprado flores pero dudo que haya cancelado los planes sin una buena razón.*

 4-36 Una radionovela. Las radionovelas son semejantes a las telenovelas, pero muchas veces son aun más melodramáticas. Escucha a Encarnación contarle a Carolina sobre la radionovela de su vida e identifica de quién habla.

E: de sí misma
R: de su esposo Raúl
P: de su amiga Patricia

_____ avergonzado/a	_____ inseguro/a	_____ sensible
_____ egoísta	_____ humilde	_____ terco/a
_____ disciplinado/a	_____ olvidadizo/a	_____ vanidoso/a
_____ generoso/a	_____ ordenado/a	

 4-37 Debate: El buen comportamiento. Preparen su posición a favor o en contra de uno de estos temas.

Resolución: Se prohíbe que los chicos de la secundaria sean malhablados y que usen ropa inapropiada cuando estén en la escuela.

Resolución: El abuso emocional y psicológico se castigará con la misma severidad que el abuso físico.

Resolución: Se obligará a todos los niños hiperactivos a tomar medicamentos para que se comporten correctamente.

> **MODELO:** *La buena conducta es una condición imprescindible para el aprendizaje. Sin embargo, es más y más común ver a los chicos de la secundaria vestidos de una manera inapropiada para este propósito. Por un lado...*

¡Así lo expresamos!

 ## Imágenes

Las dos Fridas (Frida Kahlo, 1907–1954, México)

Frida Kahlo fue una pintora mexicana que creó aproximadamente doscientas pinturas. Casi todas sus obras son autorretratos o tratan sobre temas autobiográficos o feministas. La mezcla de realidad y fantasía, del mundo interior y el mundo exterior, y de la combinación de lo moderno con lo tradicional hacen de esta pintora una de las figuras más importantes del arte latinoamericano. Pasó casi toda su vida junto a su famoso esposo, el muralista Diego Rivera, y aunque se separaron por un tiempo, Frida siempre estuvo enamorada de él.

▶ Perspectivas e impresiones

4-38 ¿Qué opinas? Contesta las siguientes preguntas sobre *Las dos Fridas*.

1. ¿Cómo explicas el título de la pintura?
2. ¿En qué se diferencian las dos Fridas?
3. Explica los elementos o colores de la pintura que son simbólicos. ¿Qué simbolizan?
4. ¿Crees que hay una cierta dualidad en todas las personas? ¿Por qué?
5. La Frida de la derecha tiene un retrato en miniatura de su esposo, Diego Rivera. ¿Qué crees que simboliza?
6. Haz una lista de tus "dualidades" y luego trata de representarlas en un dibujo. Comparte el dibujo con el resto de la clase.

 4-39 A explorar: El mundo interior de Frida Kahlo. Visita la página web de *Conexiones* para aprender más sobre la vida de esta gran pintora mexicana y para ver algunos de sus famosos autorretratos. Elige uno que te impresione y descríbelo.

Frida Kahlo (1907–1954, México), "The Two Fridas (Las Dos Fridas)" 1939. Oil on Canvas. 5′9″ × 5′9″ (173 × 173) cm. Bob Schalkwijk/Art Resource, NY. © Banco de México Diego Rivera & Frida Kahlo Museums Trust. Av. Cinco de Mayo No. 2, Col. Centro, Del. Cuauhtemoc 06059, México, D.F. Reproduction authorized by the Instituto Nacional de Bellas Artes y Literatura.

🎼 Ritmos

Willy Chirino (Cuba/EE. UU.)

Willy Chirino es uno de los compositores de música tropical más exitosos del momento. Chirino es cubano y vive en Miami. Aunque tiene una orquesta y es cantante, se le conoce también por sus rítmicas composiciones. El grupo de los hermanos Hansel y Raúl cantan esta versión de la canción con un ritmo muy tropical.

▶ Antes de escuchar

4-40 Soy. ¿Cómo eres? ¿Estás contento/a contigo mismo/a? ¿Quieres cambiar algo de tu personalidad? ¿Qué?

▶ A escuchar

4-41 La personalidad del cantante. Escucha la canción de Willy Chirino y descubre cómo es la personalidad del cantante.

Soy

CORO:

Soy como la brisa° que   breeze
siempre de prisa
no anuncia su partida°   departure
y como el dinero soy
donde yo quiero voy
sin una despedida°   without saying goodbye
Soy la más pequeña aldea°   village
en un distante lugar
soy el ruido y la marea°   tide
del inmenso mar.
No soy cadenas ni rejas°   neither chains nor iron bars
soy azúcar y soy sal
Si me quieren o me dejan
me da igual
CORO
Amo el sol que se levanta

la fragancia de una flor,
y me gusta como canta el ruiseñor°   nightingale
CORO
Soy el agua de los ríos,
que corriendo siempre está
todo lo que tengo es mío
y de los demás°.   las otras personas
Soy el sol en la mañana
la luna al anochecer
y he comido la manzana del placer°.   pleasure
CORO
Soy un mendigo° ante el diablo   beggar
y millonario ante Dios
hablo poco cuando hablo
sin alzar° la voz   levantar, subir
Soy además mentiroso,
vanidoso y buen actor
y quisiera ser dichoso en el amor.

▶ Después de escuchar

4-42 ¿Cómo eres? Contesta las siguientes preguntas para explicar cómo eres. Explica por qué te identifas más con uno que con el otro.

1. ¿Eres como el azúcar o como la sal?

4. ¿Eres como el ruido o como la música?

2. ¿Eres como el mar o como el río?

5. ¿Eres como el sol o como la luna?

3. ¿Eres como un pájaro (*bird*) o como una flor?

4-43 El ritmo. La canción refleja la influencia africana en la música caribeña. Escúchala otra vez y subraya las palabras o expresiones que representen el ambiente de las islas caribeñas. ¿Cómo caracterizas el tono de la canción? ¿Optimista o pesimista? ¿Alegre? ¿Triste? ¿Qué crees que hace el cantante para poder llamarse "mentiroso, vanidoso y buen actor"?

4-44 ¿Qué piensas? Describe la personalidad de la persona de esta canción con otras palabras. ¿Es una persona reprimida o libre? ¿Es sincera o mentirosa? Usa términos de *¡Así lo decimos!* para tu descripción.

 # Páginas

Julia de Burgos (1914–1953, Puerto Rico)

Julia de Burgos fue una poeta puertorriqueña que escribió numerosos artículos periodísticos en los que abogaba (*advocated*) por las mujeres, los negros y los trabajadores. Se casó en dos ocasiones, pero fue su segundo marido, José Jimeses Grullón, quién se convertiría en su gran amor. Muchos de sus poemas fueron inspirados por el amor que sentía por él. De Burgos y su esposo vivieron primero en Cuba y luego en Nueva York. Después del fracaso de su matrimonio y a pesar de contar con muchos admiradores, de Burgos cayó en una profunda depresión. Se murió pobre y sola, y fue enterrada bajo el nombre de "Jane Doe" hasta que sus amigos pudieron encontrar su tumba y llevar sus restos a Puerto Rico. Hoy en día es considerada una de los más grandes poetas de Latinoamérica.

▶ Antes de leer

4-45 Anticipación. Mira el dibujo. ¿Quién es la mujer del espejo? ¿Quién es la mujer que se mira en el espejo? ¿Cuál se ve más real? ¿Con cuál de las dos te identificas más?

4-46 Estrategias para la lectura. Busca elementos de la lectura que puedan ayudarte a anticipar el tema. Lee la introducción a la lectura (o el prefacio de un libro). Ten en cuenta el título. Las siguientes palabras son algunos de los cognados que aparecen en el poema. ¿Cuáles reconoces?

aristocracia	esencia	humana	profundo	abismo	verso
enemigo	hipocresía	murmuran	social	voz	

▶ A leer

4-47 Dos en una. Lee el poema para ver por qué la poeta se escribe un poema a sí misma (*to herself*).

A Julia de Burgos

have begun a rumor	Ya las gentes murmuran° que yo soy tu enemiga
	porque dicen que en verso doy al mundo tu yo.
	Mienten, Julia de Burgos. Mienten, Julia de Burgos.
se levanta	La que se alza° en mis versos no es tu voz: es mi voz
ropa 5	porque tú eres ropaje° y la esencia soy yo;
se extiende	y el más profundo abismo se tiende° entre las dos.
doll	Tú eres fría muñeca° de mentira social,
spark	y yo, viril destello° de la humana verdad.
polite hypocrisies	Tú, miel de cortesanas hipocresías°; yo no;
revelo 10	que en todos mis poemas desnudo° el corazón.
	Tú eres como tu mundo, egoísta; yo no;
risk everything	que todo me lo juego° a ser lo que soy yo.
prim	Tú eres sólo la grave señora señorona°;
	yo no; yo soy la vida, la fuerza, la mujer.
master 15	Tú eres de tu marido, de tu amo°; yo no;
	yo de nadie, o de todos, porque a todos, a todos,
	en mi limpio sentir y en mi pensar me doy.
curl	Tú te rizas° el pelo y te pintas; yo no;
	a mí me riza el viento; a mí me pinta el sol.
20	Tú eres dama casera, resignada, sumisa,
tied / *el caballo*	atada° a los prejuicios de los hombres; yo no;
de Don Quijote / *runaway*	que yo soy Rocinante° corriendo desbocado°
horse / *smelling*	olfateando° horizontes de justicia de Dios.
	Tú en ti misma no mandas; a ti todos te mandan;
25	en ti mandan tu esposo, tus padres, tus parientes,
sacerdote / *fashion designer*	el cura°, la modista°, el teatro, el casino,
joyas	el auto, las alhajas°, el banquete, el champán,
social gossip	el cielo y el infierno, y el qué dirán social°.
	En mí no, que en mí manda mi solo corazón,
30	mi solo pensamiento; quien manda en mí soy yo.
	Tú, flor de aristocracia; y yo, la flor del pueblo.
owe	Tú en ti lo tienes todo y a todos se lo debes°,
	mientras que yo, mi nada a nadie se la debo.

Tú, clavada al estático dividendo ancestral°,	*"nailed" or chained to your past*
35 y yo, un uno en la cifra del divisor social°,	*a social misfit*
somos el duelo a muerte que se acerca fatal.	
Cuando las multitudes corran alborotadas°	*agitadas*
dejando atrás cenizas° de injusticias quemadas	*ashes*
y cuando con la tea° de las siete virtudes,	*torch*
40 tras los siete pecados°, corran las multitudes°	*sins / crowds*
contra ti, y contra todo lo injusto y lo inhumano,	
yo iré en medio de ellas con la tea en la mano.	

▶ Después de leer

4-48 ¿Cómo lo interpretas tú? Contesta las siguientes preguntas sobre el poema.

1. Explica el título del poema.
2. ¿Quién es la Julia de Burgos más "real" o "auténtica"? ¿Por qué?
3. Describe con tus propias palabras cómo es la poeta en su vida privada y en su vida pública.
4. ¿Cuál de las "dos Julias" vence al final del poema?
5. ¿Piensas que todas las personas tienen dos caras? ¿Es muy diferente tu "cara social" de tu "cara personal, íntima"? ¿En qué se diferencian?

4-49 Las dos. Hagan una lista de los pares de palabras opuestas del poema.

    MODELO: *hombre/mujer*

4-50 Tú... y tú. Escribe una lista de palabras opuestas que te describan. Luego, intercambia tu lista con la de tu compañero/a y úsala para retratarlo/la *(draw a picture of him/her)*, según sus "dos" personalidades. Puedes referirte a *Las dos Fridas* como modelo.

MI COMPAÑERO/A...	Y MI COMPAÑERO/A

Taller

Un perfil para la red social

Seguramente has leído algún perfil personal en la Internet. Muchas veces la gente se describe de una manera que los lectores tengan una impresión más favorable de la persona.

▶ Antes de escribir

Idear. Escribe una lista de cualidades que te describan y una lista de acciones que las ejemplifiquen. Puedes referirte a las expresiones de *¡Así lo decimos!* de este capítulo.

> **MODELO:**   Cualidades   Acciones
> *compasivo/a*   *Trabajo como voluntario/a en un centro para ancianos.*

▶ A escribir

Introducir. Escribe unas oraciones con las tres cualidades más importantes que te describan.

> **MODELO:**   *Soy Sarita González y me apasiona la música. También soy aficionada a los deportes y participo en varios de ellos. Soy generosa y compasiva.*

Respaldar. Agrega varios ejemplos que respalden (*support*) estas cualidades. Utiliza los conectores **pero, sino, aunque** y **sin embargo.**

Concluir. Escribe una oración que resuma tus cualidades y tus acciones y que sirva de conclusión.

▶ Después de escribir

Revisar. Vuelve a leer tu perfil sin pausa para obtener una impresión general. Después, revisa los siguientes aspectos:

☐ ¿Has incluido un vocabulario variado?

☐ ¿Has verificado la concordancia y la ortografía?

☐ ¿Has incluido participios pasados como adjetivos?

☐ ¿Has incluido aspectos de tu rutina diaria?

Compartir. Intercambia tu ensayo con el de tu compañero/a. Al leer el ensayo, haz comentarios y sugerencias sobre el contenido, la estructura y la gramática.

Entregar. Incorpora las sugerencias y correcciones de tu compañero/a y luego pon tu ensayo en limpio para entregárselo a tu profesor/a.

Vocabulario

Primera parte

acostumbrarse (a)	to get used to
adivinar	to guess
afligido/a	distressed
Al contrario...	On the contrary...
analizar	to analyze
ansioso/a	anxious
aportar	to contribute
apoyar	to support
la autoestima	self-esteem
avergonzar (üe)	to shame, to embarrass
bondadoso/a	good-natured, kind
el carácter	personality
celoso/a	jealous
la confianza	confidence
confiar (en)	to trust
desenvuelto/a	outgoing
despreocupado/a	carefree
elegir (i, i)	to choose
equivocarse	to make a mistake
evaluar	to evaluate
exitoso/a	successful
gracioso/a	funny
grosero/a	nasty, vulgar
honrado/a	honest
inseguro/a	insecure
el instinto	instinct
maduro/a	mature
malhablado/a	foul-mouthed
malvado/a	evil
maniático/a	compulsive
la memoria	memory (capacity)
mentir (ie, i)	to lie
mentiroso/a	lying, false
orgulloso/a	proud
Para concluir	To conclude
Por una (otra) parte...	On the one (other) hand...
portarse bien/mal	to behave/to misbehave
el recuerdo	memory, as in remembrance
relajarse	to relax
rudo/a	rough
soportar	to put up with, to tolerate
vencer	to defeat, to overcome
la vergüenza	embarrassment

Segunda parte

el amor propio	pride, self-respect
apasionado/a	passionate
apasionarse (por)	to be passionate (about)
beneficiar	to benefit
bloquear	to block
capaz	capable
comprobar	to prove, to verify
la conducta	behavior
dichoso/a	happy, fortunate
egoísta	selfish
ejercitar	to exercise
emocionarse	to get excited, to be moved emotionally
enajenado/a	alienated, absent
engañar	to deceive
el estado de ánimo	mood
evitar	to avoid
experimentar	to experience
humilde	poor, humble
ingrato/a	ungrateful
inquieto/a	restless
obsesionarse	to become obsessed
pero	but
el placer	pleasure
presumido/a	conceited
el rasgo	characteristic
retroceder	to go backwards
sensible	sensitive
sino	but (rather)
sino que	but (instead)
suceder	to happen, to occur
el suceso	event
superar	to overcome
tenaz	tenacious
terco/a	stubborn
el truco	trick
valiente	courageous
vanidoso/a	vain
el vicio	vice, bad habit

¿Cuál es la relación entre estas personas? ¿Por qué crees que están reunidas? ¿Qué papel tienen las mascotas (pets) en esta familia? ¿Y en la tuya?

A empezar

Las relaciones personales. ¿Te llevas bien con todo el mundo, o tienes un grupo pequeño de amistades? ¿A los miembros de tu familia, les gusta pasar tiempo juntos? ¿Te sientes cómodo/a cuando estás en un grupo grande? ¿Te consideras experto/a en el arte de la comunicación?

Curiosidades

¿Sabes...

cuál es la relación más importante en la vida de una persona según las más recientes investigaciones?

a. entre padres e hijos
b. entre hermanos
c. entre amigos

qué sentido, según los científicos, hace el papel más importante en la atracción hacia otra persona?

a. la vista
b. el olfato
c. el tacto

qué idioma tiene 30 palabras para "beso"?

a. el francés
b. el japonés
c. el alemán

cuántas veces las personas, según los expertos, se enamoran antes de casarse?

a. una vez
b. siete veces
c. tres veces

Primera parte

¡Así es la vida!

La comunicación interpersonal

¿Qué es la comunicación?
- Es el proceso que permite la interacción entre las personas, para lograr distintos propósitos a través de un lenguaje común.
- Tiene tres propósitos:
  - A. influir en el comportamiento de otros
  - B. compartir información
  - C. lograr el entendimiento

La comunicación interpersonal
- Es bidireccional.
- Se realiza mediante el intercambio de información, sentimientos, emociones, etc., entre personas o grupos.

Elementos de la comunicación
- El emisor: la persona que transmite la información
- El mensaje: el contenido de la comunicación
- El receptor: la persona que recibe el mensaje y lo interpreta

Niveles de la comunicación interpersonal
- El contenido: transmite información verbalmente, "lo que dije"
- La relación: define el tipo de relación, "cómo lo dije"

Espacio y zonas según la distancia

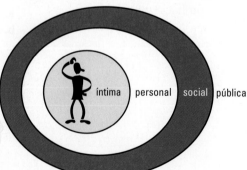

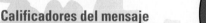

íntima   personal   social   pública

Calificadores del mensaje
- El volumen y la entonación de la voz, la velocidad del mensaje y las pausas
- Las conductas no verbales: expresión facial y gestos
- La expresión corporal y la distancia personal que uno mantiene

¡Así lo decimos! Vocabulario:

Vocabulario primordial

agradecido/a
compartir
enfadarse
enojarse
la fidelidad
lograr
la velocidad

Vocabulario clave: Las relaciones personales

Verbos

abrazar	*to embrace*
calumniar	*to slander*
comprometerse	*to get engaged, to commit oneself*
dar por sentado	*to take for granted*
declararse (a)	*to propose (to), to confess one's love*
disculpar	*to forgive*
discutir	*to argue*
hacer las paces	*to make peace*
herir (ie, i)	*to wound*
pedir disculpas (i, i)	*to ask for forgiveness*
sugerir (ie, i)	*to suggest*

Sustantivos

el bien	*good deed*
la bondad	*kindness*
los celos	*jealousy*
el chisme/el cotilleo (*Spain*)	*gossip*
los/las demás	*the others*
el entendimiento	*understanding*
el gesto	*gesture*
la molestia	*bother*
el nivel	*level*
la pareja	*couple, pair*
el propósito	*purpose*

Adjetivos

cariñoso/a	*affectionate*
(in)fiel	*(un)faithful*
mandón/mandona	*bossy*
pesado/a	*boring, tedious*

Ampliación

Verbos	Sustantivos	Adjetivos
agradecer (zc)	el agradecimiento	agradecido/a
calumniar	la calumnia	calumniado/a
tener celos	los celos	celoso/a
chismear	el chisme	chismoso/a
comprometerse	el compromiso	comprometido/a
disculpar	la disculpa	disculpado/a
discutir	la discusión	discutido/a
molestar	la molestia	molesto/a

¡Cuidado!

querer/amar

- In Spanish, the verb **querer** has two meanings: to want a thing or activity, or to love someone.

Quiero un anillo de compromiso.	*I want an engagement ring.*
Te **quiero**.	*I love you.*

- The verb **amar** means to love someone deeply. It is most often used among couples deeply in love or for family or religious contexts.

¡Cómo **amo** a mis hijos!	*How I love my children!*
Hay que **amarse** los unos a los otros.	*One must love one another.*

► Aplicación

5-1 ¿Qué es la comunicación? Contesta las siguientes preguntas, basándote en *La comunicación interpersonal.*

1. ¿Cuáles son los tres propósitos de la comunicación?

2. ¿Cuál es el propósito de los siguientes ejemplos de comunicación? Indica la letra más adecuada.

___ Un jefe le pide a un empleado que le prepare un informe.

___ Un científico le da una conferencia sobre el calentamiento global a un grupo de ecologistas.

___ Una mujer insiste en que su esposo limpie el garaje.

___ Los diplomáticos de las Naciones Unidas tratan de negociar una paz duradera en el Medio Oriente.

___ El meteorólogo informa sobre las temperaturas en diferentes capitales del mundo.

___ El jefe del sindicato (*union*) y los representantes de la empresa llegan a un acuerdo sobre cuestiones de sueldo y tiempo libre.

3. Si quieres cambiar la manera en que se recibe el mensaje, ¿cómo lo haces sin cambiar las palabras?

5-2 ¿Mensaje negativo o positivo? De estos consejos, ¿cuáles comunican un mensaje positivo (P) y cuáles son negativos (N)?

1. _____ Logra tu meta.

2. _____ Abraza a un amigo.

3. _____ Enójate cuando no encuentres lo que necesitas.

4. _____ Sugiéreme lo que quieras.

5. _____ Decláratele a tu novia.

6. _____ Hiere a tus enemigos.

7. _____ Calumnia a la gente que no te caiga bien.

8. _____ Haz las paces con tu enemigo.

 5-3 Resultados positivos. Preparen un contexto adecuado para cada uno de los mensajes positivos de la actividad anterior. Piensen en sus propias experiencias y usen el pretérito para describirlas.

> **MODELO:** *Después de trabajar todo el verano, logré mi meta de ahorrar lo suficiente para pagar parte de los costos de este semestre.*

 5-4 A explorar: El espacio personal. Según el gran antropólogo Edward T. Hall (*The Hidden Dimension*, 1966), el espacio personal que uno mantiene depende de la cultura de la persona y de la situación social en que se encuentre. Visita la página web de **Conexiones** para anotar las distancias y las condiciones de las cuatro zonas de la lista que sigue. Luego, con un/a compañero/a, pongan a prueba las distancias para ver cómo se sienten. Escriban sus reacciones a cada distancia. ¿Qué hacen si sienten que hay una invasión de su espacio personal?

- la íntima
- la personal
- la social
- la pública

5-5 Los amoríos de Lulú. Mientras tú estudias, tus compañeros/as de cuarto están viendo una telenovela popular en la sala. Escucha la conversación de los personajes e identifica quién de ellos habla.

L: **Lulú** (la novia)
C: **Carlos** (el novio)
D: **Diana** (la ex novia)

1. _____ Se siente inseguro/a.

2. _____ Tiene celos.

3. _____ Dice que es fiel.

4. _____ Se siente calumniado/a.

5. _____ Confía en su novio/a.

6. _____ Su mamá está enferma.

7. _____ Quiere hacer las paces.

8. _____ Quiere olvidar el pasado.

5-6 Las buenas relaciones. Lee la triste historia de Ramón y Chelín y explica por qué es triste. Luego, crea tu propia historia, usando las palabras en negrita (*bold*).

Esta es una triste historia de **celos** y **calumnias**. Ramón y Chelín se conocieron en una fiesta de unos amigos comunes. Se llevaron muy bien y decidieron verse en otras ocasiones. Después de más de un año de salir juntos, Ramón por fin **se le declaró** a Chelín. Le prometió **fidelidad** y amor eterno. Pero un día, un conocido de Ramón le dijo que había visto a Chelín con otro, y Ramón lo creyó. Cuando acusó a Chelín, esta **se enojó** y estuvo muy **molesta** con Ramón. Ella decidió romper **el compromiso**.

Moraleja: Hay que tener **confianza** en los demás para mantener buenas relaciones.

Handwritten annotations: (JEALOUSY) (GOSSIP) (PROPOSE / PROFESS ONES LOVE) (LOYALTY) (BECOME ANGRY) (CONFIDENCE)

5-7 De nuevo: Confesiones (*The present perfect*). Imagínate que eres un/a psicólogo/a que ayuda a las parejas a mejorar su relación. Como parte de la terapia, la pareja tiene que decir la verdad sobre lo que ha hecho o no ha hecho durante la relación. Como psicólogo/a, has grabado (*recorded*) el diálogo de la pareja y ahora lo tienes que transcribir para incluirlo en su expediente (*file*). Usa el presente perfecto al transcribir las "confesiones" de ambas personas.

MODELO:

ARMANDO: *Yo sé que no **he sido** el mejor novio. No **he sido** muy cariñoso, no le **he regalado** flores nunca a Julia, ni la **he llevado** a cenar.*

JULIA: *Yo tampoco **he sido** muy cariñosa, pero **he tratado** de llamarlo todos los días. También tengo que confesar que **he salido** con otro muchacho, pero no lo **he besado**.*

ARMANDO: *Yo **he salido** con varias muchachas, pero no **he amado** a nadie como a Julia. Yo sé que no **he luchado** por nuestro amor, ni **he intentado** hablar seriamente de nuestros problemas, como ella **ha querido** muchas veces…*

Recuerda: Para repasar el presente perfecto debes consultar el *Capítulo 4.*

Reto: ¡Trata de usar muchos verbos diferentes y de escribir una página! Usa muchas palabras de *¡Así lo decimos!*

¡Así lo hacemos! Estructuras

1. Subjunctive vs. indicative in adjective clauses

An adjective clause is a clause that modifies a noun. The subjunctive is used when the adjective clause refers to an indefinite or nonexistent person or thing. Like the noun clause, most adjective clauses are connected to the main clause with **que,** but they can also be joined with conjunctions like **donde.**

Indefinite antecedent

Busco una novia que **sea** sensible.	*I'm looking for a girlfriend who is sensitive.*
Ana necesita un amigo que le **dé** consejos.	*Ana needs a friend who will give her advice.*
Queremos un mundo donde se **viva** en paz.	*We want a world where one lives in peace.*

Nonexistent antecedent

No veo a ningún chico que me **guste.**	*I don't see any boy that I like.*
No hay nadie aquí que **se atreva** a bailar el merengue.	*There is no one here who dares to dance the merengue.*

- When the dependent clause refers to a specific person or thing that is certain or definite, the indicative is used.

Tengo un novio que siempre **da** el primer paso para hacer las paces.	*I have a boyfriend who always takes the first step to make up.*
Ese es el chico que me **entiende.**	*That's the boy who understands me.*

- Note that in questions, the existence itself of the person or object is being questioned, and consequently, the subjunctive is generally used.

¿Conoce usted a alguien que no **tenga** problemas?	*Do you know anyone who doesn't have problems?*
¿Hay alguien aquí que me **pida** disculpas?	*Is there anyone here who will ask for my forgiveness?*

- There are no set expressions that trigger the subjunctive in adjective clauses, but some common phrases include the following:

Necesitar [algo] que...
Buscar [a alguien, una persona, etc.] que...
No conocer a nadie que...
No hay nadie que...
No hay nada que...

Necesito una persona que me **quiera.**	*I need a person who loves me.*
No hay nadie que me **acepte** sin querer cambiarme.	*There is no one who accepts me without trying to change me.*

¿No hay nadie que quiera jugar conmigo?

Aplicación

5-8 Una discusión entre amigos. Subraya los verbos en el diálogo. Di si están en el indicativo o subjuntivo y por qué.

ALEIDA: Abelardo, aquí hay varios trajes bonitos. ¿No hay ninguno que te guste?

ABELARDO: Aleida, el verde es muy feo. El gris tiene mangas [TENGA] demasiado largas. Busco uno que sea apropiado para una ocasión seria, como una boda.

ALEIDA: Pero nosotros no conocemos [IND.] a nadie que se case [SUBJ.] pronto. Mejor compra un traje que puedas llevar a una fiesta elegante. Mira este que tiene cuadros azules.

ABELARDO: ¡Imposible! No voy a ponerme un traje que me haga ver como un payaso (*clown*).

ALEIDA: ¡Ay, los hombres! No hay ninguno que tenga el buen gusto de una mujer.

ABELARDO: Tienes razón, a pocos hombres les importa vestir bien.

Ahora lee otra vez el diálogo y contesta las siguientes preguntas:

1. ¿Crees que Aleida y Abelardo se llevan bien? ¿Por qué?

2. ¿Estás de acuerdo con la idea de que las mujeres tienen mejor gusto que los hombres? Explica por qué.

5-9 ¿Existe o no? Completa las siguientes oraciones de una forma lógica. Escribe la forma correcta de los verbos en el subjuntivo o el indicativo, según el contexto.

MODELO: Aquí hay una revista que… *tiene* un artículo sobre la química del amor.

1. _____ Para su clase de historia, Mariana necesita un libro que…

2. _____ Para ser más feliz, Liliana quiere ser voluntaria en una organización que…

3. _____ Para tener mejores relaciones con sus padres, Beto mantiene un calendario que…

4. _____ Pedro y Samuel son amigos que…

5. _____ Para mejorar las relaciones con su esposa, Ramón busca un consejero que…

6. _____ ¿Conoces una persona que…

7. _____ ¿Hay alguien en la clase que nunca…

8. _____ Veo a alguien que…

a. *recordarle* llamarlos por teléfono todos los domingos.

b. *explicar* bien las causas de la guerra civil.

c. *ayudarle* con los problemas en su matrimonio.

d. *ofrecer* ayuda a los desamparados (*needy*) de su comunidad.

e. *reunir* las características de ser un amigo perfecto?

f. no *enojarse* cuando discuten.

g. *levantar* la mano para saludarme, pero no lo conozco.

h. *haberse enamorado*?

5-10 No hay nadie, ninguno/a... Usen la lista de frases para formar oraciones y contradecirse según el modelo. Inventen otras tres situaciones o características para comentar.

- dar por sentado la fidelidad
- disculpar a un/a novio/a infiel
- prestarle atención a la profesora/al profesor durante toda la clase
- perdonar una calumnia
- contar chismes
- decir siempre la verdad
- haberse enamorado a primera vista
- tener tacto en todas las ocasiones

> **MODELO:** E1: *No hay nadie que no chismee de vez en cuando.*
> E2: *No es cierto. Liliana es una mujer que no chismea nunca.*

5-11 Los amigos ideales. Explíquense qué cualidades buscan en un/a amigo/a ideal. Luego, túrnense para describir lo que buscan en las personas de la lista a la izquierda. Pueden usar las frases a la derecha en sus descripciones.

un novio/una novia	... que sea...
un esposo/una esposa	... que (no) tenga...
un hijo/una hija	... que no busque...
un hermano/una hermana	... que me...
un profesor/una profesora ideal	... que me trate...
un amigo/una amiga	... que quiera...
un compañero/una compañera de trabajo	

> **MODELO:** *Busco un/a amigo/a que me comprenda, que no tenga mal carácter, que no me hiera y que me quiera como soy.*

5-12 Consejos. Imagínense que son una pareja de novios/as, amigos/as o compañeros/as de cuarto que necesitan la ayuda de un/a consejero/a. Explíquenle al/a la consejero/a por qué están enojados/as y el/la consejero/a les dará una solución. Presenten su situación, empleando el subjuntivo y el vocabulario de *¡Así lo decimos!*

> **MODELO:** E1: *Doctor, el problema es que mi novio es muy dominante. Necesito un hombre que me respete como persona y que no sea dominante.*
> E2: *¡No es verdad que yo sea dominante! Además, te respeto mucho.*
> E3: *Un momento. ¡Cálmense!...*

5-13   A explorar: El arte de la amistad.   Visita la página web de *Conexiones* para descubrir los atributos que caracterizan a un buen amigo. ¿Qué aspectos de los representados consideras los más importantes? ¿Qué otros atributos o anécdotas puedes añadir? Luego describe los atributos de tu mejor amigo/a.

5-14   Debate: Conceptos del amor.   Preparen un argumento sobre uno de estos temas para debatirlo en clase.

Resolución: La falta de comunicación sobre el dinero es la causa de todos los conflictos entre una pareja.

Resolución: Con el paso del tiempo, se pierden los impulsos químicos que corresponden a la pasión y al interés romántico.

Resolución: Los hombres son menos "selectivos" y más propensos al flechazo *(infatuation)* que las mujeres.

Frases comunicativas

Perdona, pero…
Voy a explicar mis razones.
En resumidas cuentas,… (*In short,…*)

> MODELO: *Si una pareja está realmente enamorada el dinero no debe ser importante porque…*

Conéctate

VideoRed

▶ Antes de verlo

5-15 La dopamina. La dopamina es una hormona que se asocia con las emociones y los sentimientos de placer. ¿Cuáles son algunas de las características que exhibe una persona enamorada? Si fuera posible embotellar la dopamina, ¿sería buena idea comercializarla para que todos pudieran sentir el placer de estar enamorado/a? Explica tu opinión.

▶ A verlo

La química del amor **(S.M. Bacon, EE. UU. - Pearson VPS)**

▶ Después de verlo

 5-16 El comportamiento de los enamorados. Comenten las siguientes afirmaciones presentadas en el video. Apoyen su opinión con ejemplos de casos que hayan experimentado o presenciado *(witnessed)* personalmente. ¿Están de acuerdo o no?

- Los enamorados sufren de un síndrome semejante al de un trastorno obsesivo/compulsivo.
- Las personas que sufren del "mal de amor" tienden a consumir grandes cantidades de chocolate.
- En la segunda fase se llega a un amor más sereno.

Comunidades

5-17 La comunicación no verbal. Visita un lugar en tu comunidad donde acuda gente hispana (por ejemplo, un supermercado con comida hispana, el zoológico, un restaurante de comida rápida) y observa su comunicación no verbal. Si no hay ningún lugar de este tipo, ve una telenovela o una película producida en español. Escribe las características de la interacción y compárala con tu propia experiencia.

Conexiones

 5-18 La pareja modelo. Piensen en una pareja famosa de la historia, del cine o de la literatura que ejemplifique la pareja perfecta. Preséntenle esa pareja a la clase, explicando por qué es especial: por su pasión, por su respeto mutuo, etc. ¿Es posible tener una relación perfecta?

Comparaciones

5-19 En tu experiencia. ¿Has usado algún servicio de la Internet para conocer a otras personas? ¿Te gusta usar los sitios de *chat*? ¿Para qué usas el teléfono móvil?

Conozcámonos: citas móviles

Millones de consumidores de muchas partes del mundo pueden hacer ahora citas con móviles, gracias a nuevos servicios que permiten los encuentros en "tiempo real". Hay diferentes servicios que les permiten a sus miembros acceder a los perfiles de los demás para enviarles mensajes o conectarse al instante con sus parejas potenciales desde sus teléfonos móviles.

Un servicio muy popular en Ecuador les permite a sus miembros crear nuevos espacios de encuentro y contactarse con miles de personas en todo el país. El sistema le asignará una persona para conversar y conocerse de una forma rápida y divertida. Si la persona no es de su agrado, simplemente tiene que enviar un mensaje con la palabra "salir". En poco tiempo, piensan que este servicio se convertirá en el mejor instrumento para aumentar la lista de amigos y amigas, y quizás para encontrar el amor de su vida.

Otro servicio en Nueva York pone en contacto a personas que desean salir y conocer a nuevas personas del área. Simplemente tienen que enviar un mensaje de texto al servicio, indicando su código postal o su dirección. El servicio se encarga de mandar los perfiles que correspondan al criterio del usuario. La inscripción al servicio es gratuita y enviar diez mensajes de texto anónimos cuesta menos de un dólar. Con citas móviles, puede mantenerse el anonimato.

 5-20 En su opinión. Piensen en maneras en que la gente usa la tecnología hoy en día para conocerse, y en las ventajas y desventajas de este uso. Presenten un caso verdadero que conozcan, o sobre el cual hayan leído. ¿Es posible encontrar la pareja ideal de esta manera?

Segunda parte

¡Así es la vida!

¿Qué piensan de ti?
Tu lenguaje corporal

Toma esta prueba para saber qué piensan los demás de ti.

1. Tienes más energía física e intelectual...
   a. por la mañana
   b. por la tarde
   c. por la noche

2. Cuando caminas, normalmente vas...
   a. bastante rápido, con pasos largos
   b. bastante rápido, con pasos cortos
   c. no tan rápido, con la cabeza levantada, mirando al mundo en la cara
   d. no tan rápido, caminando cabizbajo/a
   e. muy despacio

3. Al hablar con alguien...
   a. te paras con los brazos cruzados
   b. mantienes las manos unidas
   c. tienes una o ambas manos en las caderas
   d. tocas a la persona con quien estás hablando
   e. juegas con la oreja, te tocas la barbilla o juegas con el pelo

4. Al relajarte, te sientas en el sofá con...
   a. las piernas dobladas con las rodillas juntas
   b. las piernas cruzadas
   c. las piernas extendidas o rectas
   d. una pierna doblada debajo de ti

5. Cuando algo realmente te divierte, reaccionas con una...
   a. carcajada
   b. risa, pero no muy alta
   c. risita callada
   d. sonrisa tímida

6. Cuando estás trabajando fuerte y alguien te interrumpe...
   a. agradeces el descanso
   b. te irrita la interrupción
   c. varías entre estos dos extremos

7. ¿Cuál de los siguientes colores te gusta más?
   a. el rojo o el naranja
   b. el negro
   c. el amarillo o el azul celeste
   d. el verde
   e. el azul oscuro o el morado
   f. el blanco
   g. el café o el gris

8. A menudo sueñas que estás...
   a. cayéndote
   b. luchando o haciendo un gran esfuerzo
   c. buscando algo o a alguien
   d. volando o flotando
   e. Normalmente no sueñas.
   f. Tus sueños siempre son agradables.

¡Así lo decimos! Vocabulario

Vocabulario primordial

amable
aventurero/a
diabólico/a
divorciarse
egocéntrico/a
firme
impulsivo/a
separarse
sociable
volátil

Vocabulario clave: Los sentimientos y las cualidades

Verbos

cruzar	*to cross*
dominar	*to control*
envidiar	*to envy*
fracasar	*to fail*
irritar	*to irritate*
pararse	*to stand (up), to stop*
pelearse	*to fight*
poseer	*to possess*

Sustantivos

la angustia	*anguish*
la carcajada	*loud laugh*
el comportamiento	*behavior*
la inseguridad	*insecurity*
la risa	*laughter*

Adjetivos

atrevido/a	*daring, bold*
cabizbajo/a	*downcast, dejected*
callado/a	*quiet*
consentido/a	*spoiled*
malcriado/a	*bad-mannered*
sinvergüenza	*shameless*
tacaño/a	*stingy*

Otras palabras y expresiones

a menudo	*often*

Ampliación

Verbos	Sustantivos	Adjetivos
cruzar	la cruz	cruzado/a
divorciarse	el divorcio	divorciado/a
envidiar	la envidia	envidioso/a
poseer	la posesión	poseído/a
reírse (i, i)	la risa	risueño/a
separarse	la separación	separado/a

¡Cuidado!

- Some Spanish verbs are not followed by a preposition, even though their English equivalents always require a preposition before a direct object.

agradecer: *to thank for*

Le **agradecemos** su bondad.   *We thank him for his kindness.*

buscar: *to look for*

Estoy **buscando** al chico malcriado.   *I am looking for the spoiled kid.*

esperar: *to wait for/to hope for*

Ana **espera** una resolución agradable.   *Ana is waiting for/hoping for an agreeable resolution.*

pagar: *to pay for*

Mario **pagó** la consulta matrimonial.*   *Mario paid for the marriage advice.*

*If an amount precedes the object, use *por*. Mario pagó **cien dólares por** la consulta.

▶ Aplicación

5-21 ¿Qué piensan de ti? Tu lenguaje corporal. A continuación tienes la clave para interpretar los resultados de la prueba. Suma tu puntaje según esta tabla para identificar la impresión que das a los demás. Explica por qué crees que te caracteriza de forma justa o injusta.

1.	2.	3.	4.	5.	6.	7.	8.
(a) 2	(a) 6	(a) 4	(a) 4	(a) 6	(a) 6	(a) 6	(a) 4
(b) 4	(b) 4	(b) 2	(b) 6	(b) 4	(b) 2	(b) 7	(b) 2
(c) 6	(c) 7	(c) 5	(c) 2	(c) 3	(c) 4	(c) 5	(c) 3
	(d) 2	(d) 7	(d) 1	(d) 5		(d) 4	(d) 5
	(e) 1	(e) 6				(e) 3	(e) 6
						(f) 2	(f) 1
						(g) 1	

Más de 48 puntos: La gente te considera vanidoso/a, egocéntrico/a y dominante. Te admira pero no siempre confía en ti.

42 a 47 puntos: La gente te ve como una personalidad volátil, más bien impulsiva; un/a líder natural que es rápido/a en tomar decisiones, aunque no siempre las correctas. Atrevido/a y aventurero/a.

32 a 41 puntos: Se te ve una persona fresca, viva, encantadora, entretenida, práctica y siempre interesante; el centro de atención, pero bien equilibrado/a. Amable, considerado/a.

22 a 31 puntos: Te ven como una persona sensata, cuidadosa y práctica. Con mucho talento pero modesto/a. Fiel a tus amigos y esperas la misma lealtad (*loyalty*) a cambio de la que tú les ofreces.

14 a 21 puntos: Tus amigos te ven como sumamente cuidadoso/a, lento/a y firme. Nunca haces nada impulsiva o precipitadamente (*hastily*); examinas todos los puntos de vista.

5-22 Entre amigos. ¿Qué gestos tienen ustedes que los/las hacen diferentes a otras personas? ¿Cómo usan el cuerpo para comunicarse? ¿Qué gestos usan para comunicarse? ¿Tienen alguna peculiaridad cómica o irritante? Preparen una lista de estos gestos y compárenla con las de otros grupos.

5-23 El amor duradero. Aunque somos conscientes del alto índice de fracasos matrimoniales y familiares que hay hoy en día, también sabemos que hay casos de familias unidas, de parejas felices y de amor duradero. ¿Conocen alguno? Piensen en un ejemplo de su familia o comunidad y preséntenselo a la clase. Expliquen por qué, en su opinión, es un amor duradero.

5-24 De nuevo: Una amistad duradera (*The future tense*). Piensa en tu mejor amigo o amiga. ¿Cómo será esta amistad en el año 2020? ¿Qué actividades harán juntos/as? ¿Qué cambiará? ¿Qué aspectos seguirán iguales? ¿Compartirán más o menos de lo que comparten hoy? Escribe un párrafo en el que describas tu amistad con esa persona hoy (en el presente) y otro párrafo sobre tus "predicciones" en cuanto a tu relación con ella en 2020.

> **MODELO:** *Mi mejor amiga y yo siempre **estamos** juntas. **Estudiamos** todos los días y **salimos** a bailar los fines de semana. Los miércoles **voy** a cenar a su casa y los viernes ella **viene** a almorzar a mi apartamento. Yo **sé** sus secretos y ella **sabe** los míos.*
>
> *En 2020 **seremos** las mejores amigas del mundo. **Hablaremos** por teléfono todos los días. Nuestros hijos se **tratarán** como hermanos. **Jugaremos** al dominó todos los sábados. **Iremos** de vacaciones a la playa con nuestras familias. Nos **contaremos** todo.*

Recuerda: Para escribir tus predicciones debes usar el futuro. Repásalo en el *Capítulo 2.*

Reto: Incluye por lo menos seis verbos diferentes en cada párrafo. Usa muchas palabras de la *Primera* y *Segunda parte* de *¡Así lo decimos!*

¡Así lo hacemos! Estructuras

2. The future perfect and pluperfect tenses

The future perfect

¿Habrá entendido lo que le dije?

The future perfect is used to express an action which *will be finished* by a certain point in time. Form the future perfect with the future of the auxiliary verb **haber** and the *past participle*.

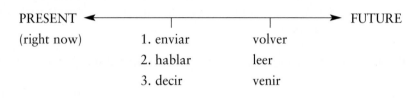

PRESENT ←————————————————————→ FUTURE
(right now)

1. enviar	volver
2. hablar	leer
3. decir	venir

1. Mis padres **habrán enviado** la tarjeta postal antes de volver a México.
   My parents will have sent the postcard before returning to Mexico.
2. Cuando la lea, **habré hablado** con ellos por teléfono.
   When I read it, I will have talked to them on the telephone.
3. Me **habrán dicho** que vendrán a visitarme aquí en Guadalajara.
   They will have told me that they will come to visit me here in Guadalajara.

	FUTURE	PAST PARTICIPLE
yo	**habré**	
tú	**habrás**	
Ud., él, ella	**habrá**	**tomado/comido/vivido**
nosotros/as	**habremos**	
vosotros/as	**habréis**	
Uds., ellos, ellas	**habrán**	

¿**Habrás hablado** con el psicólogo antes de la cena?

Will you have talked with the psychologist before dinner?

No, no **habré hablado** con él hasta mañana después de las diez.

No, I will not have talked with him until tomorrow after ten.

- The future perfect can also be used to express probability or conjecture about what may have happened in the past, yet may be related to the present.

¿**Se le habrá declarado** a Estela ya?

I wonder if he has proposed to Estela already.

¿**Se habrán enamorado** alguna vez?

I wonder if they have ever fallen in love.

The pluperfect

The pluperfect is used to refer to an action or event that took place before another past action or event. Compare the following sentences with the time line.

¿No me habías dicho que ibas a volver más tarde?

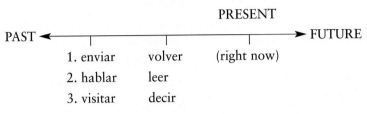

	PRESENT	
PAST ◄		► FUTURE
		(right now)

1. enviar   volver   (right now)
2. hablar   leer
3. visitar   decir

1. Mis padres **habían enviado** la tarjeta postal antes de volver a México.

My parents had sent the postcard before returning to Mexico.

2. Cuando yo la leí, ya **había hablado** con ellos por teléfono.

When I read it, I had already spoken with them on the telephone.

3. Me dijeron que **habían visitado** la capital de EE. UU.

They told me that they had visited the capital of the United States.

- Like the present perfect tense, the pluperfect is a compound tense. It is formed with the imperfect tense of **haber** + *past participle*.

	IMPERFECT	PAST PARTICIPLE
yo	**había**	
tú	**habías**	
Ud., él, ella	**había**	**tomado/comido/vivido**
nosotros/as	**habíamos**	
vosotros/as	**habíais**	
Uds., ellos, ellas	**habían**	

Antes de llegar Lourdes, mis hermanos **habían dominado** la conversación.

Before Lourdes arrived, my brothers had dominated the conversation.

Manuel siempre **había tenido** una buena relación con Carmen, pero un día se pelearon.

Manuel had always had a good relation with Carmen, but one day they had a fight.

- Remember that in compound tenses, the auxiliary **haber** and the past participle are always kept together; **haber** must agree with the subject, and the past participle stays the same.

Hasta ese momento, Ana siempre me **había caído** bien.

Until that moment, I had always liked Ana.

Tu novio no **había sido** posesivo antes.

Your boyfriend had not been possessive before.

▶ Aplicación

5-25 ¿Cómo eran antes? Todas estas personas mejoraron su actitud después de un evento o una experiencia importante en su vida. Señala qué le pasó a cada una de ellas.

1. _____ Antes de consultar al psiquiatra, la mujer introvertida...

2. _____ Antes de mudarse al noveno piso, el claustrofóbico...

3. _____ Antes de sufrir el accidente, el joven atrevido...

4. _____ Antes de heredar un millón de dólares de un tío rico, la joven consentida...

5. _____ Antes de perder toda su fortuna, el tacaño...

a. nunca había pensado en el peligro.

b. nunca había invitado a sus amigos ni a tomar un café.

c. siempre les había pedido regalos extravagantes a sus padres.

d. nunca había hablado en público.

e. nunca había usado el ascensor.

5-26 La comunicación. ¿De qué temas debe hablar una pareja antes de comprometerse? Cada uno/a debe sugerir cinco temas importantes que una pareja tiene que tratar antes de comprometerse.

> **MODELO:** *Antes de comprometerse, la pareja ya **habrá hablado** con sus padres acerca de su relación.*

5-27 Para el año 2030. En grupos de tres o cuatro, hagan seis predicciones de lo que habrá ocurrido para el año 2030 y expliquen por qué habrá ocurrido. Deben utilizar por lo menos diez verbos en el futuro perfecto.

> **MODELO:** *Para el año 2030, **habremos establecido** una base en Marte. **Habremos hallado** una cura para el SIDA...*

5-28 Antes de venir a esta universidad. Hablen de qué habían hecho (o no habían hecho) antes de venir a la universidad. Empiecen con la siguiente lista de actividades y luego añadan sus propias ideas.

> **MODELO:** E1: *Antes de venir a esta universidad, no había tenido novio/a.*
> E2: *Pues yo tampoco había tenido novio/a, pero este año he conocido al hombre/a la mujer de mis sueños...*

- tener novio/a
- participar en...
- enamorarse
- tener la oportunidad de...
- escribir un poema de amor
- resolver un problema con un/a amigo/a

3. Comparisons with nouns, adjectives, verbs, and adverbs; superlatives

Tengo tantos caramelos como tú.

Comparisons of equality

- In Spanish, use nouns in the **tanto/a(s)... como** construction to make comparisons of equality of nouns (e.g., *as much affection as; as many friends as)*. Note that **tanto/a(s)** agrees in gender and number with the noun it modifies or replaces.

[**tanto/a(s)** + noun + **como**]

Mi tía da **tantos** consejos **como** mi madre.	*My aunt gives as many pieces of advice as my mother.*
Mi padre tiene **tanta** paciencia **como** tu padre.	*My father has as much patience as your father.*

- Comparisons of equality of adjectives (e.g., *as nice as*) and adverbs (e.g., *as slowly as*) are made with the **tan... como** construction. **Tan** is an adverb and so is invariable.

[**tan** + adjective/adverb + **como**]

La Dra. Cisneros es **tan** callada como su esposo.	*Dr. Cisneros is as quiet as her husband.*
Carlos se le declaró a Ana **tan** suavemente **como** un poeta.	*Carlos proposed to Ana as smoothly as a poet.*

- Make comparisons of equality of verbs (e.g., *plays as much as*) with **tanto como**. **Tanto** in this context is an adverb and is invariable.

[verb + **tanto como** + subject of second (implied) verb]

María del Carmen apoya a los demás **tanto como** su mamá.	*María del Carmen supports others as much as her mother does.*
Mis amigos hispanos se dan la mano **tanto como** nosotros.	*My Hispanic friends shake hands as much as we do.*

Comparisons of inequality

- When the relationship is unequal, use **más/menos... que** for nouns, adjectives, and adverbs. Use **más/menos que** after verbs.

[**más/menos** + adjective/adverb/noun + **que**]

México es **más** grande **que** Perú.	*Mexico is bigger than Peru.*
Perú está **más** lejos de aquí **que** México.	*Peru is farther from here than Mexico.*

Tengo más hoteles que tú.

[verb + **más/menos** + **que**]

Yo sufro **más que** tú.	*I suffer more than you (do).*

- If the focus of the comparison is a number, substitute **de** for **que**.

En una versión de la leyenda, don Juan tiene **más de** diez hijos ilegítimos.	*In one version of the legend, don Juan has more than ten illegitimate children.*

- Some Spanish adjectives have both regular and irregular comparative forms:

ADJECTIVE	REGULAR FORM	IRREGULAR FORM	
bueno/a	más bueno/a	mejor	*better*
grande	más grande	mayor	*bigger*
joven	más joven	menor	*younger*
malo/a	más malo/a	peor	*worse*
pequeño/a	más pequeño/a	menor	*smaller*
viejo/a	más viejo/a	mayor	*older*

- **Mejor** and **peor,** which occur more often than the regular forms, are used to describe quality and performance related to both people and objects. **Más bueno que** and **más malo que** usually refer to moral, ethical, and behavioral qualities. Note these examples.

El promedio de Lucinda es **mejor que** el de su hermana.

Lucinda's average is better than her sister's.

Luisa es **más buena que** Lucho.

Luisa is nicer than Lucho.

- **Más grande** and **más pequeño** are often used to refer to size, while **mayor** and **menor** refer primarily to age.

La Ciudad de México es **más grande que** Nueva York.

Mexico City is bigger than New York City.

José Antonio es **mayor que** Laura.

José Antonio is older than Laura.

Superlatives

- The superlative (the most, the greatest, the worst, etc.) in Spanish is expressed with the definite article (el/la/los/las) and **más** or **menos.** Note that the preposition **de** is the Spanish equivalent of *in* for this structure.

el/la/los/las/(noun) + **más/menos** + adjective + **de**

Luisito es **el más grosero de** la clase.

Luisito is the most vulgar one in the class.

- When a noun is used with the superlative, the article precedes the noun in Spanish.

Lucrecia es **la persona más solitaria de** la universidad.

Lucrecia is the most solitary person in the university.

- The irregular comparatives are also used for the superlatives.

Esa fue **la peor** experiencia **de** mi vida.

That was the worst experience of my life.

▶ Aplicación

5-29 ¿Es lógico o no? Lee las declaraciones siguientes y decide si son verdaderas o no. Corrige las que, en tu opinión, no lo son.

1. Rosie O'Donnell es más delgada que Gwyneth Paltrow.
2. Bill Murray es tan serio como Harrison Ford.
3. Britney Spears es mayor que Madonna.
4. Enrique Iglesias canta mejor que Ricky Martin.
5. Jimmy Smits es más fuerte que Óscar de la Hoya.
6. Salma Hayek tiene tanto éxito como Penélope Cruz.

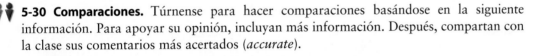 **5-30 Comparaciones.** Túrnense para hacer comparaciones basándose en la siguiente información. Para apoyar su opinión, incluyan más información. Después, compartan con la clase sus comentarios más acertados (*accurate*).

> **MODELO:** más excéntrico/a que Steve Martin
> *Creo que Jim Carrey es más excéntrico que Steve Martin, pues cuando hace entrevistas, Carrey siempre se comporta como un loco.*

1. menor que tú
2. mayor que el/la profesor/a
3. tan callado/a como tu mejor amigo/a
4. más sinvergüenza que un/a político/a
5. baila tan divinamente como Shakira
6. canta mejor que Cristina Aguilera

5-31 Tu familia. Describe a tu familia, usando comparativos, superlativos y números. Ten en cuenta las sugerencias a continuación. Usa todo el vocabulario que puedas de la *Primera* y *Segunda parte* de *¡Así lo decimos!* y de capítulos anteriores.

apasionado/a por (la música, el deporte...)
artístico/a   desenvuelto/a   interesado/a en...
ávido/a lector/a   exitoso/a   valiente
bondadoso/a   fiel   ...

> **MODELO:** *Hay más de cuatro personas en mi familia; somos cinco. Mi hermano mayor es más artístico que yo, pero yo soy más...*

5-32 Están orgullosos/as. Es natural que uno se sienta orgulloso de su universidad o de su ciudad. Preparen una pequeña descripción para comparar su universidad o ciudad con otras. Deben incluir también algunos superlativos. Después preséntensela a la clase para ver si sus compañeros comparten la misma perspectiva.

> **MODELO:** *Nos gusta mucho esta universidad, aunque es más pequeña que otras.*
> *Tiene menos de diez mil estudiantes, pero nunca hay más de veinte*
> *estudiantes en una clase. Para nosotros, es la mejor universidad del estado.*

5-33 El récord Guinness. Preparen individualmente una lista de diez cosas, personas, acontecimientos o lugares superlativos. Piensen en cualidades como alto, rápido, bello, grande, largo, raro, extravagante, fuerte, etc. y formen preguntas. Luego háganle tres o cuatro preguntas a su compañero/a para ver si sabe la respuesta.

> **MODELO:** (E1: edificio – alto)
> E1: *¿Cómo se llama el edificio más alto del mundo?*
> E2: *La torre de Sears en Chicago es la más alta del mundo.*
> E1: *No, ahora hay edificios más altos que la torre de Sears. Por ejemplo,*
> *en Dubai hay uno que tiene más de ciento sesenta pisos.*

5-34 El noviazgo más largo del mundo. Lean el artículo siguiente y hagan comentarios sobre el mismo. Luego traten de discutir el tema desde los siguientes puntos de vista.

1. moral, ético o religioso   **3.** económico

2. social   **4.** personal

El noviazgo más largo del mundo

Según el periódico *Universal*, una pareja mexicana por fin ha concluido el noviazgo más largo del mundo. Octavio Guillén y Adriana Martínez se casaron en Guanajuato, México, a la edad de 82 años, después de 67 años de noviazgo. Aunque se comprometieron cuando tenían quince años, por una u otra razón no pudieron casarse. Ahora los dos afirman que tienen el matrimonio más feliz del mundo.

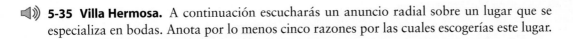 **5-35 Villa Hermosa.** A continuación escucharás un anuncio radial sobre un lugar que se especializa en bodas. Anota por lo menos cinco razones por las cuales escogerías este lugar.

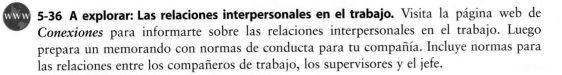 **5-36 A explorar: Las relaciones interpersonales en el trabajo.** Visita la página web de *Conexiones* para informarte sobre las relaciones interpersonales en el trabajo. Luego prepara un memorando con normas de conducta para tu compañía. Incluye normas para las relaciones entre los compañeros de trabajo, los supervisores y el jefe.

5-37 Debate: Las relaciones personales en el trabajo. Preparen comentarios sobre uno de estos temas para debatirlo en clase.

Resolución: Los empleados no deben verse socialmente fuera de la oficina.

Resolución: Los jefes no deben contratar a miembros de su familia.

Resolución: Cuando hay diferencias de opinión en el trabajo, los empleados siempre deben respetar la decisión del jefe/de la jefa.

> **MODELO:** *No estoy de acuerdo. Si eres soltero/a, es perfectamente legítimo convidar a salir a un/a compañero/a de trabajo.*

¡Así lo expresamos!

 Imágenes

Madre e hijo (Pablo Ruiz y Picasso, 1881–1973, España)

Pablo Ruiz y Picasso nació en Málaga, España. Durante la Guerra Civil española se expatrió a Francia, donde se destacó como pintor, escultor y diseñador escénico *(stage designer)*. Junto con Georges Braque, creó el movimiento cubista. Su obra es tan enorme y ha tenido tanta influencia en el arte moderno que se le considera uno de los genios más importantes del Siglo XX.

"Mother and Son", Pablo Picasso (1881–1973), Spanish Art Institute of Chicago, Illinois/A.K.G., Berlin/SuperStock. © 2004 Estate of Pablo Picasso/Artists Rights Society (ARS), New York.

Madre proletaria (María Izquierdo, 1902–1956, México)

María Izquierdo nació en San Juan de los Lagos, Jalisco, México. Sus temas se inspiran en motivos populares; y en su obra se destacan especialmente las naturalezas muertas *(still lifes)*: alacenas *(cupboards)* con dulces, juguetes y retratos. Los colores fuertes y vivos son sus favoritos, y los emplea en sus pinturas de juguetes, cerámicas policromadas y piñatas.

▶ Perspectivas e impresiones

5-38 ¿Cómo se comparan? Observen los cuadros de Picasso y de Izquierdo y comparen los siguientes elementos. Traten de usar expresiones comparativas.

1. colores   **3.** estilos

2. temas   **4.** mensajes

Maria Izauierdo, "Madre Proletaria", 1944. Oleo sobre tela, 75 × 105 cms. Col. particular, Christie's Images, NY.

Ritmos

Yarey (Puerto Rico)

La orquesta Yarey fue fundada hace más de diez años en Nueva York por el percusionista puertorriqueño Sal Pérez. Este grupo de salsa ha combinado las melódicas voces de Chamy Solano y Joe King en un nuevo álbum titulado "La perfecta combinación". Sus excelentes arreglos musicales y sus pegadizas (*catchy*) canciones y ritmos hacen de este grupo una combinación perfecta.

▶ Antes de escuchar

5-39 A pedir la mano. En Estados Unidos, ¿tiene el novio que pedir la mano de su novia al padre de ella antes de casarse? ¿Se hacía esto antes? ¿Qué piensan las chicas? ¿Es importante para ellas que su novio le pida la mano a su padre? ¿Qué piensan los chicos? ¿Es fácil hacer esto o se pondrían muy nerviosos? ¿Te gusta esta costumbre? ¿Crees que las chicas deberían también pedirles la mano del novio a los padres de él?

▶ A escuchar

5-40 Por favor, don Pedrito. Escucha la canción para ver si conoces a alguien que haya tenido una experiencia semejante?

Don Pedrito

—Muy buenas tardes, don Pedro.
Con usted quisiera hablar.
Aunque estoy medio° nervioso,   *a little*
trataré de comenzar.

—Es acerca de° su hija,   *about*
Teresita, la mayor.
Nos gustamos hace tiempo
y decidimos los dos:
que para estar a escondidas° es mejor   *in hiding*
que yo venga y platique° con usted   *hable*

Y después que terminemos
yo espero que esté de acuerdo
—Mi hija no está para novios.
Pierde° el tiempo, jovenzuelo°.   *waste / young man*

—Hice más de lo que pude.
Hablé como un caballero°   *gentleman*
y vine con la esperanza°   *hope*
que estuviera usted de acuerdo.
Pero no.
Como no hay remedio...

CORO:

> No la aguante° más,   *hold her back*
> don Pedrito, no la aguante más
> No la aguante más,
> don Pedrito, me la vo'a° llevar   *voy a*

Teresita, la mayor...
Nos gustamos hace tiempo
y decidimos los dos
juntar° nuestros sentimientos.   *to join*
CORO:

> Quiero serle sincero;
> quiero casarme con ella
> porque a ella yo la quiero.
> ¡No me la aguante, don Pedro!

Oiga, don Pedro,
¿y me va a dejar morir?
¡Yarey!...
Ella podrá ser su hija...
y mi esposa ella será...
... Porque su hija es la más bella del mundo.
Y este amor, tan profundo...
Le prometo, la vo' a cuidar...

Esa negrita° me ha robado° el corazón,   *term of endearment in Puerto Rico / stolen*
oye, ¡por eso conmigo se va!...
Yo me la llevo
Conmigo quiere estar, don Pedro
por la noche
hasta que se rompa el cuero°   *Puerto Rican saying: until the drums break*
—Por eso mi hija conmigo está rebelada° *slang:* se ha rebelado contra mí
Porque la tiene con la mente lavada
—De mañanita se va a tirar° por la ventana *throw herself*
Va estar conmigo hasta las cinco'e° la mañana *de*

▶ Después de escuchar

 5-41 ¿Qué significa para ustedes? Hablen sobre el significado de esta canción. Respondan a las siguientes preguntas.

1. ¿Cuál es el problema del cantante? ¿Con quién tiene que hablar? ¿Para qué?
2. ¿Cuál es la actitud de don Pedrito? ¿Qué piensa él del cantante?
3. ¿Cuáles son los sentimientos de la chica? ¿Cómo lo sabes?
4. ¿Qué decide hacer el cantante para resolver su dilema?
5. ¿Estás de acuerdo con lo que decide hacer el cantante al final?
6. ¿Conoces un caso semejante de la vida real o de ficción? ¿Cómo es?
7. ¿Piensas que pedir la mano de la novia es un fenómeno cultural o es más o menos igual en la mayoría de las culturas? ¿Conoces algún caso diferente?
8. ¿Piensas que la tradición de pedir la mano está pasada de moda?

Páginas

Carlos Eire (1950– , Cuba/Estados Unidos)

En 1962, cuando Carlos Eire tenía once años, él y su hermano Tony volaron de Cuba a Miami con otros 14.000 niños. A dicho grupo se le conoció con el nombre de Pedro Pan. Los padres de estos niños temían (*feared*) que la revolución comunista indoctrinara a sus hijos y decidieron enviarlos solos a EE. UU. para que se educaran en un país libre. El fragmento siguiente es parte de una traducción del libro *Waiting for Snow in Havana*, el cual recibió el premio *National Book Award* del 2003 en la categoría de autobiografía. En esta obra el autor cuenta los recuerdos (*memories*) de su truncada (*disrupted*) juventud. Hoy Carlos Eire es un prestigioso profesor de historia y estudios religiosos en la Universidad de Yale.

▶ Antes de leer

5-42 Cuando abandonas tu casa. ¿Has tenido que abandonar tu casa o separarte de tu familia alguna vez? ¿Tienes algún familiar que haya tenido que mudarse a otro lugar? Explica las circunstancias y lo que sentiste. ¿Cuántos años tenías? ¿Has podido mantener contacto regular con tu familia?

> **MODELO:** *Cuando empecé mis estudios universitarios, decidí asistir a una universidad lejos de mi casa…*

5-43 Estrategias de la lectura: Los recuerdos. En este fragmento, Carlos Eire expresa lo difícil que fue para él separarse de su familia a la edad de once años. Antes de empezar a leer, haz una lista de las cosas que tu madre u otro familiar acostumbraba hacer por ti cuando tenías once años. ¿Cuáles de ellas podías hacer ya por ti mismo a los dieciocho años?

> **MODELO:** *Cuando tenía once años, mi madre siempre me preparaba el desayuno. A los dieciocho años, lo hacía yo.*

▶ A leer

5-44 Lo que más extraña. Mientras lees este segmento, anota lo que más extraña (*misses*) el niño de su vida en Cuba.

Waiting for Snow in Havana (fragmento)

El mundo cambió mientras dormía, y para mi sorpresa, nadie me había consultado. De allí en adelante siempre sería igual.

Apenas tenía ocho años y había pasado horas soñando niñerías°, como hacen los niños. Mi papá, quien se acordaba perfectamente de su anterior reencarnación como el rey Luis XVI de Francia, posiblemente soñaba con bailes de disfraces°, turbas° y guillotinas. Mi mamá, que no se acordaba de haber sido María Antonieta, no hubiera podido compartir sus sueños. Quizás soñaba con ángeles, porque siempre me

childish things

costume / mobs

decía antes de acostarme, "Sueña con los angelitos". El hecho de que fueran pequeños quería decir que *cute* eran demasiado monos° para ser ángeles caídos.

¡Qué lejos de La Habana me encontraba! El asoleado° Miramar, donde no había ni un solo ladrillo *sunny* carmelita° ni vientos que te golpeaban°, era para entonces como un sueño. No se diferenciaban en lo *brown brick / ni... nor winds* 10 más mínimo de las fantasías que lucubraba° mi cerebro mientras dormía en un sofá-cama en la sala de *that bruised you / spun* nuestro apartamento en el sótano del North Side de Chicago.

Mi hermano y yo habíamos vivido como huérfanos en los EE. UU. por más de tres años y medio en *foster homes* campamentos y orfelinatos° y, más recientemente, con nuestro tío Amado en un pequeño pueblo en el 15 centro de Illinois. Estaba muy contento en la casa de Amado, más contento de lo que había estado la mayoría de mi vida. Pero nuestra mamá finalmente pudo salir de Cuba, después de tratar por tres años *maddening* desesperantes°, y el Sr. Sandoval, del Refugio del Centro Cubano de Miami, la había enviado a vivir a Chicago.

physical handicap "Vamos a ver, usted no habla ni una palabra de inglés, usted tiene un impedimento físico°, y usted 20 nunca ha trabajado en su vida. Su marido está en Cuba y tiene dos adolescentes que usted no ha visto *factories* en más de tres años. Creo que Chicago es el lugar para ustedes. Sí, Chicago. Hay muchas fábricas° allí. Casi todo el mundo que hemos enviado allí ha podido conseguir trabajo en una fábrica".

Así fue cómo terminamos en Chicago, gracias a la agilidad mental del Sr. Sandoval.

María Antonieta no sabía cómo buscar trabajo. Dadas sus circunstancias, hizo lo mejor que pudo, 25 solicitando empleo sólo en los lugares donde otros cubanos habían encontrado trabajo. En ningún lugar la querían emplear.

Entonces fuimos a la oficina de servicios públicos a pedir ayuda. Pero el Sr. Fajardo, el trabajador social puertorriqueño que nos vio en el departamento de asistencia pública, no nos ayudó mucho. María Antonieta no sabía que no se suponía que uno se vistiera elegantemente cuando iba a pedir ayuda *suede* 30 económica. Vestía un bello abrigo de gamuza° que una amiga rica le había dado en México mientras esperaba una visa americana.

"Tiene dos hijos grandes, señora. Los dos podrían encontrar trabajo en un instante. No, no le podemos ofrecer nada, señora. En este país trabajar es crucial. ¡Trabajo, trabajo, trabajo! Pienso que le puedo conseguir un cheque de asistencia social por un mes, mientras sus hijos buscan trabajo. Después de eso, 35 depende de ustedes el ganar dinero".

Terminé trabajando de lavaplatos en el Conrad Hilton Hotel. Les dije que tenía diez y ocho años.

No dejé de ir a la escuela ni un solo día. Y tampoco dejé de trabajar un solo día. Mi horario era simple. Todos los días, de miércoles a domingo, trabajaba en el Hilton desde las cuatro de la tarde hasta las dos de la mañana. Los lunes y los martes no tenía trabajo. Todos los días de lunes a viernes iba a la escuela, 40 desde las ocho de la mañana hasta las tres y cuarto de la tarde. No tenía tiempo para la tarea, excepto los lunes y los martes, y un periodo de *study hall* todos los días.

Asistir a la Escuela Secundaria Senn era un placer comparado a trabajar en el Conrad Hilton. Era un terrible lavador de platos. A mis compañeros de 45 trabajo, todos los cuales eran puertorriqueños, les había dado por llamarme "cubita". Todos ellos sabían que había mentido sobre mi edad, hasta el jefe. Llegó la cosa a tal punto que cada vez que algo se rompía, mis colegas gritaban, "¡Tiene que 50 ser cubita!" O simplemente al sonido de vasos rotos comenzaban a gritar, "¡cubita, cubita, cubita!"

La peor parte del trabajo era caminar las cuatro cuadras° hasta la estación del metro de Harrison St. a   *blocks*
las dos o las tres de la mañana, pasando por los bares *topless*, las casas de indigentes, las misiones y
montarme en el tren a casa. Cuando llegaba al edificio donde se encontraba nuestro apartamento en la
55   esquina° suroeste de Winthrop y Hollywood, María Antonieta estaba mirando por la ventana del   *corner*
sótano°, su cabeza al nivel de la acera°, esperándome, como siempre. Ella había luchado grandemente   *basement / sidewalk*
durante tres años para llegar a nosotros, lo había dejado todo, incluyendo a su marido, madre, padre,
hermano, hermana y patria, sólo para encontrarse pasando todo el día y toda la noche en un
apartamento vacío°. Ella nos cocinaba y limpiaba la casa y nos lavaba la ropa, que era un cambio   *empty*
60   positivo comparado a lo que nos habíamos acostumbrado, pero aparte de darnos todo su amor, eso era
todo lo que podía hacer.

Mi hermano y yo nos convertimos en sus guardianes. La manteníamos°. Hablábamos por ella. Le   *We supported her*
leíamos los periódicos y le interpretábamos las películas y los programas de televisión. La llevábamos a
lugares en autobuses y trenes. No nos podía aconsejar en nada de importancia, o por lo menos eso
65   creíamos. Y casi no pasábamos tiempo con ella. Su amor por nosotros era infinito, y nosotros no lo
apreciábamos.

Fragmento de la traducción de la obra *Waiting for Snow in Havana* de Carlos Eire, publicado en 2003 por Free Press, una división de
Simon & Schuster, Inc.

▶ Después de leer

5-45 En Cuba o en Estados Unidos. Indica dónde ocurrieron las siguientes actividades y experiencias de Carlos, en Cuba (C) o en Estados Unidos (EU).

1. ___ Gozó del sol.
2. ___ Combatió el viento y el frío.
3. ___ Pasó por bares *topless*.
4. ___ Su mamá lo cuidaba bien.
5. ___ Lavaba platos.
6. ___ Tenía que cuidar a su mamá.

 5-46 Cubita. Comenta lo siguiente con tu compañero/a. Luego compartan sus comentarios con otras parejas. A Carlos lo llamaban "cubita" cada vez que dejaba caer un plato en el restaurante. ¿Crees que los puertorriqueños le tenían afecto a Carlos? ¿Por qué? ¿Qué otras experiencias tuvo Carlos? ¿Cuáles se relacionan con algún miembro de la familia?

 5-47 La nieve. Comenten y compartan como en la actividad anterior. El título de este libro parece algo irónico porque no es lógico que nieve en Cuba. Para Carlos Eire, ese era un sueño imposible. ¿Cuáles eran los sueños imposibles que ustedes tenían a los ocho años?

 5-48 A explorar: Pedro Pan. El programa conocido como "Pedro Pan" evacuó a más de 14.000 niños de Cuba al comienzo de los años sesenta. Visita la página web de *Conexiones* para investigar dónde está uno de esos jóvenes refugiados hoy en día. Luego, expresa por escrito cuál es tu opinión sobre ese programa y prepárate para presentársela a la clase.

 **Taller**

Una carta de amor

Aquí tienes la oportunidad de practicar el arte de escribir cartas de amor o de afecto. Escríbele una de esas cartas a una persona imaginaria o verdadera. Luego, intercambia la carta con la de un/a compañero/a y contesta la suya.

▶ Antes de escribir

Idear. Piensa en una persona que admiras y haz una lista de las razones.

Saludar. Comienza la carta con uno de los siguientes saludos:

Mi (muy/más) querido/a…
Adorable…
Mi corazón…
Amor de mi vida…

Abrir el tema. Declárale tu amor.

Elaborar. Explica por qué lo/la amas. Incluye una descripción de la persona. Trata de usar comparativos y superlativos. Sugiere una reunión o un favor muy especial, o pídele una respuesta rápida a tu carta.

Resumir. Resume las razones por las que le escribes esta carta de amor.

Concluir. Termina la carta con una frase cariñosa. Luego, fírmala con un nombre inventado.

El/la que te admira (quiere/ama),
Tu admirador/a secreto/a,
Recibe un fuerte abrazo de,

▶ Después de escribir

Revisar. Revisa la mecánica de tu carta.

☐ ¿Has incluido un vocabulario variado?

☐ ¿Has usado bien las cláusulas adjetivales? (No hay nadie que…)

☐ ¿Has usado bien las expresiones comparativas?

☐ ¿Has revisado la ortografía y la concordancia?

Intercambiar. Intercambia tu carta con la de un/a compañero/a para contestar esas preguntas. Al contestar, haz comentarios y sugerencias sobre el contenido, la estructura y la gramática.

A entregar. Pon tu carta original en limpio, incorpora las sugerencias de tu compañero/a y entrégasela a tu profesor/a.

Vocabulario

Primera parte

abrazar	to embrace
agradecer (zc)	to be grateful for, to thank
amar	to love deeply
el bien	good deed
la bondad	kindness
calumniar	to slander
cariñoso/a	affectionate
los celos	jealousy
el chisme/el cotilleo (Spain)	gossip
chismear	to gossip
comprometerse	to get engaged, to commit oneself
dar por sentado	to take for granted
declarársele (a)	to propose (to) someone, to confess one's love
los demás	the others
disculpar	to forgive
discutir	to argue
En resumidas cuentas,…	In short,…
el entendimiento	understanding
el gesto	gesture
hacer las paces	to make peace
herir (ie, i)	to wound
(in)fiel	(un)faithful
mandón/mandona	bossy
molestar	to annoy, to bother
la molestia	bother
el nivel	level
la pareja	couple, pair
pedir (i, i) disculpas	to ask for forgiveness
Perdona, pero…	Excuse me, but…
pesado/a	boring, tedious
el propósito	purpose
querer (ie)	to love (someone), to want (something)
sugerir (ie, i)	to suggest
tener celos	to be jealous
Voy a explicar mis razones.	I'm going to explain my reasons.

Segunda parte

a menudo	often
la angustia	anguish
atrevido/a	daring, bold
buscar	to look for
cabizbajo/a	downcast, dejected
callado/a	quiet
la carcajada	loud laugh
el comportamiento	behavior
consentido/a	spoiled
cruzar	to cross
divorciarse	to divorce
dominar	to control
envidiar	to envy
esperar	to wait for, to hope for
fracasar	to fail
la inseguridad	insecurity
irritar	to irritate
malcriado/a	bad-mannered
pagar	to pay for
pararse	to stand (up), to stop
pelearse	to fight
poseer	to possess
reírse (i, i)	to laugh
la risa	laughter
separarse	to separate
sinvergüenza	shameless
tacaño/a	stingy

El actor español, Javier Bardem, con el Óscar por «Mejor actor de reparto» por su interpretación en la película No Country for Old Men.

América Ferrera honrada por «Mejor actuación de una actriz en una serie de televisión» por su papel en Ugly Betty.

A empezar

Las películas. ¿Cuál es la mejor película que has visto? En tu opinión, ¿quién es el actor más guapo del cine? ¿Quién es la actriz más talentosa? ¿Y la más bella? ¿Conoces a alguien que quiera ser actor o actriz? ¿Quién crees que es el/la artista mejor pagado/a? ¿Cuál es tu opinión de esa persona?

Curiosidades

¿Sabes...

qué director español ha ganado dos premios Óscar por la mejor película extranjera?

a. Carlos Saura
b. Pedro Almodóvar
c. Alejandro González Iñárritu

el nombre de la actriz neoyorquina que tuvo mellizos (*twins*)?

a. América Ferrera
b. Jennifer López
c. Eva Longoria Parker

cuál es el idioma del programa de televisión que más gente ve en el mundo?

a. inglés
b. español
c. francés

el nombre del actor joven mexicano que apareció en la películas *Motorcycle Diaries*, *The Science of Sleep* y *Babel*?

a. Diego Luna
b. Pablo Montero
c. Gael García Bernal

de qué país es el padre de Christina Aguilera?

a. Portugal
b. Ecuador
c. México

Primera parte

¡Así es la vida!

Eva Longoria Parker: No más desesperada

Nació en Corpus Christi de padres mexicanos, y de adolescente la gente la llamaba "fea". En 2003, sin embargo, la revista *People en español* la nombró una de las "Personas más bellas" y hoy en día, todo el mundo la conoce como la preciosa coqueta Gabrielle Solís en el sumamente popular drama, *Esposas desesperadas*.

En una entrevista publicada en PubliSpain.com, Eva explica sus opiniones sobre la serie y su fama.

–*The New York Times* dijo que *Esposas desesperadas* era un programa sexista, que volvía a las mujeres a sufrir el sexismo de los años 50.

–Creo que la persona que escribió eso no se ha dado cuenta de la intención de la serie. Mostramos una visión divertida, oscura y cínica de la vida en los suburbios de Estados Unidos. Esperamos mostrar la vida de las esposas que viven en barrios acomodados en las afueras de las grandes ciudades, que hasta ahora no han tenido una voz en la televisión. Les estamos diciendo que si no les gusta su vida, la pueden cambiar.

–Siempre has dicho que enfrentas tu carrera como un negocio. ¿Eso te hace muy distinta a otras actrices?

–Totalmente. Muchos llegan aquí buscando fama y no necesariamente para desarrollarse como actores o conseguir un trabajo de verdad.

–¿No fue tu caso?

–No, para nada. Cuando me fui de Texas, lo hice con mi título en telecomunicaciones y dispuesta a ser una actriz muerta de hambre, desesperada por encontrar un papel… Es especialmente difícil para una latina, porque no tienes ningún control sobre los personajes que te ofrecen. Por eso hay que concentrarse en las cosas que sí puedes cambiar.

–¿Cuál es la parte más difícil de superar?

–El rechazo. Por cada rol que conseguí, hubo 40 donde fui rechazada. Es muy difícil, especialmente para las latinas, porque estamos muy poco representadas en esta industria. Tenemos un 5 por ciento de representación en el cine y la televisión, pero somos un 15 por ciento de la población.

¡Así lo decimos! Vocabulario

Vocabulario primordial

la película
cómica
de aventuras
de ciencia ficción
de horror
de misterio
extranjera
romántica...

los programas de televisión
la comedia
los dibujos animados
(los muñequitos)
el documental
el noticiero
la serie dramática
la serie policíaca
la telenovela
los videos musicales...

Vocabulario clave: El entretenimiento

Verbos

conseguir (i, i)	to get, to obtain
enfrentar	to face
entretener (ie)	to entertain
interpretar	to interpret (a role, a song)

Sustantivos

la actuación	performance
el/la aficionado/a	fan
la cadena	network
la carrera	career
el espectáculo	show
la estrella	star

el guión	script
el mundo del espectáculo	show business
la pantalla	screen
el papel	role
el personaje	character
el rechazo	rejection
el reportaje	report
la temporada	season
la trama	storyline

Adjetivos

bailable	danceable
competitivo/a	competitive
innovador/a	innovative

Ampliación

Verbos	**Sustantivos**	**Adjetivos**
actuar	la actuación	actuado/a
bailar	el baile	bailable
competir (i, i)	la competición/la competencia	competitivo/a
entretener (ie)	el entretenimiento	entretenido/a
innovar	la innovación	innovador/a
rechazar	el rechazo	rechazado/a

¡Cuidado!

entrar, excitante/emocionante

- In Spanish, the prepositions **a** or **en** are used after the verb **entrar. En** is used in Spain and some areas of Latin America; **a** is used in many Latin American countries.

El director entró **en** el teatro temprano.	The director entered the theater early.
Los estudiantes entraron **al** cine haciendo mucho ruido.	The students came into the movie theater making a lot of noise.

- The word **excitante** in Spanish means to inspire a feeling of passion. If you want to say *exciting* in the sense of *touching* or *thrilling*, say **emocionante**.

La película era muy **emocionante.**	The movie was very exciting.

▶ Aplicación

6-1 Eva Longoria Parker. Contesta las preguntas sobre el artículo de Eva Longoria Parker.

1. ¿Cuál es la nacionalidad de los padres de Eva?
2. ¿Cómo la consideraban cuando era niña?
3. ¿Por qué se sentía desesperada cuando se fue de Texas?
4. ¿Qué es lo más difícil para ella?
5. ¿Cuál es el nombre de la serie en que aparece?
6. ¿Cuál fue el motivo de la serie?
7. ¿Qué dificultad tienen que superar los actores latinos? ¿Por qué?

 6-2 Los hispanos en el cine. A continuación tienen una lista de algunos de los éxitos en que han actuado actores latinos. Emparéjenlos e indiquen si han visto alguno. Conversen sobre cuál de ellos les ha gustado y por qué.

Actor/Actriz	Película
1. Antonio Banderas	___ *Something about Mary*; *The Holiday*
2. Cameron Díaz	___ *Frida*; *Once Upon a Time in Mexico*
3. Penélope Cruz	___ *Mar adentro*; *Love in the Time of Cholera*; *No Country for Old Men*
4. Salma Hayek	___ *Traffic*; *Sin City*; *Guerrilla*
5. Benicio del Toro	___ *Zorro*; *Shrek 3*
6. Javier Bardem	___ *Bandidas*; *Vanilla Sky*

 6-3 Películas. Estos son algunos títulos en español de películas que ustedes probablemente conocen. ¡A ver si saben de qué película se trata! Escojan dos o tres películas y contesten las siguientes preguntas sobre cada una. ¿Quiénes actuaron en la película? ¿Quién fue el director/la directora? ¿Qué tipo de película es? ¿Qué efectos especiales tiene? ¿Tuvo mucho éxito? ¿Ganó algún premio? ¿Qué opinan de la película, la interpretación de los papeles y la dirección?

Piratas del Caribe
Una noche en el museo
La telaraña de Charlotte
Misión imposible 3
Secreto en la montaña

El grito 3
Harry Potter y el cáliz de fuego
El código Da Vinci
Todos los hombres del rey
El diablo viste de moda

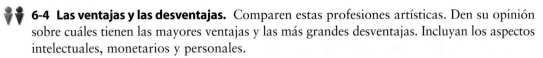

6-4 Las ventajas y las desventajas. Comparen estas profesiones artísticas. Den su opinión sobre cuáles tienen las mayores ventajas y las más grandes desventajas. Incluyan los aspectos intelectuales, monetarios y personales.

> MODELO: actor de cine o actor de teatro
> E1: *Es mejor ser actor de cine porque muchas más personas ven películas que obras de teatro.*
> E2: *Pero el actor de teatro tiene mejor conexión con el público.*

- violinista o guitarrista
- director/a de cine o director/a de teatro
- conductor/a de noticias o conductor/a de los videos más cómicos
- solista o miembro de la banda
- director/a de orquesta o miembro de la orquesta
- actor/actriz de telenovelas o escritor/a de guiones para telenovelas

6-5 Una carta de un/a admirador/a. Escríbele una carta a una estrella latina que admires. Cuéntale qué películas suyas has visto, qué papeles te han gustado, y por qué lo/la admiras. Ofrécele algún consejo útil y exprésale tus deseos para el futuro de su carrera. Luego, intercambia tu carta con la de un/a compañero/a y escribe una respuesta a su carta.

6-6 Una serie nueva. Escriban ideas para una serie de televisión. Incluyan el título, los personajes, la trama, los actores, etc. Usen las siguientes preguntas como guía y refiéranse al *Vocabulario primordial*. Después, presenten su programa a la clase. La clase va a hacer el papel de los productores y a escoger la serie que finalmente se televisará.

1. ¿Qué tipo de serie es?
2. ¿Cómo serán los episodios, autónomos o con argumentos interrelacionados y continuos?
3. ¿Cuál será el tono del programa (romántico, de suspense...)?
4. ¿Cómo será de innovador el programa? Hagan una lista de las novedades que incluya.
5. ¿Habrá uno o dos protagonistas, o varios papeles y grupos de personajes?

6-7 El mundo es un ratico (*moment*). Vas a escuchar un segmento de un programa de radio sobre un famoso cantante latino y su nuevo CD. Completa las oraciones siguientes con información lógica del segmento.

1. Juanes es de nacionalidad _____.
2. Su cuarto disco salió en el año _____.
3. El tema del disco es que la vida es muy _____.
4. El disco se grabó en las afueras de la ciudad de _____.
5. Su disco *Mi sangre* ha vendido más de _____ de copias.
6. El estilo de *Mi sangre* es una fusión de _____ con _____.
7. Según Juanes, debemos concentrarnos en _____ y no preocuparnos de _____.
8. La revista *Time* opina que Juanes es _____.

6-8 De nuevo: Los chismes (*Preterit and imperfect*). Imagínate que escribes para un tabloide de chismes de la farándula (*show biz gossip*). Escribe un artículo en el que cuentes un escándalo o un chisme sobre alguna celebridad. Inventa un suceso (*event, happening*) como un divorcio, una separación, un problema legal, una relación amorosa escandalosa, una cirugía plástica, una pelea, una demanda, etc. y descríbelo.

MODELO:

¡Se casó América Ferrera!

El 7 de julio de 2008 la famosa América Ferrera, estrella de "Ugly Betty" y Freddy Rodríquez, su compañero de reparto, <u>se casaron</u> en Las Vegas, la ciudad matrimonial. Entre los invitados <u>estaban</u> sus coestrellas de la serie de televisión, la productora de la serie, Salma Hayek, con su nuevo amor. América <u>llevaba</u> un vestido blanco del diseñador dominicano Óscar de la Renta... Freddy <u>vestía</u> vaqueros y una camisa rosada. Todos <u>parecían</u> muy felices. La recepción <u>se celebró</u> en el casino Bellagio...

Recuerda: Para contar tu chisme necesitas usar el pretérito y el imperfecto. Para repasar su uso, consulta el *Capítulo 1.*

Reto: Usa muchas palabras de *¡Así lo decimos!* Lee tu artículo a la clase.

¡Así lo hacemos! Estructuras

1. Subjunctive vs. indicative in adverbial clauses

No veré esa película a menos que me acompañes.

EL GRITO II

Conjunctions that always require the subjunctive

The following conjunctions are always followed by a verb in the subjunctive when they introduce a dependent clause, since they express purpose, intent, condition, or anticipation. The use of these conjunctions assumes that the action described in the dependent clause is uncertain or has not taken place yet.

a fin de que	*in order that*
a menos (de) que	*unless*
antes (de) que	*before*
con tal (de) que	*provided (that)*
en caso de que	*in case*
para que	*in order that, so that*
sin que	*without*

El actor tiene que hablar más alto **para que** todos lo puedan escuchar.

The actor has to speak louder so everyone can hear him.

No llamaré a la actriz **a menos que** me lo pidan.

I will not call the actress unless they ask me.

El camarógrafo no se enojará **con tal que** no lo interrumpas.

The cameraman will not get angry provided that you don't interrupt him.

- When there is no change in subject, there is no dependent clause and the following prepositions are used with the infinitive.

a fin de	**antes de**
con tal de	**para**
a menos de	**sin**
en caso de	

La temporada será más larga este año **a fin de** complacer al público.

The season will be longer this year in order to please the public.

No podemos empezar a tocar **sin** tener la música.

We can't begin to play without having the music.

El autor escribió el guión en español **para** no tener que traducirlo después.

The author wrote the script in Spanish so as not to have to translate it later.

Conjunctions that require either the subjunctive or the indicative

Continuaremos practicando cuando terminen de hablar.

The following conjunctions introduce time, place, or manner clauses and require the subjunctive when you can't speak with certainty about an action that has not yet taken place. The uncertainty is often conveyed by a future tense in the main clause.

cuando	*when*	**hasta que**	*until*
después (de) que	*after*	**luego que**	*as soon as*
(a)donde	*(to) where*	**mientras que**	*as long as*
como	*how*	**según**	*according to*
en cuanto	*as soon as*	**tan pronto como**	*as soon as*

El entrevistador hablará con el actor **cuando vaya** al estudio.
The interviewer will talk with the actor when he goes to the studio.

Los aficionados seguirán al conjunto musical **después de que salga.**
The fans will follow the musical group after it leaves.

Por favor, termina el guión **en cuanto puedas.**
Please finish the script as soon as you can.

La compañía no patrocinará la serie **hasta que cambien** el tema.
The company won't sponsor the series until they change the theme.

- If the action in the main clause is habitual or has already happened, use the present or past indicative in the subordinate clause.

América Ferrera era tímida **hasta que hizo** un curso de arte dramático.
América Ferrera was shy until she took a drama course.

Esta actriz siempre actúa **según** le **pide** el director.
This actress always acts according to how the director asks her.

- Use the subjunctive with the conjunction **aunque** (*even if, although, even though*) to convey uncertainty. To express certainty or refer to a completed event, use the indicative.

Aunque vea la telenovela, no te contaré el final.	*Even if I watch the soap opera, I will not tell you the ending.*
No me gusta ese tipo de programa, **aunque** todos me **dicen** que es muy entretenido.	*I don't like that type of program, even though everybody tells me it's very entertaining.*
Aunque detesta las películas de acción, mi novia me acompaña al cine.	*Although she detests action movies, my girlfriend goes with me to the movies.*

▶ Aplicación

6-9 Juanes. Lee el párrafo sobre este personaje famoso y subraya las expresiones adverbiales. Identifica las que necesitan el subjuntivo y explica por qué.

Juanes ha abogado por la paz en su país durante toda su carrera, y en el año 2006 estableció la Fundación Mi Sangre para ayudar a las víctimas de minas antipersonales. Dice el cantautor: «Aunque soy una sola persona, creo que tengo un rol importante. Tengo que usar mi voz para que el mundo se dé cuenta de la urgencia de la situación de las minas antipersonales. Todos los días en Colombia, donde hay minas antipersonales, más de dos personas inocentes reciben heridas graves después de pisarlas accidentalmente. Tenemos que trabajar juntos a fin de que se establezca una campaña para descubrir y desactivar estas minas. No voy a descansar hasta que los niños de mi país puedan vivir sin el temor de lastimarse o morir como resultado de una guerra que no causaron».

6-10 ¿Quién es Juanes? Ahora contesta las siguientes preguntas.

1. ¿Cuál es la profesión de Juanes?

2. ¿Cuál es el propósito de la Fundación Mi Sangre?

3. ¿Cuántas personas reciben todos los días heridas graves a causa de las minas?

4. ¿Qué hay que hacer para que los niños en Colombia vivan sin temor?

 6-11 A explorar: Juanes. Visita la página web de *Conexiones* para ver la actuación de Juanes en el Parlamento Europeo por un mundo sin minas antipersonales. Escribe un párrafo corto sobre el cantautor colombiano.

6-12 Los amoríos de Lulú. En esta telenovela, aunque Lulú es novia de Carlos, no puede decidir entre los muchos admiradores que tiene y por esa razón hay muchos celos entre ellos. La próxima escena de esta telenovela se está grabando en vivo frente a los espectadores. Léela y complétala con las expresiones adverbiales que correspondan de la lista a continuación. Es posible usar la misma expresión adverbial más de una vez.

antes de (que)	cuando	mientras que	tan pronto como
aunque	en cuanto	para que	

Los amoríos de Lulú

Se bajan las luces en el estudio y se empieza a escuchar un violín romántico en el fondo. (**1**) _____ se levanta el telón, se ve a Lulú y a Carlos, su novio, sentados en un sofá y abrazados. También se puede percibir a un hombre escondido detrás de una cortina a la derecha (**2**) _____ ni Lulú ni Carlos lo vean. Un señor distinguido se detiene sorprendido ante los novios con una expresión molesta. (**3**) _____ los novios se dan cuenta de la presencia del señor distinguido, se separan. Lulú se levanta rápidamente (**4**) _____ Carlos pueda levantarse. El otro hombre espía detrás de la cortina (**5**) _____ los demás se pelean. (**6**) _____ parezca imposible, el hombre saca una pistola y tira. Lulú cae al suelo. Carlos y el señor distinguido se abrazan con miedo y el telón baja de repente. Los espectadores aplauden (**7**) _____ salgan los actores. Pero, (**8**) _____ salen los dos actores, se apagan las luces y se escucha un grito horrendo. Se oye la voz del presentador que dice: "¿Lulú está realmente muerta?"… Lo sabrán ustedes la semana que viene (**9**) _____ otra vez presentemos *Los amoríos de Lulú*.

6-13 Los planes del director/de la directora de cine. Eres director/a de cine y haces planes para tu próxima película que se filmará en Cabo San Lucas, México. Completa las oraciones de una manera lógica. ¡Acuérdate de usar la forma correcta del verbo y tu imaginación!

> **MODELO:** *Saldremos para Cabo San Lucas a las ocho de la noche con tal que el avión no se demore* (is delayed).

1. Mi secretario me acompañará a menos que...
2. No llevaremos seis camarógrafos aunque...
3. Vamos a tener una reunión con el personal que trabajará en la película en cuanto...
4. Hablaré con el alcalde de Cabo San Lucas a fin de que...
5. Llevaremos a nuestros propios cocineros en caso de que...
6. Contrataremos extras mexicanos antes de que...
7. Tendremos que preparar la comida en la playa cuando...
8. Filmaremos en Cabo San Lucas donde...
9. Tendremos una gran fiesta después que...
10. Volveremos a Estados Unidos tan pronto como...

 6-14 La entrevista. Imagínense que uno/a de ustedes es un/a reportero/a que le hace preguntas a un/a joven actor/actriz sobre sus planes y sueños. Usando la información que se da en la lista, formulen preguntas y respuestas que incluyan conjunciones. Prepárense para presentar su entrevista ante la clase.

casarse	dirigir una película
viajar por todo el mundo	actuar en una obra de teatro
retirarse siendo joven	fundar una organización caritativa
trabajar en Europa	apoyar una causa para mejorar el medio ambiente
hacer películas en Nueva York	trabajar con un actor/una actriz o director/a especial

> **MODELO:** E1: *¿Va a casarse cuando encuentre un hombre/una mujer que le guste?*
> E2: *Ya encontré al hombre/a la mujer que me gusta, pero no quiero casarme hasta que tengamos tiempo de conocernos mejor.*

6-15 Debate: El gobierno y las artes. Formen dos grupos para debatir una de las siguientes cuestiones. Usen las expresiones adverbiales que correspondan con el subjuntivo o el indicativo.

Resolución: El gobierno federal debe aumentar el apoyo financiero para las artes.

Resolución: Todos los niños de las escuelas primarias deben estudiar música y tener la oportunidad de aprender a tocar un instrumento musical.

Frases comunicativas

Estás mal informado/a.	*You're misinformed.*
Sin embargo,...	*Nevertheless,...*
Entiéndeme bien.	*Let me be clear.*

> **MODELO:** *Es urgente que el gobierno federal aumente la ayuda económica a las artes para que los artistas no tengan que tener otro empleo para poder vivir decentemente.*

Conéctate

VideoRed

▶ Antes de verlo

6-16 Tu experiencia con la música. ¿Tocas un instrumento musical o conoces a alguien que toque alguno? ¿A qué edad empezaste tus lecciones? ¿Tomaste clases particulares o en grupo? Sí, aprendieras a tocar otro instrumento, ¿cuál sería y cómo serían las lecciones? Ten estas preguntas en mente cuando veas el video para luego comparar tus experiencias y tus expectativas con el método que se presenta.

▶ A verlo

Escuela de música (Rafael Alcalá, Musinetwork, EE. UU.)

▶ Después de verlo

6-17 Escuela de música en línea. Trabajen juntos para escribir una lista de ventajas y desventajas de estudiar música en línea. ¿Cómo creen que se compara estudiar música en línea con otros cursos que se ofrecen, como por ejemplo matemáticas? En su opinión, ¿qué materias se prestan para aprender en línea y qué cursos son menos apropiados?

6-18 A explorar: Musicnetwork. Visita la página web de *Conexiones* para ver más información sobre esta escuela. ¿Cuánto cuestan las lecciones? ¿Qué género de música parece predominar?

Comunidades

6-19 El calendario de eventos. Seleccionen un mes del calendario de eventos de su universidad o de su comunidad y tradúzcanlo al español para informar a la comunidad hispana. Puede ser un cartel electrónico, un anuncio para poner en un lugar frecuentado por hispanos, o para un sitio en la Internet.

Conexiones

 6-20 El artista, el espectáculo y el espectador. ¿Cómo influye el arte en la sociedad? ¿Cuáles son las responsabilidades de un artista famoso? ¿Qué responsabilidad social tienen las grandes y poderosas compañías artísticas de Hollywood y los patrocinadores de los programas de televisión? ¿Piensan ustedes que un espectador típico ve los espectáculos con un ojo crítico?

Comparaciones

6-21 En tu experiencia. ¿Conoces alguna película cuyo tema sea el tango? ¿Has oído algún tango en español o en inglés? ¿Te gusta ver o bailar el tango? ¿Qué música o baile te gusta y por qué?

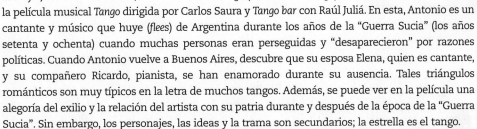

El tango y el cine

El tango se comenzó a bailar a fines del Siglo XIX y hasta hoy día sigue siendo popular en los salones de baile, en la radio y en el cine.

El más famoso de los cantantes de tango fue el argentino Carlos Gardel, quien murió joven en un accidente de aviación. En su corta vida pudo enamorar a muchas mujeres, aunque no se casó con ninguna de ellas. Una vez un reportero le preguntó si creía en el divorcio. Gardel le respondió que no, ni creía en el matrimonio tampoco.

Hay muchas películas cuyo fondo musical es el tango romántico, o que incluyen el baile en algunas de sus escenas. Por ejemplo, *Perfume de mujer*, *Mentiras verdaderas*, *Crimen a ritmo de tango* (*Assasination Tango*), la película musical *Tango* dirigida por Carlos Saura y *Tango bar* con Raúl Juliá. En esta, Antonio es un cantante y músico que huye (*flees*) de Argentina durante los años de la "Guerra Sucia" (los años setenta y ochenta) cuando muchas personas eran perseguidas y "desaparecieron" por razones políticas. Cuando Antonio vuelve a Buenos Aires, descubre que su esposa Elena, quien es cantante, y su compañero Ricardo, pianista, se han enamorado durante su ausencia. Tales triángulos románticos son muy típicos en la letra de muchos tangos. Además, se puede ver en la película una alegoría del exilio y la relación del artista con su patria durante y después de la época de la "Guerra Sucia". Sin embargo, los personajes, las ideas y la trama son secundarios; la estrella es el tango.

Hoy en día el tango está de moda en todas partes del mundo y continúa siendo el tema principal de muchas películas.

 6-22 En su opinión. De los siguientes bailes: el tango, el merengue, el reggaetón, el flamenco y la lambada, ¿cuáles conocen? ¿Cuáles les gusta mirar o bailar? ¿Cuál es el más bailable para ustedes?

 6-23 A explorar: El tango. Visita la página web de *Conexiones* para escuchar música de tango. ¿Qué instrumentos musicales predominan? ¿Hay un lugar en tu ciudad donde den clases de tango? ¿Qué bailes o ritmos norteamericanos se pueden comparar con el tango?

Segunda parte

¡Así es la vida!

¡Los más calientes!

Benicio del Toro nació en Puerto Rico y de niño hacía el papel de diferentes personajes para hacer reír a su madre. Junto con su hermano y su perro actuaba en historias imaginarias que creaban. En la universidad tomó una clase electiva de drama. Poco después decidió dejar la universidad y dedicarse a estudiar actuación. En su carrera, Benicio del Toro ha ganado muchos premios, incluyendo un Golden Globe y un Óscar como mejor actor de reparto en la película *Traffic*, y mejor actor en el festival de Cannes, por su papel, "Che" Guevara en la película de Steven Soderbergh. Benicio del Toro, quien ha sido llamado el "Marlon Brando de su generación" se siente orgulloso de ser puertorriqueño.

Café Tacvba se considera la mejor banda de rock alternativa de México, y para muchos, la mejor del mundo. Según el *New York Times* Café Tacvba se atreve a tratar el rock como arte. Sin embargo, su música no se puede colocar fácilmente en una categoría particular debido a la versatilidad de sus ritmos que combina los estilos pop modernos (desde rock a hip-hop y electrónica) con la música folklórica latina (incluyendo mariachi, ranchera, tejana y samba). El grupo ha ganado premios Grammy, Grammy Latino y ha presentado en *MTV Unplugged*. A los integrantes del grupo se les conoce por Meme, Joselo, Quique y por último Juan (aunque este cambia de nombre constantemente).

Salma Hayek, de ascendencia mexicana y libanesa, decidió ser actriz después de ver la película *Willy Wonka and the Chocolate Factory* (1971). En la Universidad Iberoamericana estudió actuación y en 1989 actuó con mucho éxito en una telenovela. Se fue de México a Estados Unidos buscando el éxito en Hollywood. Su determinación y su enorme esfuerzo lograron que comenzara a actuar en producciones menores hasta que por fin empezaron a darle papeles como protagonista, como en la película *Desperado*. Salma tuvo tanto éxito que decidió convertirse en productora, sin dejar su carrera de actriz. Produjo la película *Frida*, en la que hizo el papel de la pintora mexicana Frida Kahlo. Actualmente produce *Ugly Betty* y sigue trabajando arduamente para mejorar la imagen de la mujer latinoamericana en el cine de Hollywood.

¡Así lo decimos! Vocabulario

Vocabulario primordial

Algunos instrumentos musicales
el acordeón
el bajo
la batería
el clarinete
la flauta
el sintetizador
la trompeta...

Espectáculos en vivo
el acto
la audición
el boleto/el billete/la entrada
el escenario
el intermedio

Vocabulario clave: La música

Verbos

aplaudir	*to applaud*
componer	*to compose*
donar	*to donate*
ensayar	*to rehearse*
estrenar	*to premiere*
grabar	*to record*
hacer un papel	*to play a role*

Sustantivos

el actor (la actriz) de reparto	*supporting actor (actress)*
el camerino	*dressing room*

la cartelera	*billboard, entertainment listing*
el conjunto	*band, ensemble*
la gira	*tour*
el/la locutor/a	*(radio/TV) announcer*
el premio	*prize, award*
la reseña	*review (of a show or book)*
el sencillo	*single (record)*
la voz	*voice*

Adjetivos

movido/a	*lively*
lento/a	*slow*

Ampliación

Verbos	**Sustantivos**	**Adjetivos**
aplaudir	el aplauso	aplaudido/a
componer	la composición	compuesto/a
	el/la compositor/a	
ensayar	el ensayo	ensayado/a
estrenar	el estreno	estrenado/a
grabar	la grabación	grabado/a
premiar	el premio	premiado/a

¡Cuidado!

jugar/tocar; parecer(se)/lucir

- Remember that **jugar** means *to play a game/sport* (also *to bet*) and **tocar** means *to play a musical instrument* (also *to touch* and *to knock*).

De niño, Benicio del Toro **jugaba** al fútbol.	*As a child, Benicio del Toro played soccer.*
Juanes **toca** bien la guitarra.	*Juanes plays the guitar well.*

- **Parecerse a** means *to look like*. **Parecer** before an adjective, adverb, or subordinate clause means *to seem*. **Lucir bien/mal,** on the other hand, refers to appearance in the context of dress or clothing.

Manuel **se parece a** Javier Bardem.	*Manuel looks like Javier Bardem.*
Parece que cancelaron la función.	*It seems that they cancelled the performance.*
Shakira **luce** muy **bien** con ese vestido.	*Shakira looks good in that dress.*

▶ Aplicación

6-24 ¿Quién será? Identifica a quién o a quiénes se refieren las siguientes descripciones y amplía la información dada. Refiérete a la información incluida en *¡Así es la vida!*

Benicio – Café Tacvba – Salma

MODELO: Nació en Puerto Rico.

Benicio del Toro nació en Puerto Rico pero luego estudió en California.

1. _____ Son cuatro miembros.

2. _____ Es productora de una serie en la televisión.

3. _____ Su estilo es sumamente ecléctico.

4. _____ Ganó un Óscar por mejor actor/actriz de reparto.

5. _____ La música rock es un arte.

6. _____ Hizo el papel principal y produjo una película.

7. _____ Se considera el mejor grupo de México y tal vez del mundo.

8. _____ Se impresionó por una película cuando era joven.

9. _____ De niño/a inventaba dramas en los que actuaba con su hermano y su perro.

10. _____ Le importa mucho la imagen de la mujer latina.

6-25 ¿Qué sabías ya? Antes de leer el artículo, ¿qué sabías de cada artista? Haz una lista de lo que ya sabías y compárala con la de un/a compañero/a de clase. ¿Puedes nombrar algunas de las canciones o películas que han hecho?

 6-26 A explorar: Más sobre estos artistas. Visita la página web de *Conexiones* para ver imágenes o escuchar música de una de estas estrellas. Escribe un párrafo dando tu opinión sobre lo que encuentres.

 6-27 Una función importante. Planeen una función en beneficio de alguna causa importante. Escriban un anuncio para el periódico en el que incluyan la siguiente información: el lugar, la fecha, la función, el programa, el grupo a quien beneficia y el costo. Incluyan una foto o un dibujo para ilustrar el anuncio.

 6-28 A explorar: Objetivo Fama. Este es un programa de Univisión que tiene mucho público en Estados Unidos. Visita la página web de *Conexiones* para investigar a uno de los artistas que busca el éxito y escribe un párrafo sobre él o ella. Incluye información sobre sus experiencias, sus intereses y sus aspiraciones.

Colombia sin minas

Concierto para beneficiar a los niños víctimas de las minas antipersonales

el 24 de mayo de 2008

8:00 PM

Anfiteatro Gibson

Los Ángeles

Todos los años de 5.000 a 6.000 personas pierden su vida o sufren graves heridas a causa de las minas antipersonales

ARTISTAS

Alejandro Sanz, Ana Gabriel, Carlos Vives, Juan Luis Guerra, Laura Pausini, Luis Fonsi, Ricardo Montaner y Juanes

6-29 ¿Qué conjunto es ese? Preparen una descripción completa de un conjunto (pero sin nombrarlo) con la siguiente información: el número de miembros, su apariencia física, los instrumentos musicales que tocan, su estilo y algunas de sus canciones. Luego la clase va a adivinar el nombre del grupo que ustedes describan. Por último, expliquen por qué les gusta o no les gusta su música.

6-30 El precio de la fama. Todos admiramos a las superestrellas, pero no pensamos mucho en cómo la fama les afecta la vida. Lean este artículo y contesten las preguntas que lo siguen.

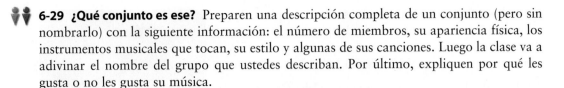

¿Buscas la fama? ¡Piénsalo dos veces!

El precio de la fama puede ser muy alto. ¿Vale la pena? Piensa que, en realidad, no tienes vida privada. No puedes hacer nada sin tomar una serie de medidas especiales, como disfrazarte, andar con guardaespaldas, hacer reservas con una identidad falsa, etc. Es muy posible que el estrés de ser vigilado todo el tiempo termine haciendo que te aísles y te separes del mundo. Los periódicos imprimen a diario todo lo que dices y haces (¡y también lo que no dices y no haces!). Todo el mundo sabe lo que compras, qué películas ves, qué pides en los restaurantes, con quién andas, los libros que lees, los videos que ves, la música que escuchas.... ¡En fin, todo lo que puedas imaginar!

Mientras gozas de la fama, lo más probable es que la prensa publique mentiras sobre ti, atribuyéndoles valor de verdad. Si se te ocurre demandar a las revistas, periódicos, cadenas de radio y televisión, y portales en la Internet te pasarás la vida en el tribunal y pagándoles grandes sumas de dinero a abogados, además del estrés y el tiempo que te costaría todo esto.

La verdad es que cuando eres famoso la gente te observa, habla de ti y esto se comprende, pero no siempre es fácil. ¿Te gustaría ser perseguido/a por fotógrafos que se esconden en los árboles y en todas partes para conseguir una foto tuya? ¡Y ni hablar de las personas que no te dejan caminar, comprar o cenar tranquilo pidiéndote autógrafos! Te persiguen hasta poder descubrir de qué enfermedades sufres, qué medicinas compras y otros aspectos íntimos de tu vida. ¡Piénsalo bien: adiós intimidad y adiós privacidad!

1. ¿Qué figura ha tenido alguno(s) de los problemas que se mencionan?

2. ¿Cómo ha afectado la fama sus relaciones personales, financieras o profesionales?

3. ¿Les parece que vale la pena ser famoso/a? Expliquen sus razones.

🔊 **6-31 Celia Cruz, la reina de la salsa.** Completa las siguientes frases basadas en la biografía que vas a escuchar a continuación sobre Celia Cruz, una de las artistas más duraderas de la música latina.

1. El estilo de música que popularizó Celia Cruz se llama...
   - **a.** salsa.
   - **b.** tango.
   - **c.** hip hop.

2. Antes de empezar su carrera musical, Celia Cruz estudió...
   - **a.** ciencias.
   - **b.** humanidades.
   - **c.** arte.

3. El Tropicana es...
   - **a.** el nombre de su banda.
   - **b.** un cabaret cubano.
   - **c.** un club de Miami.

4. Abandonó Cuba para irse a vivir a...
   - **a.** España.
   - **b.** EE. UU.
   - **c.** República Dominicana.

5. Además de grabar discos, ella apareció en...
   - **a.** películas norteamericanas.
   - **b.** la Casa Blanca.
   - **c.** un documental sobre Cuba.

6. Hoy en día, Celia Cruz...
   - **a.** vive en Nueva Jersey.
   - **b.** vive en el corazón de muchas personas.
   - **c.** está retirada.

♻️ **6-32 De nuevo: Una entrevista con famosos (*Ser/estar*).** Imagínate que eres periodista y que has entrevistado a un conjunto famoso (puede ser tu conjunto favorito). Utilizando los verbos *ser* y *estar*, escribe la entrevista para una importante revista de música.

> **MODELO:** *Entrevista con "Los relojes rotos"*
>
> E: *¿Cómo **están**, chicos?*
> C: ***Estamos** un poco cansados pero también **estamos** contentos y muy agradecidos por el apoyo del público. ¡Todos nuestros fans **están** en nuestros corazones!*
> E: *¿De dónde **son** ustedes?*
> C: ***Somos** de La Paz, Bolivia, pero ahora **estamos** viviendo en Caracas.*
> E: *¿**Están** grabando otro disco ahora o **están** preparando otra gira?*
> C: *No, ahora **estamos** descansando. Anoche **fue** nuestro último concierto en España.*
> E: *¿Dónde **fue**? ¿Cómo les **fue**?*
> ....

Recuerda: Para repasar *ser* y *estar* debes consultar el **Capítulo 2.**

Reto: Trata de usar *ser* y *estar* en diferentes tiempos y modos. Usa muchas palabras de la **Primera** y **Segunda parte** de *¡Así lo decimos!*. Trata de ser lo más original posible.

¡Así lo hacemos! Estructuras

2. Formal and informal commands

Formal commands

We use commands to give instructions or to ask people to do things. In Spanish, commands have different forms for formal (**usted/ustedes**) and informal (**tú/vosotros/as**) address.

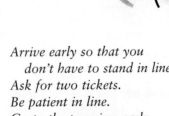

Toquen los violines más alto.

The following examples summarize how formal commands are formed. Note that the verbs follow the same pattern as in the subjunctive. The same spelling changes (**-gar, -gue; -car, -que; -zar, -ce**), stem changes (**e, ie; e, i; o, ue**), and irregular verbs (**dar, estar, ir, saber, ser**) apply.

Llegue temprano para no tener que hacer cola.	*Arrive early so that you don't have to stand in line.*
Pida dos entradas.	*Ask for two tickets.*
Tenga paciencia en la cola.	*Be patient in line.*
Vayan al estreno temprano.	*Go to the premiere early.*

- Negative commands are formed by placing **no** in front of the command form.

No pierda el guión para la audición de mañana.	*Don't lose the script for the audition tomorrow.*
No escriban la reseña hasta hablar con la autora.	*Don't write the review until you've spoken with the author.*

- Subject pronouns may be used with commands for emphasis. As a rule, they are placed after the verb.

Piense usted en el personaje.	*Think about the character.*
No hablen ustedes con el violinista.	*Don't you talk with the violinist.*

- With affirmative commands, direct and indirect object pronouns must follow the command form and be attached to it. An accent mark is added to commands of two or more syllables to show that the stress of the original verb remains the same.

¿El cartel? Dis**éñemelo** inmediatamente.	*The poster? Design it for me immediately.*
Prep**áreles** el contrato.	*Prepare the contract for them.*

- With negative commands, direct and indirect object pronouns are placed between **no** and the command form.

¿El productor? No **lo** siente allí; siénte**lo** aquí.	*The producer? Don't seat him there; seat him here.*
No **le** ponga más maquillaje a la actriz.	*Don't put any more makeup on the actress.*

▶ Aplicación

6-33 En el estudio de la telenovela *El corazón siempre llora*. El director está dando órdenes. Completa lo que dice con los verbos entre paréntesis.

Buenas tardes, señoras y señores. Con su cooperación, esta tarde vamos a filmar una escena entera de *El corazón siempre llora*. Camarógrafo, (**1.** poner) _____ su cámara donde pueda ver todo el escenario. María, (**2.** arreglarle) _____ el maquillaje a la estrella y (**3.** peinarle) _____ el cabello. Jorge, (**4.** limpiarle) _____ la corbata a don José. Parece que almorzó papas con salsa de tomate. Lupita y Sara, (**5.** apagar) _____ las luces al fondo del escenario. Jorge, (**6.** traerme) _____ el guión para esta escena. Rosa María, no (**7.** reírse) _____, por favor.

Don José, (**8.** ponerse) _____ más serio. Sí, eso es. Bueno... Luz, cámara, acción: Rosa María, (**9.** abrir) _____ la puerta lentamente, (**10.** entrar) _____ en la sala, (**11.** buscar) _____ la correspondencia, (**12.** encontrar) _____ la carta, (**13.** abrirla) _____, (**14.** leerla) _____, (**15.** gritar) _____ y (**16.** salir) _____ corriendo. Don José, (**17.** levantarse) _____ y (**18.** seguirla) _____. ¡Perfecto! ¡(**19.** Cortar) _____ y (**20.** copiar) _____!

6-34 ¡No toque, por favor! En el estudio de televisión siempre hay reglas *(rules)* para los visitantes. Intercambien órdenes afirmativas o negativas usando los verbos de la lista y otros. La regla debe ser lógica.

MODELO: tocar los objetos en el escenario
Por favor, no toquen los objetos. (No los toque, por favor.)

1. fumar
2. comer
3. sentarse en la silla del director
4. observar la participación de los extras

5. beber
6. hacer ruido *(noise)* durante la filmación
7. acercarse a las cámaras
8. distraer *(distract)* al personal

6-35 El escenario. Ustedes son responsables de la producción de la telenovela *La fea más bella* en la que la protagonista no puede decidirse entre dos novios. Escriban órdenes para los asistentes. Usen las siguientes sugerencias como guía.

- cómo maquillar a Lety, la protagonista
- dónde poner los micrófonos
- dónde colocar las cámaras y las luces
- cómo vestir a Fernando y a Aldo, los pretendientes *(suitors)*
- cómo entretener a la mamá de Lety

Los protagonistas de la telenovela mexicana, La fea más bella.

Informal commands

Tú commands

- Most affirmative **tú** commands have the same form as the third person singular (él, ella, Ud.) of the present indicative. For the negative commands use the subjunctive.

¡Pon tu alma en el baile!

INFINITIVE	AFFIRMATIVE	NEGATIVE
comprar	compra	no compres
comer	come	no comas
escribir	escribe	no escribas
pedir	pide	no pidas
pensar	piensa	no pienses

Prepara los subtítulos al final.
Escribe, si puedes, una tragedia griega.
Pide el micrófono para el concierto.
No toques la trompeta tan alto.
No pidas más audiciones.
No vayas a la taquilla hasta muy tarde.

Prepare the subtitles at the end.
Write, if you can, a Greek tragedy.
Ask for the microphone for the concert.
Don't play the trumpet so loud.
Don't ask for more auditions.
Don't go to the box office until very late.

- The following verbs have irregular affirmative command forms. The negative **tú** commands of these verbs use the subjunctive form.

decir	**di**	**Di** si el cartel te gusta.	*Say if you like the poster.*
hacer	**haz**	**Haz** la proyección.	*Do the projection.*
ir	**ve**	**Ve** al teatro.	*Go to the theater.*
poner	**pon**	**Pon** el tambor en la mesa.	*Put the drum on the table.*
salir	**sal**	**Sal** para el teatro enseguida.	*Leave for the theater right now.*
ser	**sé**	**Sé** amable con el guitarrista.	*Be nice to the guitarist.*
tener	**ten**	**Ten** paciencia con los radioyentes.	*Be patient with the radio listeners.*
venir	**ven**	**Ven** al estudio de televisión.	*Come to the television studio.*

Vosotros/as commands

Most Spanish speakers in Latin America use the **ustedes** form to express both informal and formal plural commands. In Spain, however, informal plural commands are expressed with the **vosotros/as** commands.

Affirmative **vosotros/as** commands are formed by dropping the **-r** of the infinitive and adding **-d.** Negative **vosotros/as** commands have the same form as the second-person plural of the present subjunctive. The subject **vosotros/as** is usually omitted for the informal plural command forms.

INFINITIVE	AFFIRMATIVE	NEGATIVE
hablar	hablad	no habléis
comer	comed	no comáis
vivir	vivid	no viváis
hacer	haced	no hagáis
pedir	pedid	no pidáis

Donad dinero para beneficiar a los niños.   *Donate money to help the children.*
Aplaudid a los músicos, por favor.   *Clap for the musicians, please.*
Ensayad la escena final.   *Rehearse the final scene.*

- The affirmative informal commands of reflexive verbs drop the final **-d** before adding the reflexive pronoun **-os**, except for **idos** (**irse**). Every **-ir** reflexive verb, with the exception of **irse**, requires an accent mark on the **i** of the stem of the verb. The negative **vosotros/as** command uses the subjunctive.

INFINITIVE	AFFIRMATIVE	NEGATIVE
acostarse	acostaos	no os acostéis
vestirse	vestíos	no os vistáis
irse	idos	no os vayáis

Idos al estreno de la obra.   *Leave for the premiere of the play.*
Vestíos bien para ir al concierto.   *Dress well to go to the concert.*

▶ Aplicación

6-36 El Pingüino (*Happy Feet*). Usa mandatos informales (*tú, vosotros/as*) para completar las instrucciones que la mamá les da a sus hijos antes de ver esta película popular.

Pepito, (**1.** dejar) _____ tu chicle en el basurero antes de entrar. No (**2.** mascarlo [*chew it*]) _____ en el cine. Toño y Conchita, (**3.** buscar) _____ la fila 32, las butacas de la "f" a la "j". (**4.** Sentarse) _____ y no (**5.** moverse) _____. Pepito, (**6.** comprarles) _____ dulces y refrescos a tus hermanos. Conchita, (**7.** compartir) _____ tu refresco con Toño. Pirula, (**8.** ponerse) _____ el suéter que pronto vas a tener frío. (**9.** Mirar) _____ hijos, va a empezar la película. (**10.** Callarse) _____ por favor. Pepito, ¡(**11.** sentarse) _____ ahora!

6-37 Consejos. ¿Qué consejos le darías a un/a buen/a amigo/a que está por salir a buscar fortuna como concertista o actor/actriz? Escríbele una carta en la que le des algunos consejos prácticos y filosóficos para empezar esta etapa de su vida.

MODELO:

Querido Elvis:

Ya que eres mi mejor amigo, quiero darte algunos consejos antes de que te vayas a Nashville. Primero, sé optimista...

6-38 Una balada. Eres cantautor y necesitas una canción sentimental para tu próximo álbum. Escribe una usando ocho o diez mandatos informales y preséntale a la clase la letra de tu canción.

MODELO: *Amor mío, por favor no te vayas...*

 6-39 Un tablao (*dance floor*) en Sevilla. Ustedes son bailarines de flamenco y tienen que negociar un contrato nuevo con los dueños del tablao donde bailan. Hagan una lista de sus exigencias *(demands)* usando mandatos informales *(vosotros/as)*.

MODELO: *Dadnos quince minutos de descanso por cada hora que bailamos.*

6-40 A explorar: La cartelera. Visita la página web de *Conexiones* para averiguar qué espectáculos hay en una ciudad hispana esta semana. Haz una lista de los diez que encuentres más interesantes. Escribe un párrafo corto sobre uno de los eventos que te interese.

3. Subjunctive with *ojalá, tal vez,* and *quizá(s)*

- The expression **¡Ojalá!** entered into the Spanish language during the Arab occupation of Spain. Its literal translation is "May Allah grant your wish," and its actual meaning is *I hope that.* **¡Ojalá!** may be used with or without **que,** and it is followed by the subjunctive.

Ojalá que llegue a ser una buena escritora.

¡Ojalá (que) podamos ver la nueva película de Almodóvar!	*I hope that we can see the new Almodóvar film!*
¡Ojalá (que) venga a la fiesta el cantautor!	*I hope that the singer-songwriter comes to the party!*

- The expressions **tal vez** and **quizá(s)**, meaning *perhaps* or *maybe,* are followed by the subjunctive to convey uncertainty or possibility.

Tal vez vaya al estreno de la obra.	*Perhaps I'll go to the premiere of the play.*
Quizás invite a Patricia a ir conmigo.	*Maybe I'll invite Patricia to go with me.*

- When **tal vez** or **quizá(s)** follows the verb, use the indicative.

Vamos a oír al conjunto, **tal vez.**	*We're going to listen to the band, perhaps.*
Te **veré** en el intermedio, **quizás.**	*I'll see you during the intermission, maybe.*

▶ Aplicación

6-41 La noche de los premios Óscar. Lee el siguiente monólogo interior de uno de los nominados para un Óscar. Subraya **ojalá, tal vez** y **quizás** y explica por qué se usa el indicativo o el subjuntivo del verbo con estas expresiones.

> Esta es mi noche. Tal vez gane por fin la pequeña estatua dorada que tanto deseo. Quizás el público me dé una ovación. Me echarán flores cuando suba al escenario, quizás. ¿Estarán todos mis amigos y familiares llorando de alegría? Tal vez pase eso. ¡Ojalá que tenga éxito y que se realicen mis más deseados sueños!

6-42 Ojalá. Vuelve a expresar los deseos y dudas del párrafo anterior usando otra expresión que requiera el subjuntivo. Puedes referirte a la lista de expresiones en el *Capítulo 2.*

MODELO: *Es posible que gane* un *Óscar.*

Adriana Barraza fue nominada para un Óscar por su rol en Babel.

6-43 En el ensayo del drama. Vas a ensayar una obra de teatro con un nuevo director que ha sido contratado. Completa la lista usando la forma correcta del presente del subjuntivo.

1. Ojalá que el nuevo director (eliminar) _____ rápido la tensión que existe entre el dramaturgo y el actor principal.

2. Ojalá que nosotros (poder) _____ empezar y terminar los ensayos a tiempo.

3. Ojalá que nos (pagar) _____ el salario puntualmente.

4. Ojalá que los actores y actrices (estar) _____ satisfechos con los cambios.

5. Ojalá que la obra (llegar) _____ al Teatro Infanta Isabel.

6-44 Tal vez lo pase bien. Vas al cine con alguien por primera vez y no sabes si vas a pasar un buen rato o no. Por eso deseas planear lo que puedes hacer y decirle. Cambia las siguientes oraciones para que expresen incertidumbre con **quizá(s)** o **tal vez.**

> **MODELO:** Me vestiré informalmente.
> *Tal vez me vista informalmente.* o *Quizá(s) me vista informalmente.*

1. Primero le comentaré algo sobre el tiempo.

2. Después le hablaré de mis estudios.

3. Le preguntaré de sus planes para el futuro.

4. Cuando termine la película, lo/la invitaré a tomar un refresco en el café *Carmelo.*

5. Entonces le diré lo que pienso hacer este verano.

6. Más tarde le preguntaré cuáles son sus pasatiempos favoritos.

7. Y finalmente le explicaré por qué me gusta la música clásica.

8. Si somos compatibles, lo/la invitaré a salir el próximo sábado.

6-45 Ojalá que... Imagínense que quieren ser estrellas de televisión, de cine o de música. Hablen de cosas que desean que les ocurran en los próximos diez años. Pueden expresar esperanzas verdaderas o inventadas.

> **MODELO:** E1: *Ojalá que me haga famoso/a.*
> E2: *Ojalá encuentre un director que quiera trabajar conmigo.*

6-46 Debate: Los medios de comunicación. Formen dos grupos para debatir uno de los temas siguientes. Usen expresiones de incertidumbre, mandatos informales y expresiones adverbiales apropiadas.

Resolución: Hay que censurar los medios de comunicación y reducir la violencia en el cine, en los videos musicales y en los programas de televisión.

Resolución: Hay que aumentar la representación de modelos positivos de latinos y afroamericanos en las películas y en los programas de televisión.

> **MODELO:** *Pónganse en el lugar de los padres de familias con hijos pequeños. Tenemos que censurar la violencia en los medios de comunicación para que los niños de hoy no se conviertan en los criminales de mañana.*

¡Así lo expresamos!

Imágenes

¿Quién lleva el ritmo? (Aída Emart, 1962– , México)

Aída Emart nació en México. Estudió la carrera de Grabado en la Escuela de Pintura, Escultura y Grabado "La Esmeralda" del Instituto Nacional de Bellas Artes, México, D.F. Ha trabajado como ilustradora, coordinadora y ponente en diferentes publicaciones y foros. Le gusta dibujar a los músicos, en particular a los músicos de jazz.

¿Quién lleva el ritmo? (© Aída Emart, México)

▶ Perspectivas e impresiones

6-47 Los músicos. Describe este cuadro: el estilo, los colores, las figuras y sus instrumentos. ¿Te parece una escena dinámica o estática? ¿Por qué?

6-48 El contexto. Inventa un contexto para esta escena. ¿Dónde tiene lugar? ¿Quiénes son los músicos? ¿Qué están tocando? ¿Por qué son todos hombres en el conjunto?

🎼 Ritmos

Fiel a la Vega (Puerto Rico)

El nombre del grupo se deriva del pueblo donde nacieron sus dos miembros fundadores: Vega Alta, Puerto Rico. Después de incorporar otros miembros al grupo, de grabar varios discos y de dar importantes conciertos, Fiel a la Vega se ha convertido en el grupo de rock más importante de Puerto Rico.

▶ Antes de escuchar

6-49 El brillo (*glow*) de la fama. ¿Has participado alguna vez en actividades artísticas como el teatro, la música o la pintura? ¿En la escuela o fuera de ella? ¿Fue una buena experiencia? Si no tuviste esa experiencia, ¿la tuvo alguien de tu familia? Si tuvieras mucho talento artístico, ¿qué te atraería más del mundo del espectáculo? ¿Podrías vivir una vida de artista?

▶ A escuchar

6-50 ¿Qué quiere ser? El título en inglés de esta canción se refiere a una persona que quiere ser algo que no es. Mientras escuchas la canción, descubre qué es lo que quiere ser.

El Wanabí

Hace ya bastantes años
que no se juega por jugar.
Cambio el guante de pelota° *baseball glove*
por las cartas del azar° *"the playing cards of chance"*
Y yo que me la pasé esperando
por la mayoría de edad
pa' que° me dejaran salir solo *para que*
a la calle y cruzar hasta la ciudad.
Y descubrir ese mundo nuevo
de edificios sin empañetar° *without plaster*
en donde las estrellas se dan° en el cine *existen*
y en el cielo°, sólo hay gas... *sky*
Y así echamos todo hacia un lado°, *put everything aside*
al familiar y a la amistad,
cambiando el cielo de tantos años
por un estudio que paga más,
y trabajando en restaurantes
de mensajeros°, de lo que sea°, *messengers / doing any kind of job*
automatizados por una espera,
por una gran oportunidad,
oyendo anécdotas de otra gente

que fueron antes igual que tú,
de limpia-mesas que tuvieron suerte
y que ahora viven en Hollywood...
Coro:
Dame un momento pa' probar° *to try out*
de que estoy hecho, je, je, je
Soy el que va cuesta arriba° *moving up*
Soy el que va al asecho° je, je, je... *on the lookout*

Quizás, algún día comprenda
lo que importa de verdad,
quizás lo que importa en esta vida
es algo que no tiene que ver
con las cosas que persigo° *pursue*
con todo aquello que soñé,
pero algo necesito, oye,
algo tengo que creer,
quizás mi sueño no vale nada,
quizás sea algo que me inventé
como un mapa como una guía,
como una excusa que promover°, *to promote*

Soñar tiene algo de engañarnos,
de ser hoy alguien más que ayer
malagradeciendo° lo que se nos ha dado   *not appreciating*
pues nos importa más saber,
¿cómo sería todo al otro lado?
Que te escucharan sólo una vez.
Sé que se oye° egocentrista,   *it sounds*

pero lo digo sin maldad°.   *malice*
Si nada de esto significa algo,
no habría un Clemente°,   Roberto Clemente, famoso jugador de béisbol
de Puerto Rico
No habría un Juliá...°   Raúl Juliá, actor
Coro...

▶ Después de escuchar

6-51 Antes de ganar la fama. ¿Cómo se gana la vida uno antes de llegar a tener fama? ¿Qué harías tú para alcanzar tu sueño?

6-52 ¡Qué actor! La canción menciona a dos personas con éxito (Roberto Clemente y Raúl Juliá). Ellos lograron su sueño y tuvieron éxito. Piensen en un actor o una actriz que admiren y explíquense la razón de su éxito.

6-53 A explorar: Pedro Almodóvar y sus películas. Visita la página web de *Conexiones* para descubrir el intrigante mundo del famoso director, guionista y productor de cine español Pedro Almodóvar. De familia humilde y con pocos recursos económicos, Almodóvar ha logrado ser el cineasta español más importante del mundo. ¿Cuál de sus películas has visto o deseas ver? ¿Por qué?

Páginas

Augusto Monterroso (1921–2003, Guatemala)

En 1944, el escritor guatemalteco Augusto Monterroso se trasladó a México por motivos políticos. Én sus cuentos se destaca su inclinación por la parodia, la fábula y el ensayo, el humor negro y la paradoja (*paradox*). Honrado con varios prestigiosos premios literarios, se le conoce también por haber escrito uno de los cuentos más cortos del mundo:

> ### El dinosaurio
> Cuando despertó, el dinosaurio todavía estaba allí.

▶ Antes de leer

6-54 La paradoja. Este cuento presenta una difícil paradoja para cualquier padre: la tensión entre querer apoyar totalmente a su hija sin poder aceptar completamente la profesión que ella ha elegido. ¿Puedes pensar en alguna circunstancia parecida en tu familia o en otra que conozcas? Explica la situación y cómo se ha resuelto.

6-55 Estrategias de la lectura. Cuando lees por encima (*skim*), buscas información esencial para darte una idea de sobre qué trata lo que estás leyendo. Lee por encima los tres primeros párrafos para encontrar esta información.

- la relación entre el narrador y la persona sobre quien escribe
- dónde tiene lugar la acción
- quiénes están presentes, además del narrador
- la profesión del narrador
- el dilema que él siente en esta ocasión

▶ A leer

6-56 En contexto. Lee el primer párrafo para tener una idea del contexto del cuento. ¿Hay un evento de gran importancia? ¿Cuál es?

El concierto

Dentro de escasos minutos ocupará con elegancia su lugar ante el piano. Va a recibir con una inclinación casi imperceptible el ruidoso homenaje del público. Su vestido, cubierto con lentejuelas, brillará como si la luz reflejara sobre él el acelerado aplauso de las ciento diecisiete personas que llenan esta pequeña y exclusiva sala, en la que
5 mis amigos aprobarán o rechazarán° —no lo sabré nunca—sus intentos de *they will reject* reproducir la más bella música, según creo, del mundo.

Lo creo, no lo sé. Bach, Mozart, Beethoven. Estoy acostumbrado a oír que son insuperables y yo mismo he llegado a imaginarlo. Y a decir que lo son. Particularmente

preferiría no encontrarme en tal caso. En lo
íntimo estoy seguro de que no me
agradan y sospecho que todos adivinan mi
entusiasmo mentiroso.

Nunca he sido un amante del arte. Si a mi
hija no se le hubiera ocurrido ser pianista
yo no tendría ahora este problema. Pero
soy su padre y sé mi deber° y tengo que
oírla y apoyarla°. Soy un hombre de
negocios y sólo me siento feliz cuando
manejo las finanzas. Lo repito, no soy
artista. Si hay un arte en acumular una
fortuna y en ejercer el dominio del mercado mundial y en aplastar° a los competidores, reclamo el
primer lugar en ese arte.

La música es bella, cierto. Pero ignoro si mi hija es capaz de recrear esa belleza. Ella misma lo duda. Con
frecuencia, después de las audiciones, la he visto llorar, a pesar de los aplausos. Por otra parte, si alguno
aplaude sin fervor, mi hija tiene la facultad de descubrirlo entre la concurrencia, y esto basta° para que
sufra y lo odie° con ferocidad de ahí en adelante. Pero es raro que alguien apruebe fríamente. Mis
amigos más cercanos han aprendido en carne propia° que la frialdad° en el aplauso es peligrosa y
puede arruinarlos. Si ella no hiciera una señal de que considera suficiente la ovación, seguirían
aplaudiendo toda la noche por el temor que siente cada uno de ser el primero en dejar de hacerlo. A
veces esperan mi cansancio° para cesar de aplaudir y entonces los veo cómo vigilan mis manos,
temerosos de adelantárseme° en iniciar el silencio. Al principio me engañaron° y los creí sinceramente
emocionados: el tiempo no ha pasado en balde° y he terminado por conocerlos. Un odio continuo y
creciente se ha apoderado de mí. Pero yo mismo soy falso y engañoso°. Aplaudo sin convicción. Yo no
soy un artista. La música es bella, pero en el fondo no me importa que lo sea y me aburre. Mis amigos
tampoco son artistas. Me gusta mortificarlos, pero no me preocupan.

Son otros los que me irritan. Se sientan siempre en las primeras filas° y a cada instante anotan algo en
sus libretas. Reciben pases gratis que mi hija escribe con cuidado y les envía personalmente. También
los aborrezco°. Son los periodistas. Claro que me temen y con frecuencia puedo comprarlos. Sin
embargo, la insolencia de dos o tres no tiene límites y en ocasiones se han atrevido a decir que mi hija
es una pésima ejecutante°. Mi hija no es una mala pianista. Me lo afirman sus propios maestros. Ha
estudiado desde la infancia y mueve los dedos con más soltura° y agilidad que cualquiera de mis
secretarias. Es verdad que raramente comprendo sus ejecuciones, pero es que yo no soy un artista y
ella lo sabe bien.

La envidia es un pecado° detestable. Este vicio de mis enemigos puede ser el escondido factor de las
escasas° críticas negativas. No sería extraño que alguno de los que en este momento sonríen, y que
dentro de unos instantes aplaudirán, propicie esos juicios adversos°. Tener un padre poderoso ha sido
favorable y aciago° al mismo tiempo para ella. Me pregunto cuál sería la opinión de la prensa si ella no
fuera mi hija. Pienso con persistencia que nunca debió tener pretensiones artísticas. Esto no nos ha
traído sino incertidumbre e insomnio. Pero nadie iba ni siquiera a soñar, hace veinte años, que yo
llegaría adonde he llegado. Jamás podremos saber con certeza, ni ella ni yo, lo que en realidad es,
lo que efectivamente vale. Es ridícula, en un hombre como yo, esa preocupación.

Marginal glosses:

- 15 *duty* — deber°
- *support her* — apoyarla°
- 20 *crushing* — aplastar°
- 25 *this is enough* — basta°
- *hates* — odie°
- *in their own flesh / coldness* — en carne propia° / frialdad°
- 30 *weariness* — cansancio°
- *getting ahead of me / they deceived* — adelantárseme° / me engañaron°
- *in vain* — en balde°
- *deceitful* — engañoso°
- *rows* — filas°
- *detest* — aborrezco°
- 40 *an extremely bad performer* — pésima ejecutante°
- *facilidad* — soltura°
- *sin* — pecado°
- 45 *pocas* — escasas°
- *propicie... foster these negative opinions* — propicie esos juicios adversos°
- *fateful* — aciago°

Si no fuera porque es mi hija confesaría que la odio. Que cuando la veo aparecer en el escenario un persistente rencor me hierve° en el pecho, contra ella y contra mí mismo, por haberle permitido seguir un camino tan equivocado. Es mi hija, claro, pero por lo mismo no tenía derecho a hacerme eso.

boils

55   Mañana aparecerá su nombre en los periódicos y los aplausos se multiplicarán en letras de molde°. Ella se llenará de orgullo y me leerá en voz alta la opinión laudatoria de los críticos. No obstante, a medida que vaya llegando a los últimos, tal vez a aquellos en que el elogio es más admirativo y exaltado, podré observar cómo sus ojos irán humedeciéndose, y cómo su voz se apagará hasta convertirse en un débil rumor, y cómo, finalmente, terminará llorando con un llanto° desconsolado e infinito. Y yo me sentiré, 60   con todo mi poder, incapaz de hacerla pensar que verdaderamente es una buena pianista y que Bach y Mozart y Beethoven estarían complacidos de la habilidad con que mantiene vivo su mensaje.

en... in print

weeping

Ya se ha hecho ese repentino silencio que presagia° su salida. Pronto sus dedos largos y armoniosos se deslizarán° sobre el teclado°, la sala se llenará de música, y yo estaré sufriendo una vez más.

forewarns

they will slide / keyboard

▶ Después de leer

6-57 ¿Cómo lo interpretas tú? Identifica a la persona o a las personas que se describen a continuación. Si hay más de una, explica por qué.

N: el narrador   H: la hija   P: el público

1. ___ No entiende la música.

2. ___ Lleva puesto un traje elegante.

3. ___ Aplaude.

4. ___ Tiene éxito en el mundo comercial.

5. ___ Toma muy en serio su profesión.

6. ___ Odia a los periodistas.

7. ___ Resiente el camino que ella ha tomado.

8. ___ Responde favorablemente al espectáculo.

6-58 ¿En qué se diferencian? Trabajen juntos para hacer una lista de contrastes entre el narrador y su hija. En su opinión, ¿cuáles de estos no es posible remediar?

MODELO:

El narrador	La hija
Es egoísta.	*Es sensible.*

6-59 Los cuentos de Augusto Monterroso. Monterroso escribió muchas fábulas y cuentos cortos como *El dinosaurio*, que abre esta selección. En su opinión, ¿qué representa el dinosaurio? ¿Han visto uno al despertarse alguna vez? ¿Podría tener algún significado psicológico o político? Expliquen. ¿Cuál es "el dinosaurio" del narrador del cuento que acaban de leer?

Taller

Una escena dramática

La comunicación entre dos o más personas incluye gestos, miradas, tono y ambiente, entre otras cosas. Por eso, un guión debe ofrecer más que el diálogo entre los personajes. Debe crear una escena y un diálogo que podría figurar dentro de un guión más amplio.

▶ Antes de escribir

Idear. Piensa en la escena, los personajes y el problema dramático. Escribe una lista de ideas sobre los elementos que incluya ideas sobre el estado físico y psicológico de los personajes.

Describir. Describe la escena: el lugar, lo que hay allí, el ambiente, etc.

Ampliar. Describe la acción, es decir, lo que esté pasando antes del intercambio.

▶ A escribir

Escribir. Inventa un breve diálogo entre los dos personajes.

Agregar. Entre paréntesis, añade frases que indiquen los gestos, las expresiones y el tono de voz de los personajes.

Leer en voz alta. Lee sólo el diálogo en voz alta para ver si es "natural" y si lograste el tono.

▶ Después de escribir

Revisar. Revisa tu escena. ¿Es lógica? ¿Son claras las direcciones? ¿Fluye bien el diálogo? A continuación, revisa los siguientes aspectos.

☐ ¿Has incluido vocabulario variado?

☐ ¿Has incluido algunos mandatos o alguna expresión de esperanza (con *ojalá, tal vez* o *quiza[s]*)?

☐ ¿Has usado bien los mandatos y el subjuntivo?

☐ ¿Has verificado la concordancia y la ortografía?

Intercambiar. Intercambia tu escena con la de un/a compañero/a. Mientras leen las escenas, hagan comentarios y sugerencias sobre el contenido, la estructura y la gramática.

Entregar. Pon tu ensayo en limpio, incorpora las sugerencias de tu compañero/a y entrégaselo a tu profesor/a.

Vocabulario

Primera parte

la actuación	performance
actuar	to act
el/la aficionado/a	fan
bailable	danceable
bailar	to dance
la cadena	network
la carrera	career
competir (i, i)	to compete
competitivo/a	competitive
conseguir (i, i)	to get, to obtain
emocionante	touching, thrilling
enfrentar	to face
Entiéndeme bien.	Let me be clear.
entrar a/en	to enter
entretener (ie)	to entertain
el espectáculo	show
la estrella	star
excitante	exciting, arousing
el guión	script
innovador/a	innovative
innovar	to innovate
interpretar	to intrepret (a role, a song)
mal informado/a	misinformed
el mundo del espectáculo	show business
la pantalla	screen
el papel	role
el personaje	character
rechazar	to reject
el rechazo	rejection
el reportaje	report
sin embargo	nevertheless
la temporada	season
la trama	storyline

Segunda parte

el actor (la actriz) de reparto	supporting actor (actress)
aplaudir	to applaud
el camerino	dressing room
la cartelera	billboard, entertainment listing
componer	to compose
el conjunto	band, ensemble
donar	to donate
ensayar	to rehearse
estrenar	to premiere
la gira	tour
grabar	to record
hacer un papel	to play a role
jugar (ue)	to play a game, to bet, to play a sport
lento/a	slow
el/la locutor/a	(radio/TV) announcer
lucir bien/mal	to look good/bad (appearance in context of clothing)
movido/a	lively
ojalá (que)	I hope (that), I wish (that)
parecer(se a)	to seem (to look like)
premiar	to award a prize to
el premio	prize, award
quizá(s)	perhaps, maybe
la reseña	review (of a show or book)
el sencillo	single (record)
tal vez	perhaps, maybe
tocar	to play a musical instrument, to touch, to knock
la voz	voice

Conjunctions that always require the subjunctive *See page 179*
Conjunctions that require either the subjunctive or the indicative *See page 180*

Manual de gramática

A. *Por* and *para*

Although the prepositions **por** and **para** are both often translated as *for* in English, they are not interchangeable. Each word has distinctly different uses in Spanish, as outlined below.

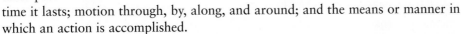
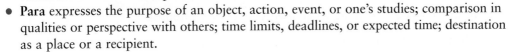

LUCHAMOS PARA MEJORAR NUESTRAS CONDICIONES DE TRABAJO

Las uvas por un salario justo

- **Por** expresses the object or goal of an action; the notion of something in exchange for something else; the time of day an event or action takes place and the amount of time it lasts; motion through, by, along, and around; and the means or manner in which an action is accomplished.
- **Para** expresses the purpose of an object, action, event, or one's studies; comparison in qualities or perspective with others; time limits, deadlines, or expected time; destination as a place or a recipient.

You will see several examples of each of the different uses of **por** and **para** on the following pages.

Uses of *por*

- the object or goal of an action *(for, because of, on behalf of, to get)*

Vine **por** usted a las ocho.	*I came by for you at eight.*
Los estudiantes salieron **por** más pinturas para los carteles.	*The students went to get more paint for the posters.*
Cancelamos el proyecto **por** falta de fondos.	*We cancelled the project because of a lack of funds.*
¿Lo hiciste **por** mí?	*Did you do it for me (on my behalf)?*

- in exchange for

¿Querías cinco dólares **por** ese libro de derecho?	*Did you want $5 for that law book?*
Te doy mi CD de Juanes **por** el tuyo de Maná.	*I'll give you my Juanes' CD for yours of Maná.*

- amount of time or the part of day an event or action takes place *(for, during)*

Fuimos a visitar el asilo de ancianos **por** la tarde.	*We went to visit the nursing home during the afternoon.*
Pensábamos estudiar genética **por** cuatro años.	*We were planning to study genetics for four years.*
¿**Por** cuánto tiempo estuviste en la manifestación?	*(For) how long were you at the demonstration?*
Estuve en la manifestación **por** dos horas.	*I was at the demonstration for two hours.*

- motion *(through, by, along, around)*

Pasé **por** tu casa esta mañana y no estabas.	*I went by your house this morning and you weren't in.*
La niña salió **por** la puerta hace un minuto.	*The girl went out through the door a minute ago.*

- means or manner in which an action is accomplished, or agent in a passive statement *(by)*

¿Trajeron los alimentos **por** avión?	*Did you bring the food by plane?*
El estudio demográfico fue iniciado **por** la oficina del censo.	*The demographic study was initiated by the census office.*

- to be about to do something when used with **estar** + infinitive

Estábamos **por** hablar sobre el problema.	*We were about to discuss the problem.*
Estaba **por** protestar contra la discriminación.	*She was about to protest against discrimination.*

- some common idiomatic expressions with **por**:

por ahí, allí	*around there*	**por favor**	*please*
por ahora	*for now*	**por fin**	*finally*
por aquí	*around here*	**por lo general**	*in general*
por cierto	*by the way, for certain*	**por lo visto**	*apparently*
		por poco	*almost*
por Dios	*for God's sake*	**por si acaso**	*just in case*
por ejemplo	*for example*	**por supuesto**	*of course*
por eso	*that's why*	**por último**	*finally*

Uses of *para*

- purpose of an object, action, event, or one's studies *(for, to, in order to)*

La pintura era **para** hacer los carteles.	*The paint was for making the posters.*
Organizaban una manifestación **para** protestar contra la decisión del juez.	*They were organizing a demonstration to protest the judge's decision.*
Carmen estudió **para** abogada.	*Carmen studied to become a lawyer.*

- comparison in qualities or perspective with others (stated or implicit)

Para ser conservador, tenía la mente muy abierta.	*For a conservative, he had a very open mind.*
Para el científico las estadísticas eran fáciles de entender.	*Statistics were easy for the scientist to understand.*

- time limits, deadlines, or expected time (*by, for*)

Necesito el reportaje sobre los países industrializados **para** mañana.	*I need the report about the industrialized countries for tomorrow.*
Pensaban estar en la reunión **para** las seis de la tarde.	*They were planning to be at the meeting by six in the afternoon.*
Hablaban de otra manifestación **para** la primavera.	*They were talking about another demonstration for spring.*

- destination as a place or a recipient

Ahora mismo partimos **para** la oficina del abogado.	*We're leaving for the lawyer's office right now.*
Este informe era **para** ustedes.	*This report was for you.*

Por vs. para

- The uses of **por** and **para** have similarities that sometimes cause confusion. Linking their uses to the questions **¿para qué?** (for what purpose?) and **¿por qué?** (for what reason?) can be helpful.

¿Por qué no se defendió?	*Why (For what reason) didn't she defend herself?*
No se defendió **porque** estaba sola.	*She didn't defend herself because she was alone.*
¿Para qué se defendió?	*For what purpose did she defend herself?*
Se defendió **para** aclarar las cosas.	*She defended herself to clarify things.*

- In many instances the use of either **por** or **para** will be grammatically correct, but the meaning will be different. Compare the following sentences.

Elena camina **para** la universidad.	*Elena is walking to (toward) the university.* (destination)
Elena camina **por** la universidad.	*Elena is walking through (in) the university.* (motion)
Lo hicimos **por** usted.	*We did it because of you.* (on your behalf)
Lo hicimos **para** usted.	*We did it for you.* (destination)
El dinero era **por** la investigación.	*The money was for the research.* (in exchange for)
El dinero era **para** la investigación.	*The money was for the research.* (so that the research could be done)

A-1 Un pleito (*lawsuit*) civil de César Chávez. Muchos consideran a César Chávez (1927–1993) un héroe. El fue activista laboral y líder de *United Farm Workers* en el Oeste de los Estados Unidos. Luchó contra las injusticias que se cometían contra los trabajadores en la agricultura, particularmente contra los inmigrantes. Completa con **por** o **para** el monólogo de un abogado durante un juicio civil. Luego, lee el monólogo en voz alta como si lo presentaras ante el tribunal.

César Chávez, líder del sindicato United Farm Workers.

Señoras y señores, miembros del jurado: Estamos aquí hoy (**1**) _____ juzgar el caso de César Chávez contra los productores de uvas. (**2**) _____ cierto, ustedes han leído mucho sobre este asunto. Saben que el señor Chávez trabaja (**3**) _____ mejorar las condiciones de los obreros. Saben que él mismo ha sufrido mucho (**4**) _____ ser líder del sindicato UFW. Pero tal vez no sepan que él también ha trabajado largas horas (**5**) _____ mantener a su familia, y que además de eso se ha dedicado a esta importante lucha (**6**) _____ ayudar a sus compatriotas. (**7**) _____ ejemplo, (**8**) _____ horas él ha llevado pancartas protestando contra el maltrato de los trabajadores. (**9**) _____ días él ha estado en huelga de hambre (**10**) _____ señalar las malas condiciones del trabajo. Pero ha ganado muy poco (**11**) _____ sus esfuerzos: ¡Mírenlo, (**12**) _____ ser un hombre joven, parece tener 70 años! Sin embargo, no ha perdido la fe en el sistema jurídico de Estados Unidos. (**13**) _____ eso estamos aquí, señoras y señores.

A-2 Causas y fines. Háganse las siguientes preguntas para contrastar los motivos y las metas.

MODELOS: ¿Por qué hay desigualdad entre los grupos étnicos?
Por razones históricas, políticas, sociales y económicas.
¿Para qué luchan los discriminados?
Para recibir oportunidades de trabajo y un sueldo justo.

1. ¿Por qué recibe una mujer menos dinero que un hombre por el mismo trabajo? ¿Para qué sirve la *Equal Employment Opportunity Commission* (EEOC) en Estados Unidos?

2. ¿Por qué acepta la gente el maltrato de otros? ¿Para qué se trabaja en la vida?

3. ¿Por qué todavía hay discriminación racial? ¿Para qué sirve la Acción Afirmativa?

4. ¿Por qué hay gente que se cree superior a los demás? ¿Para qué luchan los discriminados?

5. ¿Por qué boicoteó el UFW a los productores de uvas? ¿Para qué luchó César Chávez?

A-3 Una historia. Imagínense que son activistas de algún grupo, cuya meta es investigar casos de discriminación (p. ej., en el acceso a la vivienda [*housing*], la educación, el trabajo, servicios de salud, etc.). Necesitan investigar clandestinamente el sitio donde sospechan que ocurre la discriminación. Usen las expresiones de la lista para inventar los motivos y propósitos de su visita.

andar (pasar) por
venir (ir) por
por último
pagar por
permanecer (estar) por
para Madrid (Buenos Aires, Asunción...)

por avión (barco, bicicleta...)
por cierto, por si acaso
por el parque (teatro, calle, museo, allí)
por la tarde (noche, mañana)
trabajar para

MODELO: *Tenemos que investigar al dueño de una casa de apartamentos donde no admiten hispanos. Vamos a salir para el sitio mañana por la tarde y...*

B. The imperfect subjunctive

The Spanish imperfect subjunctive has two conjugations: **-ra** endings and **-se** endings. The **-ra** form is more common in daily conversation, while the **-se** form is used in formal speech and, especially, in writing. The **-ar**, **-er**, and **-ir** verbs follow the same pattern.

> *Te pedí que no empezaras hasta que llegara la sopa.*

- All imperfect subjunctive verbs are formed by dropping the **-ron** ending of the third-person plural of the preterit and adding the endings below.

-*RA* FORM		-*SE* FORM	
-ra	-ramos	-se	-semos
-ras	-rais	-ses	-seis
-ra	-ran	-se	-sen

- The following chart shows the imperfect subjunctive forms of some common regular and irregular verbs.

INFINITIVE	3RD-PERSON PLURAL PRETERIT	1ST-PERSON SINGULAR IMPERFECT SUBJUNCTIVE
tomar	toma**ron**	toma**ra**/toma**se**
beber	bebie**ron**	bebie**ra**/bebie**se**
escribir	escribie**ron**	escribie**ra**/escribie**se**
caer	caye**ron**	caye**ra**/caye**se**
decir	dije**ron**	dije**ra**/dije**se**
ir/ser	fue**ron**	fue**ra**/fue**se**

- The first-person plural requires a written accent.

  cayéramos/cayésemos   tomáramos/tomásemos

- The imperfect subjunctive is required in the same cases as the present subjunctive, but the point of reference is in the past. Compare the following sentences.

Juana **duda** que el pavo **esté** cocinado.	*Juana doubts that the turkey is cooked.*
Juana **dudaba** que el pavo **estuviera** cocinado.	*Juana doubted that the turkey was cooked.*

- A common use of the imperfect subjunctive is to make polite requests or statements with the verbs **querer, poder,** and **deber**. Note the following examples.

Quisiera probar las albóndigas.	*I would like to taste the meatballs.*
Me encuentro muy resfriado. ¿**Pudieras** prepararme una sopa de pollo?	*I have a bad cold. Could you make me some chicken soup?*
Debieran seguir la receta.	*They should follow the recipe.*

- **Ojalá (que)** + imperfect subjunctive expresses a wish that is contrary-to-fact in the present or unlikely to happen in the future.

Ojalá que mamá **tuviera** cordero para la cena.

> *I wish Mom had lamb for dinner. (She doesn't.)*
> *I wish Mom would have lamb for dinner. (She probably won't.)*

▶ Aplicación

B-1 La preparación del cochinillo. El Cochinillo Asado (*Roast Suckling Pig*) es una de las comidas más típicas de la cocina de Castilla. Los españoles dicen que el mejor cochinillo se come en Segovia. ¡Es tan tierno que los cocineros lo cortan con un plato! Completa la descripción de su preparación con la forma correcta del imperfecto del indicativo o del subjuntivo según el contexto.

   MODELO: Era necesario que mis padres (ir) ___*fueran*___ a la carnicería.

Mis padres siempre le (**1.** pedir) _____ al carnicero que les (**2.** dar) _____ el cochinillo más bello que tenía. El carnicero (**3.** querer) _____ que ellos (**4.** comprar) _____ uno pequeño, pero mis padres (**5.** necesitar) _____ más uno para veinte invitados. Ellos (**6.** temer) _____ que uno de sólo cinco kilos no (**7.** ser) _____ lo suficientemente grande para tanta gente. Al volver a casa, (**8.** ellos: poner) _____ los cochinillos en la parrilla. Me (**9.** decir) _____ que (**10.** preparar) _____ un adobo de naranja agria, sal, ajo y orégano. (**11.** Yo: esperar) _____ que no se (**12.** quemar) _____ en la parrilla, pero siempre (**13.** haber) _____ gente que lo vigilaba. Cuando (**14.** estar) _____ listo, no (**15.** ser) _____ necesario llamar a los invitados porque el olor de cochinillo en la parrilla siempre les (**16.** obligar) _____ a que (**17.** venir) _____ a comer.

B-2 Cuando eran más jóvenes. Comenten sus deseos, preferencias y costumbres de cuando eran más jóvenes. Usen las frases siguientes y háganse preguntas para explicar con detalle sus recuerdos.

> **MODELO:** E1: *Cuando era más joven, siempre quería que mi mamá me preparara sopa cuando me sentía mal.*
> E2: *¿Qué sopa te gustaba más?*
> E1: *Prefería la sopa de pollo.*

1. Esperaba que…

2. No conocía a nadie que…

3. Buscábamos una receta que…

4. Siempre les pedía a mis padres que…

5. No iba a la escuela sin que…

6. Mis padres preferían que…

7. Queríamos seguir un régimen (una dieta) que…

8. No me gustaba que…

 B-3 ¡Ojalá! ¿Cuáles son sus deseos? Expresen algunos deseos que probablemente no se hagan realidad. Traten de hacer un comentario sobre cada uno de los siguientes temas.

> la comida de esta noche   mi fiesta de cumpleaños
> el próximo examen   la tarea para mañana
> el precio de la gasolina   la felicidad de un familiar

> **MODELO:** la salud de mi abuelo
> *¡Ojalá que mi abuelo se cuidara más y no comiera tantos dulces!*

C. The conditional and conditional perfect

The conditional

In Spanish, the conditional is formed by adding the imperfect ending for -er and -ir verbs to the infinitive. The same endings are used for -**ar**, -**er**, and -**ir** verbs.

> *Me gustaría el biftec un poco menos crudo.*

	TOMAR	COMER	VIVIR
yo	tomar**ía**	comer**ía**	vivir**ía**
tú	tomar**ías**	comer**ías**	vivir**ías**
Ud., él, ella	tomar**ía**	comer**ía**	vivir**ía**
nosotros/as	tomar**íamos**	comer**íamos**	vivir**íamos**
vosotros/as	tomar**íais**	comer**íais**	vivir**íais**
Uds., ellos, ellas	tomar**ían**	comer**ían**	vivir**ían**

- The conditional is used to state what you *would* do in some future or hypothetical situation.

¿**Pedirías** arroz a la marinera en un restaurante?

Would you order seafood rice in a restaurant?

La paciente jamás **eliminaría** el colesterol de su dieta.

The patient would never eliminate cholesterol from her diet.

- The conditional is also used when the speaker is referring to an event that is future to a point in the past.

Creía que **habría** más gente en el restaurante.

I thought that there would be more people at the restaurant.

Ellos me informaron que **preferirían** el pescado a la plancha.

They told me that they would prefer the grilled fish.

- The conditional is also used to express a request in a courteous manner.

Me **gustaría** tomar un vaso de agua.

I would like to have a glass of water.

¿**Podría** pasarme la sal?

Could you pass me the salt?

- The conditional of **deber,** like the present indicative, translates as *should.*

No **deberías** quemar la carne.

You should not burn the meat.

Deberían encender el horno ahora.

They should turn on the oven now.

- The conditional has the same irregular stems as the future.

decir	**dir-**	diría, dirías, diría...
haber	**habr-**	habría, habrías, habría...
hacer	**har-**	haría, harías, haría...
poder	**podr-**	podría, podrías, podría...
poner	**pondr-**	pondría, pondrías, pondría...
querer	**querr-**	querría, querrías, querría...
saber	**sabr-**	sabría, sabrías, sabría...
salir	**saldr-**	saldría, saldrías, saldría...
tener	**tendr-**	tendría, tendrías, tendría...
venir	**vendr-**	vendría, vendrías, vendría...

- Probability or conjecture in the past is often expressed in Spanish with the conditional.

¿Cuándo preparó la chef el caldo?

When did the chef prepare the broth?

Lo **prepararía** esta mañana.

She probably prepared it this morning.

The conditional perfect

The conditional perfect is formed with the conditional of the auxiliary verb **haber** + past participle.

Yo también habría podido asar el pescado en el horno.

		PAST PARTICIPLE
yo	**habría**	**asado**
tú	**habrías**	**metido**
Ud., él, ella	**habría**	**medido**
nosotros/as	**habríamos**	**pelado**
vosotros/as	**habríais**	**adelgazado**
Uds., ellos, ellas	**habrían**	**hervido**

- The conditional perfect is used to express an action that would or should have occurred but did not.

Habría congelado la sopa, pero mis hijos ya se la habían comido.

I would have frozen the soup, but my children had already eaten it.

Habríamos cocido los alimentos con menos líquido, pero no teníamos las proporciones correctas.

We would have cooked the food with less liquid, but we didn't have the correct proportions.

- The conditional perfect is also used to express probability or conjecture.

Ingrid **habría asistido** a una escuela culinaria antes de hacerse famosa.

Ingrid had probably attended a culinary school before becoming famous.

¿**Habría** tenido muchos clientes Ferrán Adrià el primer año de abrir El Bulli?

I wonder if Ferrán Adrià had many customers his first year after opening El Bulli.

Ferrán Adrià saborea uno de sus platos exquisitos en su famoso restaurante.

▶ Aplicación

 C-1 ¿Qué harías en mi lugar? Túrnense para comentar qué harían en los siguientes casos.

> **MODELO:** Quieres adelgazar.
> E1: *Quiero adelgazar y me dicen que debería tomar sopa de verduras. ¿Qué harías tú?*
> E2: *¡Yo no la tomaría! Mejor comería puras proteínas: carne, pescado, pollo. Nada de verduras.*

1. Estás a dieta y tu mejor amigo te regala un pastel de manzana.

2. Quieres comprar la mejor comida para estar saludable.

3. Tu mejor amiga tiene gripe y quieres prepararle algo apropiado.

4. Has invitado a tu familia a comer en un restaurante elegante.

5. Esta noche hay una fiesta en casa de tu profesor. Quieres llevarle algo especial.

 C-2 ¿Qué habrían hecho? Expliquen lo que habrían hecho sus abuelos en las siguientes circunstancias.

> **MODELO:** al recibir una invitación a una fiesta de gala
> E1: *La habrían aceptado con mucho gusto. Mi abuelo se habría puesto un esmoquin* (tuxedo).
> E2: *Mi abuela se habría pasado el día en la peluquería. Se habrían divertido mucho bailando toda la noche en la fiesta.*

1. al conocer a una estrella de cine

2. al nacer el primer nieto

3. al asistir a la graduación de un hijo o de una hija

4. al celebrar 50 años de matrimonio

5. al ver a un astronauta caminar en la luna

6. al tener a todos los hijos y nietos juntos para una fiesta familiar

7. al cumplir veintiún años

8. al recibir una carta con malas noticias

 C-3 Una cena desastrosa. Túrnense para dar consejos después de que todo sale mal en una comida. **Algunos verbos que deben usar:** medir—*to measure;* hervir—*to boil;* freír—*to fry*

> **MODELO:** Asé la carne de res, pero salió seca.
> E1: *Yo la habría asado por menos tiempo.*
> E2: *Yo la habría adobado cada quince minutos.*
> E3: *Yo habría comprado la carne en otra carnicería.*

1. Freí el pollo, pero se quemó.

2. No herví la pasta lo suficiente y quedó dura.

3. Cociné la carne en el microondas, pero salió medio cruda.

4. No pelé las papas y tardaron mucho tiempo en cocinarse.

5. Medí mal la harina y la torta quedó como una piedra.

6. El pescado resultó demasiado salado.

D. The indicative or subjunctive in *si*-clauses

> *Si te invito a cenar, ¿me ayudas con la tarea de cálculo?*

Simple *si*-clauses

A *si*-clause states a condition that must be met in order for something to occur. The verb in a simple *si*-clause is usually in the present indicative, while the verb in the result clause is in the present or future tense.

Si no sacas el helado del congelador ahora, **estará** muy duro cuando lo sirvas.	*If you don't take the ice cream out of the freezer now, it will be very hard when you serve it.*
Si quieres, comemos fresas de postre.	*If you want, we'll eat strawberries for dessert.*

Contrary-to-fact *si*-clauses

> *¡Si nos viera Ingrid Hoffman, sufriría mucho!*

When a *si*-clause contains implausible or contrary-to-fact information, the imperfect subjunctive is used in the *si*-clause and the conditional is used in the result clause.

Si tuviera 21 años, te **invitaría** a una copa.	*If I were 21 years old, I would ask you out for a drink.*
Enlataría los tomates, **si** tú me **ayudaras.**	*I would can the tomatoes if you helped me.*

- Note that the conditional clause does not have a fixed position in the sentence; it may appear at the beginning or end of the sentence.

- When the *si*-clause containing contrary-to-fact information describes a past action, the pluperfect subjunctive is used in the *si*-clause, while the conditional perfect is used in the main clause.

Si **hubiera sabido** que te gustaba, te **habría hecho** el cordero a la parrilla.	*If I had known that you liked it, I would have made you the lamb on the grill.*
Si no **hubiéramos comprado** tantos alimentos, no **habríamos comido** tanto.	*If we hadn't bought so much food, we wouldn't have eaten so much.*

- Comparative *si*-clauses introduced by **como si** (*as if*) refer to a hypothetical or contrary-to-fact situation and require either the imperfect or the pluperfect subjunctive. When used with the imperfect, the action coincides in time with the main verb; when used with the pluperfect, the action happens before the main verb.

Julián ha desayunado **como si** no **fuera** a comer más en una semana.	*Julián ate breakfast as if he were not going to eat anything else in a week.*
Ana nos habló del menú **como si hubiera asistido** al almuerzo.	*Ana spoke to us about the menu as if she had attended the luncheon.*

▶ Aplicación

D-1 La buena nutrición. Completa el diálogo entre la nutricionista y su cliente con el condicional o el imperfecto del subjuntivo, según el contexto.

DON ISMAEL: No me siento bien, doctora. ¡Ay, si (**1.** tener) _____ más energía!

DRA. SÁNCHEZ: Si (**2.** tomar) _____ estas vitaminas e (**3.** hacer) _____ más ejercicio, (**4.** sentirse) _____ mejor, don Ismael.

DON ISMAEL: Pero doctora, las vitaminas son caras. Si (**5.** tener) _____ el dinero para comprar pastillas, si no (**6.** tener) _____ que trabajar tanto, (**7.** sentirme) _____ mejor. Y hacer ejercicio es aburrido. Si (**8.** vivir) _____ más cerca del gimnasio, lo (**9.** hacer) _____, pero...

DRA. SÁNCHEZ: Entiendo que es difícil, don Ismael. Pero ¿qué (**10.** hacer) _____ su esposa si algo le (**11.** pasar) _____ a usted? Si (**12.** seguir) _____ mi consejo, (**13.** ser) _____ mucho más feliz y su esposa no (**14.** temer) _____ por su salud.

DON ISMAEL: Usted tiene razón. Ojalá (**15.** poder) _____ seguir sus consejos. Pero voy a tratar de hacerlo. ¡Ay, si (**16.** ser) _____ más joven!

D-2 El Mesón Sevillano. El Mesón Sevillano es un bar popular donde la gente se reúne (*gather*) por la tarde a tomar un café, una cerveza, una copa de vino y a comer unas tapas. Las tapas son aperitivos como aceitunas, tortilla española, mariscos, maníes o queso. ¿Qué pedirían si visitaran El Mesón Sevillano? Si ustedes tuvieran un bar de este tipo, ¿qué otras tapas ofrecerían? ¿Qué bebidas incluirían? Escriban su propio menú para este bar.

E. The pluperfect subjunctive

The pluperfect subjunctive has the same communicative function as the pluperfect indicative, which you reviewed in *Capítulo 5*. It is used to refer to an action or event occurring before another past action or event. However, while the pluperfect indicative describes actions that are real, definite, or factual, the pluperfect subjunctive is used in subordinate clauses that express attitudes, wishes, feelings, emotions, or doubts. See the sentences below the time line.

Ojalá que no me hubiera hecho un tatuaje de mi ex novia.

Present

Past ◄────────┬────────────┬───────────────┬──────────► Future
             1. hablar   dudar   *(right now)*
             2. tatuarse   lamentar

Dudábamos que los policías **hubieran hablado** con el traficante de drogas.	*We doubted that the policemen had talked with the drug dealer.*
La novia de Carlos lamentó que él se **hubiera tatuado.**	*Carlos's girlfriend was sorry that he had gotten a tattoo.*

- The pluperfect subjunctive is formed with the imperfect subjunctive of the auxiliary verb **haber** + the past participle.

IMPERFECT SUBJUNCTIVE		PAST PARTICIPLE
yo	hubiera	
tú	hubieras	tomado
Ud., él, ella	hubiera	comido
nosotros/as	hubiéramos	vivido
vosotros/as	hubierais	
Uds., ellos, ellas	hubieran	

- Compare the pluperfect indicative with the pluperfect subjunctive in the examples that follow.

Indicative

Dijo que el guardia le **había gritado** al criminal.
He said that the guard had yelled at the criminal.

Subjunctive

Deseaba que el guardia no le **hubiera gritado** al criminal.
He wished that the guard had not yelled at the criminal.

The first sentence, *Dijo que el guardia le **había gritado** al criminal,* uses the indicative because the action in the subordinate clause is presented as a fact. The second sentence, *Deseaba que el guardia no le **hubiera gritado** al criminal,* uses the subjunctive because the subordinate clause expresses a hypothetical action—what he wished had not happened, not what necessarily did happen.

▶ Aplicación

E-1 *El laberinto del fauno* **(Pan's Labyrinth).** Lee esta reseña de una excelente película española, una mezcla de fantasía y suspenso.

El laberinto del fauno

Esta película del director mexicano Guillermo del Toro ganó tres premios Óscar en 2006. Se sitúa en 1944 en la España controlada por los fascistas bajo la dictadura del General Francisco Franco. La heroína es Ofelia, una jovencita de trece años cuyo padre fue asesinado a manos de los fascistas. Para protegerse, su madre se encuentra obligada a casarse con un militar cruel. Este lleva a la madre y a su hija a su cuartel (*barracks*) en una región de España repleta de fuerzas republicanas. En una de sus caminatas, Ofelia se encuentra con el fauno, una criatura de su fantasía quien le dice que ella es en realidad una princesa. Para poder volver a su mágico reino (*kingdom*), el fauno le dice a Ofelia que tiene que pasar tres pruebas antes de la luna llena...

Ahora completa las oraciones que siguen con el pluscuamperfecto del indicativo o del subjuntivo, según el contexto.

1. Ofelia no podía creer que en otra vida (ser) _____ princesa, pero se encontró con el fauno quien antes la (conocer) _____ en su reino.

2. La madre de Ofelia siempre le (decir) _____ que su padre (morir) _____ de una enfermedad. No le parecía posible que su padre (morir) _____ durante la Guerra Civil Española.

3. Su mamá (casarse) _____ con el capitán fascista, pero no se habría casado con él si (saber) _____ cuánto iba a sufrir su querida hija.

4. El capitán se alegraba de que su esposa (quedar [*became*]) _____ embarazada, pero no le importaba su felicidad. El capitán no sabía que Ofelia (hacer) _____ un pacto con el fauno para proteger a su mamá.

5. El capitán dudaba que los guerrilleros de la resistencia (poder) _____ descarrilar (*derail*) el tren del ejército, pero ellos (decidir) _____ que era mejor morir por la libertad que vivir bajo una dictadura.

E-2 La resistencia española. Estos personajes de la película insisten en que son inocentes y que no cometieron ningún delito ni ninguna traición. Usa la expresión **como si** para expresar tus sospechas sobre su culpabilidad.

> **MODELO:** Miguel dice que no tomó parte en el descarrilamiento del tren.
> *Pero actúa como si lo hubiera descarrilado.*

1. El médico ha jurado que nunca curó a los guerrilleros de la resistencia.

2. Ofelia dice no haberle dado ningún medicamento a su mamá.

3. El soldado afirma que nunca aceptó un soborno (*bribe*).

4. El guerrillero jura que nunca le robó las provisiones al capitán.

5. La mamá de Ofelia insiste en que siempre amó al capitán.

6. La mujer que trabaja en la casa del capitán ha afirmado que no les dio comida a los guerrilleros.

F. Uses of *se* with impersonal and passive constructions

En mi fraternidad no se permite tomar bebidas alcohólicas.

The impersonal *se* to express "people, one, we, you, they"

The pronoun **se** may be used with the third-person singular form of a verb to express an idea without attributing the idea to anyone in particular. These expressions are equivalent to English sentences that have impersonal subjects such as *people, one, you, we, they.*

Se dice que es importante saber escoger los amigos.	*They/People say that it's important to know how to choose your friends.*
Se puede rehabilitar a los alcohólicos con terapia y disciplina.	*One/You/We can rehabilitate alcoholics with therapy and discipline.*

- As in English, the third-person plural of the verb may be used alone to express these impersonal subjects.

Dicen que la sentencia del joven no era justa.	*They say that the young man's sentence wasn't fair.*

The passive *se*

The pronoun **se** may also be used with the third-person singular or plural form of the verb as a substitute for the passive voice in Spanish. In such cases, the person who does the action is **not** mentioned.

Este bar se abre a las 8:00 de la mañana

- The verb that follows **se** is in the third-person singular when the statement refers to a singular noun, and in the third-person plural when the statement refers to a plural noun.

Se vende cerveza en las máquinas expendedoras en España.	*Beer is sold in vending machines in Spain.*
Se venden artículos de contrabando en las calles.	*Contraband articles are sold in the streets.*

- When the statement refers to a specific person or persons, the verb that follows **se** is in the third-person singular and the personal **a** is used.

Se acepta a Juan porque dejó de beber.	*Juan is being accepted because he stopped drinking.*
Se apoya a los ex miembros de la pandilla aun después que dejan el programa.	*The ex-gang members are supported even after they leave the program.*

▶ Aplicación

 F-1 Portavoz (*spokesperson*) presidencial. Usa estas expresiones y otras para comentar lo que informa el periódico.

se dice	se opina
se duda	se afirma
se cree	se teme
se anuncia	se niega

MODELO: Los miembros de la organización terrorista ETA quieren negociar con el gobierno español.
Se dice que los miembros de la ETA quieren negociar con el gobierno español.

1. Este año ha bajado el índice de delincuencia en esta ciudad.

2. El índice de vandalismo en la juventud sigue igual.

3. Hay un plan nuevo para manejar el problema del cibervandalismo entre los jóvenes.

4. Se abrirá una institución para proteger a niños y a mujeres víctimas de abuso.

5. Van a investigar si la pena de muerte reduce el índice de la delincuencia.

6. Un comité del Senado va a investigar si es posible rehabilitar a alguien que cometa un homicidio.

7. El gobierno va a introducir nueva legislación para reformar las leyes sobre la inmigración.

8. El Departamento de Educación premiará las escuelas que hayan tenido éxito en mejorar los logros de sus estudiantes.

 F-2 Opiniones. Conversen entre ustedes y den su opinión sobre estos temas.

MODELO: ¿Qué se debe hacer para arrestar a las personas que practican el cibervandalismo?
Se las puede perseguir a través de los servicios de la Internet, pero muchas veces los delincuentes no viven en este país y es casi imposible encontrarlos.

1. Se dice que hoy en día los crímenes violentos están en aumento (*increasing*). ¿Cuáles son algunas de las causas de este aumento de violencia?

2. ¿Cuándo es apropiado aplicar la pena de muerte (*death penalty*)?

3. ¿Cómo se rehabilita a los delincuentes menores de edad en este país?

4. ¿Cómo se puede definir el terrorismo?

5. ¿Qué se puede hacer para reducir el número de pandillas (*gangs*) en las grandes ciudades?

G. Indefinite and negative expressions

AFIRMATIVO		NEGATIVO	
algo	*something, anything*	nada	*nothing, not anything*
alguien	*someone, anyone*	nadie	*nobody, no one*
algún, alguno/a(s)	*any, some*	ningún, ninguno/a	*none, not any*
siempre	*always*	nunca, jamás	*never*
también	*also, too*	tampoco	*neither, not either*
o... o	*either... or*	ni... ni	*neither... nor*

- In Spanish, the adverb **no** can be used with a second negative expression to form a double negative. **No** must precede the verb, and the second negative (e.g., **nada, nadie, ningún**) will either immediately follow the verb or be placed at the end of the sentence.

  No he pertenecido **nunca** a una pandilla.   *I never belonged to a gang.*
  No le hablo del escándalo a **nadie**.   *I don't talk about the scandal to anyone.*

- When the negative expression precedes the verb, *no* is omitted.

  Nunca he pertenecido a una pandilla.   *I never belonged to a gang.*
  A **nadie** le hablo del escándalo.   *I don't talk about the scandal to anyone.*

- Because **nadie** and **alguien** refer only to persons, the personal **a** is required when they appear as direct objects of the verb.

  ¿Se arrestó **a alguien** esta noche?   *Did they arrest anyone tonight?*
  No, no se arrestó **a nadie**.   *No, they didn't arrest anyone.*

- The adjectives **alguno** and **ninguno** drop the **-o** before a masculine singular noun in the same way that the number **uno** shortens to **un**. Note the written accent on the resulting forms.

  Ningún ladrón escapó de la cárcel.   *No thief escaped from jail.*
  Tengo que entrevistar a **algún** juez.   *I have to interview a judge.*

- In a negative sentence, all indefinite words are negative.

  El policía **no** interroga a **nadie tampoco**.   *The policeman doesn't interrogate anybody either.*

▶ Aplicación

 G-1 ¡No seas tan negativo! Respondan a los siguientes comentarios y ofrezcan razones que justifiquen su opinión.

> **MODELO:** No hay ninguna oportunidad para los jóvenes que no tengan título universitario.
> E1: *Sí, hay algunas oportunidades, especialmente en los campos tecnológicos.*
> E2: *Y si sabes un segundo idioma, hay muchas oportunidades en el comercio.*

1. Siempre maltratan a los prisioneros en las cárceles.

2. El juez nunca es imparcial.

3. La policía tampoco captura a los ladrones.

4. Hay algo sospechoso en este caso.

5. Hay muchos políticos que son corruptos.

6. Los abogados siempre son deshonestos.

7. Hay algunos escándalos en el gobierno.

8. No hay nada que se pueda hacer para combatir el problema de los secuestros.

G-2 En la estación de policía. Imagínense qué cosas ocurren y a quiénes se ve en la estación de policía los sábados por la noche. Usen todas las expresiones negativas y afirmativas posibles en su descripción.

MODELO: *Siempre hay…*

 G-3 Sus opiniones. Conversen sobre lo siguiente y expliquen sus opiniones.

MODELO: algo que les disguste
Algo que me disgusta es el vandalismo. Me molesta la falta de respeto a la propiedad de otros.

1. alguna ley con la que no estén de acuerdo
2. algo que les moleste
3. algún acontecimiento que les sorprenda
4. algo que les fascine
5. alguna persona que admiren
6. algo que les dé risa

H. The relative pronouns *que, quien,* and *lo que,* and the relative adjective *cuyo/a(s)*

Lo que te pido es que sólo uses la tarjeta de crédito para una emergencia.

Relative pronouns are used to join two sentences that share a noun or a pronoun. Relative pronouns refer to a preceding word, called an antecedent.

Pienso invertir en acciones de energía.	*I intend to invest in energy stocks.*
Las acciones van a subir.	*The stocks are going to rise.*
Pienso invertir en acciones de energía que van a subir.	*I intend to invest in energy stocks that are going to rise.*

The relative pronouns *que, quien,* and *lo que*

- The relative pronoun **que**, meaning *that*, *which*, *who*, and *whom*, is used for both persons and objects.

El talonario de cheques **que** te di está en la mesa.	*The checkbook (that) I gave you is on the table.*
Van a interrogar al banquero **que** vendió todas sus acciones.	*They are going to question the banker who sold all of his stocks.*

- The relative pronoun **quien(es)**, meaning *who* and *whom*, refers only to persons and is most commonly used after prepositions or when a clause is set off by commas.

Ese es el consejero **con quien** me reúno para resolver el problema de los impuestos.	*That is the advisor with whom I meet to resolve my tax problem.*
Ese es el banquero **a quien** entrevistaste.	*That is the banker whom you interviewed.*
El banquero, **quien** era buen amigo mío, murió de repente.	*The banker, who was a good friend of mine, died suddenly.*

- The relative pronoun **lo que**, meaning *what* and *that which*, is a neutral form, referring to an idea, or a previous event or situation.

No me gustó **lo que** hicieron con las tasas de interés.	*I didn't like what they did with the interest rates.*
¿Entiendes **lo que** implica la bancarrota?	*Do you understand what bankruptcy implies?*

- Unlike *that* in English, the use of the relative pronoun **que** in Spanish is never optional.

Los préstamos **que** hizo el banco son increíbles.	*The loans (that) the bank made are incredible.*
El hombre **que** conociste trabaja para el Banco Norteamericano de Desarrollo.	*The man (that) you met works for the North American Development Bank.*

The relative adjective *cuyo/a(s)*

La carta, cuya segunda página está perdida, es del Banco Mundial.

- **Cuyo/a(s)** means *whose, of whom,* or *of which* and is a relative possessive adjective. It agrees in gender and number with the noun it precedes.

Los cheques, **cuyas** firmas revisaste, fueron depositados en la cuenta de ahorros.	*The checks, whose signatures you checked, were deposited in the savings account.*
El accionista, **cuyas** acciones perdieron todo su valor, está enojado.	*The shareholder, whose stocks lost all their value, is upset.*

- **Cuyo/a(s)** is always repeated before nouns of different genders and agrees with each one.

El vicepresidente **cuya** iniciativa y **cuyo** esfuerzo lograron la transacción, fue ascendido a presidente del banco.	*The vice president, whose initiative and effort achieved the transaction, was promoted to president of the bank.*

- Do not forget that **de quién(es)** corresponds to the English interrogative *whose.*

¿**De quiénes** son estas cuentas?	*Whose accounts are these?*
No sabemos **de quién** es esa factura.	*We don't know whose invoice that is.*

▶ Aplicación

H-1 Víctima del robo de identidad. Este es un artículo sobre una mujer a quien le robaron la identidad. Completa el artículo con los relativos **que, lo que, quien(es),** o **cuyo/a(s).** Después de leer el artículo, explica por qué esta mujer se siente tan desilusionada.

Mujer académica víctima del robo de identidad

Noemí Rodríguez es una mujer (1) _____

se consideraba inteligente, pero (2) _____

ahora se encuentra entre las muchas víctimas del robo de identidad.

La profesora universitaria, (3) _____ antes

confiaba en sus amigos, nunca pensó que pudiera ser víctima, ni aun

menos que el culpable fuera amigo suyo. Este, un ex novio con

(4) _____ había salido durante varios años,

evidentemente decidió sacar una tarjeta de crédito bajo los nombres

de Noemí y un esposo ficticio. Noemí, (5) _____

datos personales el ex novio encontró fácilmente en su apartamento,

nunca sospechó que él fuera tan despreciable (*despicable*). Se enteró

(*found out*) del fraude cuando empezó a recibir aparatos electrónicos

(6) _____ no había pedido y luego facturas

por ellos. Para colmo, cuando quiso cancelar la tarjeta no pudo

porque no sabía el número del seguro social del supuesto esposo. Poco después, la policía detuvo al culpable

cuando fue al apartamento a recoger las mercancías (7) _____ había pedido. Noemí,

(8) _____ informe de crédito ya está bloqueado, afirma que (9) _____

le molestó más fue descubrir de esa manera cómo era realmente su ex amigo.

H-2 Lo que busco... Completa estas frases de una manera original. Utiliza diferentes verbos, como **buscar, preferir, querer, gustar,** etc.

> **MODELO:** en un banco
> *Lo que busco en un banco son buenos servicios y gente amable.*

1. en una tarjeta de crédito
2. en un/a jefe/a
3. en una inversión
4. en mi vida profesional

5. en una cuenta de ahorros
6. en una entrevista
7. en un préstamo
8. en un trabajo

H-3 Solicitud de beca (*grant*). Escríbele una carta a una fundación, pidiéndole una beca para seguir tus estudios. Usa pronombres y adjetivos relativos.

> **MODELO:** *(fecha, ciudad)*
> *A quien pueda interesar:*
> *Mi nombre es Raquel Mejías; soy estudiante de tercer año de la Universidad Politécnica de Monterrey donde estudio relaciones internacionales e inglés. Solicito la beca que ustedes les ofrecen a estudiantes para seguir estudios en un programa cuya especialidad son los idiomas. Lo que más me interesa...*
> *Atentamente,*
> *Raquel Mejías Villar*

I. The relative pronouns *el/la cual* and *los/las cuales*

> *Este es el presupuesto de la casa, el cual le traigo para que lo examine.*

- In order to avoid ambiguity: **el/la cual** and **los/las cuales** (*that, which, who,* and *whom*) are used to identify which of two antecedents of different genders is being talked about.

| Le expliqué el procedimiento a la cajera del banco, **la cual** es sumamente competente. | *I explained the procedure to the bank teller, who is extremely competent.* |
| Acabo de encontrar el pago de la clienta, **el cual** se había perdido. | *I have just found the client's payment, which had been lost.* |

- **El/La cual** and **los/las cuales** are also used after prepositions to refer to things or persons.

| Olvidamos las facturas **sin las cuales** no podemos hacer los cheques. | *We forgot the invoices without which we cannot write the checks.* |
| Usted es la empleada **en la cual** deposito mi confianza. | *You are the employee in whom I put my trust.* |

▶ Aplicación

I-1 En la Bolsa de Comercio de Buenos Aires. El MERVAL es el índice de acciones más importantes de la bolsa argentina. Combina las frases con **el/la cual** o **los/las cuales** para describir las actividades de la Bolsa y del MERVAL.

> **MODELO:** Estos mensajeros llevan las facturas, *las cuales* tienen la información sobre el cliente.

1. Los operadores llegan a la Bolsa, _____ se abre oficialmente a las diez en punto.

2. Todo el mundo tiene por lo menos dos teléfonos móviles, _____ están siempre al alcance (*within reach*) de los operadores.

3. A las diez en punto todos oyen el timbre de apertura, sin _____ se prohíbe empezar la compra y venta de acciones.

4. Ahora no se les permite a los operadores fumar en la Bolsa, _____ tienen que salir a la calle para fumar.

5. Los operadores sufren de grandes tensiones, _____ les acortan la vida a muchos.

6. Algunas de estas acciones, _____ se venden por más de su valor, son de empresas internacionales.

7. Las malas noticias sobre las hipotecas en EE. UU. van a bajar el valor total del MERVAL argentino, _____ ha caído un poco los últimos días.

8. Sin embargo, la situación económica de Europa, _____ sigue mejorando, también crea optimismo entre los accionistas latinoamericanos.

I-2 Su presupuesto. Imagínense que trabajan en una agencia que ayuda a personas con dificultades para manejar sus ingresos y gastos. Presenten un presupuesto mensual de gastos para uno de los siguientes casos. Incluyan estas y otras consideraciones y justifiquen sus decisiones. No se olviden de usar tantos pronombres relativos como puedan.

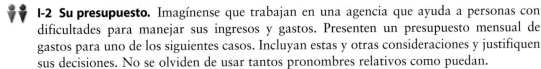

ahorros	comida	gas y electricidad	préstamos
alquiler/hipoteca	diversión	impuestos	retiro
automóviles	educación	inversiones	vestuario

MODELO: Clarita Sánchez es una viuda cuyo único ingreso es el cheque del Seguro Social.

Para una persona con tan bajos ingresos, es necesario tener un presupuesto muy estricto. Primero, tiene que pagar los gastos fijos como el gas y la electricidad, sin los cuales no puede disfrutar de una calidad de vida adecuada...

1. Los Muñoz son una joven pareja profesional sin hijos. Él gana 2.500 dólares al mes (después de los impuestos) en su trabajo de ingeniero. Ella gana 3.000 dólares en relaciones públicas.

2. Nora Rosales es una madre soltera con dos hijos pequeños. Gana 1.800 dólares al mes como asistente de maestra en una escuela pública.

3. Isabel Abascal es una joven que acaba de graduarse de médica y tiene deudas de 50.000 dólares. Empieza a hacer su internado en un hospital de Nueva York donde ganará 3.200 dólares al mes.

4. Alonso Sánchez es un señor jubilado que recibe 1.000 dólares al mes del Seguro Social y otros 1.000 dólares de su plan de jubilación.

J. Sequence of tenses with the subjunctive

Espero que asistas a la carrera el próximo fin de semana...

The following chart lists the sequence of tenses used with the subjunctive.

MAIN CLAUSE	DEPENDENT CLAUSE
present indicative future indicative present perfect indicative future perfect indicative command	present subjunctive or present perfect subjunctive
preterit indicative imperfect indicative conditional pluperfect indicative conditional perfect	imperfect subjunctive or pluperfect subjunctive

- When the verb in the main clause is in the present, future, present perfect, future perfect, or is a command, the verb in the dependent clause should be in the present subjunctive or present perfect subjunctive, depending on the context.

Hijo, **queremos** que lo **pases** bien en tu viaje de esquí.

Son, we want you to have a good time on your ski trip.

Le **he dicho** que **haga** paracaidismo.

I have told him to go parachuting.

Preferirán que **pasemos** las vacaciones explorando el Amazonas.

They will prefer that we spend our vacation exploring the Amazon.

Carlos les **habrá sugerido** que no **buceen** en esas aguas.

Carlos has probably suggested to them not to scuba dive in those waters.

Dígales que **practiquen** más la natación.

Tell them to practice swimming more.

Es bueno que **hayas aprendido** a patinar.

It is good that you have learned how to skate.

- When the main-clause verb is in the preterit, imperfect, conditional, pluperfect, or conditional perfect, the verb in the dependent clause will usually be in the imperfect subjunctive. However, the pluperfect subjunctive is used to refer to actions that precede a past action in the main clause.

Dudé que él **estuviera** navegando a vela.

I doubted that he was sailing.

No **había** nadie que **pudiera** patinar como ella.

There was no one who could skate like her.

Nos **gustaría** que nos **acompañaras** a esquiar en la nieve.

We would like you to come with us to ski in the snow.

Nos **habría molestado** si José Luis no **hubiera venido** a acampar con nosotros.

It would have bothered us if José Luis hadn't come camping with us.

Me **alegré** de que Carmen **hubiera hecho** montañismo.

I was glad that Carmen had done some mountain climbing.

- At times, when the main-clause verb is in the present, the imperfect subjunctive may be used in the dependent clause to refer to an action that has already occurred.

Siento que no **pudieras** jugar al básquetbol.

I am sorry that you were not able to play basketball.

No **creen** que Marta **fuera** tan buena instructora de esquí.

They don't believe that Marta was such a good ski instructor.

▶ Aplicación

J-1 Luis Antonio Valencia. La Copa Mundial de Fútbol es uno de los eventos más importantes del mundo. En 2006, el torneo fue seguido por más de 32 mil millones de personas en 207 países. Después del torneo, el ecuatoriano Luis Antonio Valencia, quien jugaba para la Liga Española, fue nombrado el Mejor Jugador Joven. Completa la carta escrita a sus padres a continuación con la forma correcta del indicativo o del subjuntivo del verbo entre paréntesis.

Mis queridos padres:

¡Qué gusto recibir la carta de ustedes! Me alegro de que (**1.** divertirse) _____ durante su viaje a Alemania para ver el torneo. Fue magnífico que (**2.** asistir) _____ a la ceremonia donde me nombraron el Mejor Jugador Joven de 2006 y que (**3.** conocer) _____ a los otros miembros y a los entrenadores del equipo español. Espero que me (**4.** enviar) _____ las fotos cuando las (**5.** subir) _____ a la Internet. Lamento que España no (**6.** ganar) _____ la Copa, pero tal vez (**7.** tener) _____ éxito en 2010.

¡Tengo muy buenas noticias! El club Wigan de Inglaterra me ha reclutado para jugar. Sí, es verdad que (**8.** ser) _____ difícil dejar España para vivir en un país angloparlante, pero es un buen club y estoy seguro que lo voy a disfrutar. Los entrenadores españoles me advirtieron que lo (**9.** pensar) _____ bien antes de tomar una decisión, y me ofrecieron una cantidad de dinero impresionante para que (**10.** quedarse) _____ con ellos, pero no pude resistir la oferta de Wigan. Ojalá que pronto (**11.** Uds./venir) _____ acá para visitarme y a ver un partido. Les aseguro que no (**12.** llover) _____ siempre allí.

Bueno, aquí tienen mi nueva dirección. Sería genial si (**13.** venir) _____ en agosto para ver el primer partido con Wigan.

Reciban un fuerte abrazo de su hijo,

Luis Antonio

J-2 Consejos de los padres a Luis Antonio... Escribe cinco o más consejos desde el punto de vista de los padres de Luis Antonio para cuando él se incorpore al equipo Wigan.

MODELO: *Te sugerimos que busques restaurantes ecuatorianos para comer bien en Inglaterra...*

K. *Se* for unplanned events

In order to describe an unexpected or unplanned event, Spanish frequently uses **se** in conjunction with the third-person singular or plural of the verb. In such cases, the action is not viewed as being *carried out* by someone, but rather as *happening* to someone. Hence, the indirect object is used. Some common verbs used in this way include:

Se me olvidó tu contraseña, ¿me la puedes dar?

acabarse	*to run out (of something)*
caerse	*to fall*
dañarse	*to damage, break (a machine)*
desaparecerse	*to disappear*
descomponerse	*to fall apart, break down*
morirse (ue)	*to die*
ocurrirse	*to think about doing something, to have an idea*
olvidarse	*to forget*
perderse (ie)	*to get lost, to lose something*
quedarse	*to remain behind, to leave (something) behind*
romperse	*to break (an object)*

Al cirujano **se le perdió** la radiografía.	*The surgeon lost the X-ray. (lit. The X-ray lost itself on the surgeon.)*
¿**Se le cayó** la bomba al autómata?	*Did the robot drop the bomb? (lit. Did the bomb fall while the robot was carrying it?)*
Se nos olvidó analizar el factor económico.	*We forgot to analyze the economic factor. (lit. Analyzing the economic factor forgot itself on us.)*
Se me murieron las especies de plantas que investigaba.	*The species of plants I was researching died. (lit. The species of plants I was researching died on me.)*

- Possession is implied by the indirect object pronoun, therefore Spanish uses the definite article, not the possessive adjective as in English. The prepositional phrase **a** + *noun/pronoun* may be added for clarity or emphasis.

A ti se te cayó el microscopio.	*You dropped your microscope.*
A la investigadora se le ocurrió cultivar células madre en un medio nuevo.	*It occurred to the researcher to grow stem cells in a new medium.*
A los técnicos se les descompuso la máquina ecocardiográfica.	*The ultrasound machine broke down on the technicians.*

▶ Aplicación

K-1 Un descubrimiento inminente. A continuación tienes una conversación entre dos científicos de renombre sobre una investigación que seguramente tendrá repercusiones en todo el mundo. Complétala con la forma correcta de las expresiones de la lista. Una de las expresiones se usa dos veces.

caerse	morirse	olvidarse	quedarse
romperse	ocurrirse	perderse	

DRA. SALINAS: Dr. Romero, ¿tiene usted el cuaderno con los pasos de nuestro experimento?

DR. ROMERO: Disculpe, Dra. Salinas, (**1**) _____ en casa.

DRA. SALINAS: No entiendo. ¿Por qué se lo llevó a casa? Parece que usted está muy distraído. Anoche usted salió del laboratorio y (**2**) _____ apagar el centrifugio.

DR. ROMERO: Es verdad que he estado olvidadizo. Cuando volví para apagarlo, busqué mis llaves del laboratorio por todas partes, pero luego recordé que hace varios días (**3**) _____. Sabía que sería desastroso si no paraba la máquina. La quise llamar, pero en un momento de pánico, (**4**) _____ su número de teléfono. Si no hubiera llegado el guardia para abrirme la puerta, habríamos perdido todas las células madre.

DRA. SALINAS: Bueno, no todas sobrevivieron. (A nosotros) (**5**) _____ muchas de las que cultivábamos. Además, el técnico dice que (**6**) _____ el centrifugio y va a demorar varios días en repararlo. Y cuando (a nosotros) (**7**) _____ las probetas (*test tubes*), los resultados se perdieron.

DR. ROMERO: ¡Lo siento mucho, Dra. Salinas! Pero (**8**) _____ una solución. Repitamos el experimento con nuevas células madre y esta vez usted se queda en el laboratorio para apagar el centrifugio. ¡Sin duda esta vez vamos a encontrar una cura para la vejez!

K-2 Desastres en la oficina. ¿Has tenido problemas en tu trabajo alguna vez? ¿Has tenido que dar excusas? Lee las situaciones siguientes y da excusas para explicarlas.

> **MODELO:** No tienes el informe preparado para la reunión de directores.
> *Disculpen. No pude hacer las copias porque se nos descompuso la fotocopiadora.*

1. Hay muchos errores en el informe que has preparado para tu supervisora.
2. Una planta exótica de tu jefe está amarilla y moribunda (*dying*).
3. Hay una mancha oscura en los planos (*blueprints*) para la fábrica nueva.
4. No has terminado el análisis del mercado laboral.
5. Ya no hay café en la cafetera.

K-3 Un día desastroso. Describan experiencias en las que todo salió muy mal. Luego, cuéntenle a la clase lo que le pasó a su compañero/a.

> **MODELO:** E1: *Un día se me quedó la tarea en casa y no pude entregarla a tiempo.*
> E2: *A Carlos un día se le quedó la tarea en casa y no pudo entregarla a tiempo.*

L. The passive voice

In both Spanish and English, the active voice expresses an action in which the subject is active, that is, the subject performs the action. In the passive voice, the recipient of the action is emphasized and becomes the grammatical subject. The agent who performed the action can be introduced by the preposition **por.**

Los científicos diseñaron la bomba.	*The scientists designed the bomb.*
La bomba fue diseñada **por** los científicos.	*The bomb was designed by the scientists.*
El geólogo descubrió el cráter.	*The geologist discovered the crater.*
El cráter fue descubierto **por** el geólogo.	*The crater was discovered by the geologist.*

El asteroide fue desviado por la detonación de una bomba nuclear.

- The passive voice is formed with the verb **ser** + past participle. The past participle agrees in gender and number with the subject because it is used as an adjective.

La tecnología para destruir el meteoro **fue explicada** por la experta.	*The technology to destroy the meteor was explained by the expert.*
La distancia entre el cometa y la Tierra **fue calculada** por los físicos.	*The distance between the comet and Earth was calculated by the physicists.*

- In Spanish, the passive voice can also be expressed with the pronoun **se**. The reflexive **se** as a substitute for the passive voice is more common, but can only be used when the agent of the action is not mentioned.

Se explicaron los pasos para proteger la Tierra.	*The steps to protect Earth were explained.*
El cráter **se** abrió como atracción turística.	*The crater was opened as a tourist attraction.*

- To describe the effect of a previous action, use **estar** + past participle. Note that in this case what is expressed is not the doer, but rather the state or condition of the subject.

El observatorio **está** cerrado.	*The observatory is closed.*
Las computadoras **estaban** apagadas.	*The computers were turned off.*

► Aplicación

L-1 Grandes descubrimientos e invenciones. Contesta las preguntas con la información de la lista a continuación. Usa la voz pasiva.

Albert Einstein	George Washington Carver
Alexander Graham Bell	Sir Isaac Newton
los árabes	Leonardo da Vinci
Clara Barton	Wilbur y Orville Wright
Galileo	William Harvey

> **MODELO:** ¿Quién inventó la bombilla eléctrica?
> *Fue inventada por Thomas Edison.*

1. ¿Quién explicó la fuerza de gravedad?

2. ¿Quién confirmó la teoría de Copérnico que dice que los planetas giran alrededor del Sol?

3. ¿Quién inventó el teléfono?

4. ¿Quién formuló la teoría de la relatividad?

5. ¿Quién describió el sistema de circulación de la sangre?

6. ¿Quién investigó los muchos usos posibles del cacahuate (*peanut*)?

7. ¿Quién fundó la Cruz Roja?

8. ¿Quiénes inventaron el avión moderno?

9. ¿Quién diseñó el primer helicóptero?

10. ¿Quiénes perfeccionaron el sistema de irrigación en España?

L-2 Un invento del Siglo XXI. Hay muchos inventos recientes que pueden ser importantes para mejorar la calidad de vida de este siglo. Utilicen la voz pasiva con el **se** impersonal para describir dos que tengan mucho potencial. Aquí tienen algunas posibilidades.

un robot japonés que enseña a bailar
un biocombustible etanol celulósico (*switchgrass*)
una llanta (*tire*) que nunca pierde el aire
un gato robot que puede expresar tristeza, sorpresa y alegría
un *playstation* sin cables
una aspiradora inteligente

> **MODELO:** *El sistema de navegación GPS fue inventado por investigadores del Departamento de Defensa de EE. UU., pero hoy en día el aparato es popular entre todos los que tienen automóvil. Se usa para buscar direcciones.*

Regular Verbs: Simple Tenses

Infinitive Present Participle Past Participle	Indicative						Subjunctive		Imperative
	Present	Imperfect	Preterit	Future	Conditional		Present	Imperfect	Commands
hablar hablando hablado	hablo hablas habla hablamos habláis hablan	hablaba hablabas hablaba hablábamos hablabais hablaban	hablé hablaste habló hablamos hablasteis hablaron	hablaré hablarás hablará hablaremos hablaréis hablarán	hablaría hablarías hablaría hablaríamos hablaríais hablarían		hable hables hable hablemos habléis hablen	hablara hablaras hablara habláramos hablarais hablaran	habla (tú), no hables hable (usted) hablemos hablad (vosotros), no habléis hablen (Uds.)
comer comiendo comido	como comes come comemos coméis comen	comía comías comía comíamos comíais comían	comí comiste comió comimos comisteis comieron	comeré comerás comerá comeremos comeréis comerán	comería comerías comería comeríamos comeríais comerían		coma comas coma comamos comáis coman	comiera comieras comiera comiéramos comierais comieran	come (tú), no comas coma (usted) comamos comed (vosotros), no comáis coman (Uds.)
vivir viviendo vivido	vivo vives vive vivimos vivís viven	vivía vivías vivía vivíamos vivíais vivían	viví viviste vivió vivimos vivisteis vivieron	viviré vivirás vivirá viviremos viviréis vivirán	viviría vivirías viviría viviríamos viviríais vivirían		viva vivas viva vivamos viváis vivan	viviera vivieras viviera viviéramos vivierais vivieran	vive (tú), no vivas viva (usted) vivamos vivid (vosotros), no viváis vivan (Uds.)

Regular Verbs: Perfect Tenses

Indicative										Subjunctive		
Present Perfect		Past Perfect		Preterit Perfect		Future Perfect		Conditional Perfect		Present Perfect		Past Perfect
he	hablado	había	hablado	hube	hablado	habré	hablado	habría	hablado	haya	hablado	hubiera	hablado
has	comido	habías	comido	hubiste	comido	habrás	comido	habrías	comido	hayas	comido	hubieras	comido
ha	vivido	había	vivido	hubo	vivido	habrá	vivido	habría	vivido	haya	vivido	hubiera	vivido
hemos		habíamos		hubimos		habremos		habríamos		hayamos		hubiéramos	
habéis		habíais		hubisteis		habréis		habríais		hayáis		hubierais	
han		habían		hubieron		habrán		habrian		hayan		hubieran	

Irregular Verbs

Infinitive / Present Participle / Past Participle	Indicative					Subjunctive		Imperative
	Present	Imperfect	Preterit	Future	Conditional	Present	Imperfect	Commands
andar andando andado	ando andas anda andamos andáis andan	andaba andabas andaba andábamos andabais andaban	anduve anduviste anduvo anduvimos anduvisteis anduvieron	andaré andarás andará andaremos andaréis andarán	andaría andarías andaría andaríamos andaríais andarían	ande andes ande andemos andéis anden	anduviera anduvieras anduviera anduviéramos anduvierais anduvieran	anda (tú), no andes ande (usted) andemos andad (vosotros), no andéis anden (Uds.)
caer cayendo caído	caigo caes cae caemos caéis caen	caía caías caía caíamos caíais caían	caí caíste cayó caímos caísteis cayeron	caeré caerás caerá caeremos caeréis caerán	caería caerías caería caeríamos caeríais caerían	caiga caigas caiga caigamos caigáis caigan	cayera cayeras cayera cayéramos cayerais cayeran	cae (tú), no caigas caiga (usted) caigamos caed (vosotros), no caigáis caigan (Uds.)

Irregular Verbs (continued)

Infinitive / Present Participle / Past Participle	Indicative						Subjunctive		Imperative
	Present	Imperfect	Preterit	Future	Conditional	Present	Imperfect	Commands
dar dando dado	doy das da damos dais dan	daba dabas daba dábamos dabais daban	di diste dio dimos disteis dieron	daré darás dará daremos daréis darán	daría darías daría daríamos daríais darían	dé des dé demos deis den	diera dieras diera diéramos dierais dieran	da (tú), no des dé (usted) demos dad (vosotros), no deis den (Uds.)
decir diciendo dicho	digo dices dice decimos decís dicen	decía decías decía decíamos decíais decían	dije dijiste dijo dijimos dijisteis dijeron	diré dirás dirá diremos diréis dirán	diría dirías diría diríamos diríais dirían	diga digas diga digamos digáis digan	dijera dijeras dijera dijéramos dijerais dijeran	di (tú), no digas diga (usted) digamos decid (vosotros), no digáis digan (Uds.)
estar estando estado	estoy estás está estamos estáis están	estaba estabas estaba estábamos estabais estaban	estuve estuviste estuvo estuvimos estuvisteis estuvieron	estaré estarás estará estaremos estaréis estarán	estaría estarías estaría estaríamos estaríais estarían	esté estés esté estemos estéis estén	estuviera estuvieras estuviera estuviéramos estuvierais estuvieran	está (tú), no estés esté (usted) estemos estad (vosotros), no estéis estén (Uds.)
haber habiendo habido	he has ha hemos habéis han	había habías había habíamos habíais habían	hube hubiste hubo hubimos hubisteis hubieron	habré habrás habrá habremos habréis habrán	habría habrías habría habríamos habríais habrían	haya hayas haya hayamos hayáis hayan	hubiera hubieras hubiera hubiéramos hubierais hubieran	
hacer haciendo hecho	hago haces hace hacemos hacéis hacen	hacía hacías hacía hacíamos hacíais hacían	hice hiciste hizo hicimos hicisteis hicieron	haré harás hará haremos haréis harán	haría harías haría haríamos haríais harían	haga hagas haga hagamos hagáis hagan	hiciera hicieras hiciera hiciéramos hicierais hicieran	haz (tú), no hagas haga (usted) hagamos haced (vosotros), no hagáis hagan (Uds.)

Irregular Verbs (continued)

Infinitive / Present Participle / Past Participle	Indicative					Subjunctive		Imperative
	Present	Imperfect	Preterit	Future	Conditional	Present	Imperfect	Commands
ir yendo ido	voy vas va vamos vais van	iba ibas iba íbamos ibais iban	fui fuiste fue fuimos fuisteis fueron	iré irás irá iremos iréis irán	iría irías iría iríamos iríais irían	vaya vayas vaya vayamos vayáis vayan	fuera fueras fuera fuéramos fuerais fueran	ve (tú), no vayas vaya (usted) vamos, no vayamos id (vosotros), no vayáis vayan (Uds.)
oír oyendo oído	oigo oyes oye oímos oís oyen	oía oías oía oíamos oíais oían	oí oíste oyó oímos oísteis oyeron	oiré oirás oirá oiremos oiréis oirán	oiría oirías oiría oiríamos oiríais oirían	oiga oigas oiga oigamos oigáis oigan	oyera oyeras oyera oyéramos oyerais oyeran	oye (tú), no oigas oiga (usted) oigamos oíd (vosotros), no oigáis oigan (Uds.)
poder pudiendo podido	puedo puedes puede podemos podéis pueden	podía podías podía podíamos podíais podían	pude pudiste pudo pudimos pudisteis pudieron	podré podrás podrá podremos podréis podrán	podría podrías podría podríamos podríais podrían	pueda puedas pueda podamos podáis puedan	pudiera pudieras pudiera pudiéramos pudierais pudieran	
poner poniendo puesto	pongo pones pone ponemos ponéis ponen	ponía ponías ponía poníamos poníais ponían	puse pusiste puso pusimos pusisteis pusieron	pondré pondrás pondrá pondremos pondréis pondrán	pondría pondrías pondría pondríamos pondríais pondrían	ponga pongas ponga pongamos pongáis pongan	pusiera pusieras pusiera pusiéramos pusierais pusieran	pon (tú), no pongas ponga (usted) pongamos poned (vosotros), no pongáis pongan (Uds.)

Irregular Verbs (continued)

Infinitive / Present Participle / Past Participle	Indicative					Subjunctive		Imperative
	Present	Imperfect	Preterit	Future	Conditional	Present	Imperfect	Commands
querer queriendo querido	quiero quieres quiere queremos queréis quieren	quería querías quería queríamos queríais querían	quise quisiste quiso quisimos quisisteis quisieron	querré querrás querrá querremos querréis querrán	querría querrías querría querríamos querríais querrían	quiera quieras quiera queramos queráis quieran	quisiera quisieras quisiera quisiéramos quisierais quisieran	quiere (tú), no quieras quiera (usted) queramos quered (vosotros), no queráis quieran (Uds.)
saber sabiendo sabido	sé sabes sabe sabemos sabéis saben	sabía sabías sabía sabíamos sabíais sabían	supe supiste supo supimos supisteis supieron	sabré sabrás sabrá sabremos sabréis sabrán	sabría sabrías sabría sabríamos sabríais sabrían	sepa sepas sepa sepamos sepáis sepan	supiera supieras supiera supiéramos supierais supieran	sabe (tú), no sepas sepa (usted) sepamos sabed (vosotros), no sepáis sepan (Uds.)
salir saliendo salido	salgo sales sale salimos salís salen	salía salías salía salíamos salíais salían	salí saliste salió salimos salisteis salieron	saldré saldrás saldrá saldremos saldréis saldrán	saldría saldrías saldría saldríamos saldríais saldrían	salga salgas salga salgamos salgáis salgan	saliera salieras saliera saliéramos salierais salieran	sal (tú), no salgas salga (usted) salgamos salid (vosotros), no salgáis salgan (Uds.)
ser siendo sido	soy eres es somos sois son	era eras era éramos erais eran	fui fuiste fue fuimos fuisteis fueron	seré serás será seremos seréis serán	sería serías sería seríamos seríais serían	sea seas sea seamos seáis sean	fuera fueras fuera fuéramos fuerais fueran	sé (tú), no seas sea (usted) seamos sed (vosotros), no seáis sean (Uds.)

Irregular Verbs (continued)

Infinitive Present Participle Past Participle	Indicative					Subjunctive		Imperative
	Present	Imperfect	Preterit	Future	Conditional	Present	Imperfect	Commands
tener teniendo tenido	tengo tienes tiene tenemos tenéis tienen	tenía tenías tenía teníamos teníais tenían	tuve tuviste tuvo tuvimos tuvisteis tuvieron	tendré tendrás tendrá tendremos tendréis tendrán	tendría tendrías tendría tendríamos tendríais tendrían	tenga tengas tenga tengamos tengáis tengan	tuviera tuvieras tuviera tuviéramos tuvierais tuvieran	ten (tú), no tengas tenga (usted) tengamos tened (vosotros), no tengáis tengan (Uds.)
traer trayendo traído	traigo traes trae traemos traéis traen	traía traías traía traíamos traíais traían	traje trajiste trajo trajimos trajisteis trajeron	traeré traerás traerá traeremos traeréis traerán	traería traerías traería traeríamos traeríais traerían	traiga traigas traiga traigamos traigáis traigan	trajera trajeras trajera trajéramos trajerais trajeran	trae (tú), no traigas traiga (usted) traigamos traed (vosotros), no traigáis traigan (Uds.)
venir viniendo venido	vengo vienes viene venimos venís vienen	venía venías venía veníamos veníais venían	vine viniste vino vinimos vinisteis vinieron	vendré vendrás vendrá vendremos vendréis vendrán	vendría vendrías vendría vendríamos vendríais vendrían	venga vengas venga vengamos vengáis vengan	viniera vinieras viniera viniéramos vinierais vinieran	ven (tú), no vengas venga (usted) vengamos venid (vosotros), no vengáis vengan (Uds.)
ver viendo visto	veo ves ve vemos veis ven	veía veías veía veíamos veíais veían	vi viste vio vimos visteis vieron	veré verás verá veremos veréis verán	vería verías vería veríamos veríais verían	vea veas vea veamos veáis vean	viera vieras viera viéramos vierais vieran	ve (tú), no veas vea (usted) veamos ved (vosotros), no veáis vean (Uds.)

Stem-Changing and Orthographic-Changing Verbs

Infinitive / Present Participle / Past Participle	Indicative Present	Indicative Imperfect	Indicative Preterit	Indicative Future	Indicative Conditional	Subjunctive Present	Subjunctive Imperfect	Imperative Commands
almorzar (z, c) almorzando almorzado	almuerzo almuerzas almuerza almorzamos almorzáis almuerzan	almorzaba almorzabas almorzaba almorzábamos almorzabais almorzaban	almorcé almorzaste almorzó almorzamos almorzasteis almorzaron	almorzaré almorzarás almorzará almorzaremos almorzaréis almorzarán	almorzaría almorzarías almorzaría almorzaríamos almorzaríais almorzarían	almuerce almuerces almuerce almorcemos almorcéis almuercen	almorzara almorzaras almorzara almorzáramos almorzarais almorzaran	almuerza (tú) no almuerces almuerce (usted) almorcemos almorzad (vosotros) no almorcéis almuercen (Uds.)
buscar (c, qu) buscando buscado	busco buscas busca buscamos buscáis buscan	buscaba buscabas buscaba buscábamos buscabais buscaban	busqué buscaste buscó buscamos buscasteis buscaron	buscaré buscarás buscará buscaremos buscaréis buscarán	buscaría buscarías buscaría buscaríamos buscaríais buscarían	busque busques busque busquemos busquéis busquen	buscara buscaras buscara buscáramos buscarais buscaran	busca (tú) no busques busque (usted) busquemos buscad (vosotros) no busquéis busquen (Uds.)
corregir (g, j) corrigiendo corregido	corrijo corriges corrige corregimos corregís corrigen	corregía corregías corregía corregíamos corregíais corregían	corregí corregiste corrigió corregimos corregisteis corrigieron	corregiré corregirás corregirá corregiremos corregiréis corregirán	corregiría corregirías corregiría corregiríamos corregiríais corregirían	corrija corrijas corrija corrijamos corrijáis corrijan	corrigiera corrigieras corrigiera corrigiéramos corrigierais corrigieran	corrige (tú) no corrijas corrija (usted) corrijamos corregid (vosotros) no corrijáis corrijan (Uds.)
dormir (ue, u) durmiendo dormido	duermo duermes duerme dormimos dormís duermen	dormía dormías dormía dormíamos dormíais dormían	dormí dormiste durmió dormimos dormisteis durmieron	dormiré dormirás dormirá dormiremos dormiréis dormirán	dormiría dormirías dormiría dormiríamos dormiríais dormirían	duerma duermas duerma durmamos durmáis duerman	durmiera durmieras durmiera durmiéramos durmierais durmieran	duerme (tú), no duermas duerma (usted) durmamos dormid (vosotros), no durmáis duerman (Uds.)

Stem-Changing and Orthographic-Changing Verbs (continued)

Infinitive / Present Participle / Past Participle	Indicative					Subjunctive		Imperative
	Present	Imperfect	Preterit	Future	Conditional	Present	Imperfect	Commands
incluir (y) / incluyendo / incluido	incluyo	incluía	incluí	incluiré	incluiría	incluya	incluyera	
	incluyes	incluías	incluiste	incluirás	incluirías	incluyas	incluyeras	incluye (tú),
	incluye	incluía	incluyó	incluirá	incluiría	incluya	incluyera	no incluyas
	incluimos	incluíamos	incluimos	incluiremos	incluiríamos	incluyamos	incluyéramos	incluya (usted)
	incluís	incluíais	incluisteis	incluiréis	incluiríais	incluyáis	incluyerais	incluyamos
	incluyen	incluían	incluyeron	incluirán	incluirían	incluyan	incluyeran	incluid (vosotros), no incluyáis / incluyan (Uds.)
llegar (g, gu) / llegando / llegado	llego	llegaba	llegué	llegaré	llegaría	llegue	llegara	
	llegas	llegabas	llegaste	llegarás	llegarías	llegues	llegaras	llega (tú)
	llega	llegaba	llegó	llegará	llegaría	llegue	llegara	no llegues
	llegamos	llegábamos	llegamos	llegaremos	llegaríamos	lleguemos	llegáramos	llegue (usted)
	llegáis	llegabais	llegasteis	llegaréis	llegaríais	lleguéis	llegarais	lleguemos
	llegan	llegaban	llegaron	llegarán	llegarían	lleguen	llegaran	llegad (vosotros), no lleguéis / lleguen (Uds.)
pedir (i, i) / pidiendo / pedido	pido	pedía	pedí	pediré	pediría	pida	pidiera	
	pides	pedías	pediste	pedirás	pedirías	pidas	pidieras	pide (tú),
	pide	pedía	pidió	pedirá	pediría	pida	pidiera	no pidas
	pedimos	pedíamos	pedimos	pediremos	pediríamos	pidamos	pidiéramos	pida (usted)
	pedís	pedíais	pedisteis	pediréis	pediríais	pidáis	pidierais	pidamos
	piden	pedían	pidieron	pedirán	pedirían	pidan	pidieran	pedid (vosotros), no pidáis / pidan (Uds.)
pensar (ie) / pensando / pensado	pienso	pensaba	pensé	pensaré	pensaría	piense	pensara	
	piensas	pensabas	pensaste	pensarás	pensarías	pienses	pensaras	piensa (tú),
	piensa	pensaba	pensó	pensará	pensaría	piense	pensara	no pienses
	pensamos	pensábamos	pensamos	pensaremos	pensaríamos	pensemos	pensáramos	piense (usted)
	pensáis	pensabais	pensasteis	pensaréis	pensaríais	penséis	pensarais	pensemos
	piensan	pensaban	pensaron	pensarán	pensarían	piensen	pensaran	pensad (vosotros), no penséis / piensen (Uds.)

Stem-Changing and Orthographic-Changing Verbs (continued)

Infinitive / Present Participle / Past Participle	Indicative Present	Indicative Imperfect	Indicative Preterit	Indicative Future	Indicative Conditional	Subjunctive Present	Subjunctive Imperfect	Imperative Commands
producir (zc) produciendo producido	produzco produces produce producimos producís producen	producía producías producía producíamos producíais producían	produje produjiste produjo produjimos produjisteis produjeron	produciré producirás producirá produciremos produciréis producirán	produciría producirías produciría produciríamos produciríais producirían	produzca produzcas produzca produzcamos produzcáis produzcan	produjera produjeras produjera produjéramos produjerais produjeran	produce (tú), no produzcas produzca (usted) produzcamos pruducid (vosotros), no produzcáis produzcan (Uds.)
reír (i, i) riendo reído	río ríes ríe reímos reís ríen	reía reías reía reíamos reíais reían	reí reíste rio reímos reísteis rieron	reiré reirás reirá reiremos reiréis reirán	reiría reirías reiría reiríamos reiríais reirían	ría rías ría riamos riáis rían	riera rieras riera riéramos rierais rieran	ríe (tú), no rías ría (usted) riamos reíd (vosotros), no riáis rían (Uds.)
seguir (i, i) (ga) siguiendo seguido	sigo sigues sigue seguimos seguís siguen	seguía seguías seguía seguíamos seguíais seguían	seguí seguiste siguió seguimos seguisteis siguieron	seguiré seguirás seguirá seguiremos seguiréis seguirán	seguiría seguirías seguiría seguiríamos seguiríais seguirían	siga sigas siga sigamos sigáis sigan	siguiera siguieras siguiera siguiéramos siguierais siguieran	sigue (tú), no sigas siga (usted) sigamos seguid (vosotros), no sigáis sigan (Uds.)
sentir (ie, i) sintiendo sentido	siento sientes siente sentimos sentís sienten	sentía sentías sentía sentíamos sentíais sentían	sentí sentiste sintió sentimos sentisteis sintieron	sentiré sentirás sentirá sentiremos sentiréis sentirán	sentiría sentirías sentiría sentiríamos sentiríais sentirían	sienta sientas sienta sintamos sintáis sientan	sintiera sintieras sintiera sintiéramos sintierais sintieran	siente (tú), no sientas sienta (usted) sintamos sentid (vosotros), no sintáis sientan (Uds.)
volver (ue) volviendo vuelto	vuelvo vuelves vuelve volvemos volvéis vuelven	volvía volvías volvía volvíamos volvíais volvían	volví volviste volvió volvimos volvisteis volvieron	volveré volverás volverá volveremos volveréis volverán	volvería volverías volvería volveríamos volveríais volverían	vuelva vuelvas vuelva volvamos volváis vuelvan	volviera volvieras volviera volviéramos volvierais volvieran	vuelve (tú), no vuelvas vuelva (usted) volvamos volved (vosotros), no volváis vuelvan (Uds.)

Spanish–English Glossary

A

abarcar to include
abogar to advocate
abogar (por) to advocate
aborrecer to detest
abrazar to embrace, 5
abrelatas, el can opener
aburrido/a boring (w/ser), bored (w/estar)
abusar (de) to abuse
acampar to camp
acciones, las stocks
aceptar to accept
acera, la sidewalk
acerca de about
acertado/a true
aciago/a fateful
acoplar to adapt
acordar (ue) to agree, 3
acordarse (ue) to remember, 3
acosar to harass, to hound
acoso (sexual), el (sexual) harassment
acostumbrarse to become accustomed, 4
acreedor/a, el/la creditor
acto, el act, 6
actor/actriz de reparto, el/la supporting actor/actress, 6
actualmente currently
actuar to act, 6
acudir to gather around
acumulado, el jackpot
acusar to accuse
adaptarse to adapt oneself

adelantar to advance, to overtake, to pass, to get ahead
adelanto, el progress, advance
adelgazar to slim down
ademán, el gesture
aderezo, el salad dressing
adivinar to guess, 4
administrar to administer
ADN, el DNA, 2
adobar to season, to marinate
adobo, el marinade, seasoning
adverso/a adverse
advertencia, la warning
aficionado/a, el/la fan, 6
aficionar to make someone keen on
afligido/a upset, 4
agarrar to grab
agente secreto/a, el/la secret agent
ágil agile, 1
agotar to run out
agradecer to thank, 5
agradecido/a thankful, 5
agravar to aggravate, 2
agregar to add
agrio/a sour
aguantar to bear, to put up with
agujero (negro), el (black) hole
ahogar to drown
ahorrar to save
ahorro, el savings
ajedrez, el chess
ajillo, al in garlic sauce

ajo, el garlic
al acecho on the lookout
alba, el dawn
albóndiga, la meatball
alborotado/a upset
alcalde-esa, el/la mayor
alcoba, la bedroom
alcoholismo, el alcoholism
aldea, la village
aleta, la fin
alhajas, las jewels
alianza, la alliance, 3
alimentar to feed
alimento, el food, 2
alma, el soul
almejas, las clams
alojar to stay, to accommodate
alzar to raise up
amar to love, 5
amargo/a bitter
ambiental environmental, 2
ámbito, el surroundings
ambos/as both
amenazar to threaten, 3
amo, el master
amonestar to admonish
amor propio, el self-respect, 4
amotinarse to riot
añadir to add
analfabeto/a illiterate
analítico/a analytical, 4
andar en moto todo terreno to ride an ATV
angustia, la anguish, 5
aniquilar to annihilate
año tras año year after year, 3

años veinte, los the twenties, 1
antemano ahead of time
antigüedades, las antiques
antojarse to take a fancy to
anuncio, el announcement, 1
apagón, el blackout
aparato, el apparatus, 2
apasionado/a passionate, 4
apasionarse to become passionate, 4
apearse to get out or off (a vehicle)
apetecer to long for, to crave
aplastar to crush
aplaudir to applaud, 6
apodo, el nickname, 1
apogeo, el apogee
aportar to bring, to contribute, 4
apostar (ue) to bet
apoyar to support, 4
apreciar to appreciate, 4
apretado/a squeezed
apretujado/a squeezed together
aprovechar to take advantage of
apuntar to point out
araña, la spider
arbusto, el shrub
arco y la flecha, el bow and arrow
ardiente blazing
armar to assemble
arrastrar to drag
arriesgar (se) to risk (oneself)
asar to roast
ascendencia, la heritage

ascender (ie) to be promoted

ascenso, el promotion

asegurar to assure, 3

asesinar to assassinate, 3

asesino/a, el/la assassin

asesor/a, el/la consultant, advisor

asientos de cuero, los leather seats, 1

asilo, el asylum, 3

asistir to attend (an event)

asoleado/a sunny

asombrado/a amazed

asombrar to surprise

asombroso/a surprising

astro, el star

astrofísica, la (el/la astrofísico/a) astrophysics (astrophysicist), 2

atado/a tied

atender (ie) to attend to, to assist

atracón, el pig out, eating binge

atraso, el delay

atreverse a to dare to

atrevido/a daring, bold, 5

atropellado/a trampled

atuendo, el attire

aturdido/a confused

audición, la audition, 6

aumentar to get bigger, 2

ausentismo, el absenteeism

auto compacto, el compact car, 1

autoestima, la self-esteem, 4

autógrafo, el autograph

autómata, el robot

autovía, la highway

avanzar to advance, 2

avergonzar (ue) to embarrass, 4

averiguar to find out

ayuno, el fast

azar, el chance

azucarera, la sugar refinery

azucena, la lily

B

Baco Bacchus

bailar to dance, 6

balazo, el gunshot

balde, en in vain

bancarrota, la bankruptcy

bandas decorativas, las decorative stripes, 1

banyi, el bungee jumping

barbilla, la chin

barrera, la barrier

barro, el clay

bastar to be enough

basura, la trash, 2

batalla, la battle

batidora, la blender

bendición, la blessing

beneficiar to benefit, 4

beneficio, el benefit

beneficioso/a beneficial, 2

benéfico/a charitable

berenjena, la eggplant

bien, el good deed, 5

bien hecho/a well-done (for meat)

bienes raíces, los real estate

bienestar, el well-being, 3

billar, el billiards, pool

billete, el ticket, 6

billetera, la wallet

Bimbo white bread

biomasa, la biomass

bioquímica, la (el/la bioquímico/a) biochemistry (biochemist), 2

bisturí, el scalpel

bloquear to block, 4

bobería, la foolishness

bocado, el mouthful

boga, en in vogue, 1

boleto, el ticket, 6

bolsillo, el pocket

bomba, la bomb

bondad, la kindness, 5

bondadoso/a good-natured, kind, 4

bono, el bonus

borrachera, la drunkenness

bosque, el forest, 2

bote, el can

botiquín, el first-aid kit

brillosito/a shiny

brisa, la breeze

bruñido/a polished

bucear to scuba dive

buena gente, la nice, good person/people

buscar to search, 5

C

caballero, el gentleman

cabaña, la hut

cabizbajo/a downcast, dejected, 5

cacerola, la pot

cacho, el piece

cada día each day

cadena, la chain, 6

cadera, la hip

caer bien to like (a person), 3

caer mal to dislike (a person), 3

cafetera, la coffeepot, coffeemaker

caída, la downfall

cajero/a, el/la cashier

cajero automático, el ATM

cajón, el drawer

calamares, los squid

calcinado/a burned

caldera, la furnace

caldo, el broth

calentamiento, el warming

calentar (ie) to warm, 2

calidad, la quality, 2

calificación, la qualification

callado/a quiet, 5

callejón, el alley

callo, el callus, corn

calumniar to gossip, 5

camarógrafo/a, el/la cameraman/woman, 6

cambiar to change, 1

camerino, el dressing room, 6

caminata, la hiking; hike

camión, el truck

campamento, el campsite, camp

campaña, la campaign, 3

caña de pescar, la fishing rod

cancha, la court (sports)

canicas, las marbles

cansancio, el tiredness

capa de ozono, la ozone layer, 2

capaz capable, 4

cara o cruz heads or tails

carácter, el character, 4

carbón, el coal, 2

carcajada, la laughter, 5

cárcel, la jail, 3

cariñoso/a affectionate, 5

carmelita brown

carne, la flesh

carné de conducir, el driver's license

carne de res, la beef

carne propia, en in their own skin/experience

carrera, la career, race, 6

cartas, las playing cards

cartelera, la billboard; entertainment listing, 6

cáscara, la peel (fruit), shell (nuts)

casco, el helmet

casi crudo/a rare (for meat)

casto/a chaste

cazar to hunt

celos, los jealousy, 5

célula (madre), la (stem) cell

ceniza, la ash

cerebro, el brain, 4

cerillo, el match

cerradura, la lock

certamen, el competition, contest, 6

chaleco salvavidas, el life vest

chamarra, la jacket

champiñón, el mushroom

chiquinino/a small

chisme, el gossip, 5

chismear to gossip, 5

chocante shocking

chorizo, el Spanish-style sausage

cibernética, la cybernetics, 2

ciclismo, el cycling

cielo, el sky

cifra, la numeral, amount

cine, el movie theater

cita, la date

ciudadanía, la citizenship

clasificar to classify, 2

clavado/a chained, 5

clave, la key (figure)

clérigo, el clergy, priest

clonar to clone, 2

cobrar to collect

cocer (ue) to cook, to boil

cochinillo, el suckling pig

cohete, el rocket

col, la cabbage

colaborar to collaborate, 6

coleccionar to collect (only for objects, not money)

colmo, el the limit

combustible, el fuel, 2

comercio, el business

cometa, el comet

cometer to commit

comisión, la commission

compartir to share, 5

compás, al to the rhythm

competencia/competición, la contest (sports)

competir (i, i) to compete, 6

componer to compose, 6

comportamiento, el behavior, 5

comprobar (ue) to prove, 4

comprometerse to get engaged, 5

compromiso, el engagement; promise; commitment, 3

concepto, el concept, 1

conducir to drive, 1

conducta, la behavior, 4

congelar to freeze

conjetura, la conjecture

conjeturar to conjecture

conjunto, el band; ensemble, 6

conseguir (i, i) to obtain

consentido/a spoiled, 5

consentidor/a, el/la spoiler

conservar to conserve, 2

considerar to consider, 1

consolidar to consolidate

constituir to constitute, 3

consulta, la consultation; professional office

consultar to consult

contabilidad, la accounting

contable, el/la accountant (Spain)

contador/a, el/la accountant

contaminación, la pollution, 2

contaminar to contaminate, 2

contenedor, el container, 2

contra de, en against

contrabandista, el/la smuggler

contrayente, el contractor

controvertido/a controversial

convivencia, la coexistence

cónyuges, los partners

copa, la glass (for wine, brandy, etc.)

cordero, el lamb

coreografía, la choreography

corola, la corolla

corporal (adj.) body

corredor/a, el/la runner

corredor/a de bolsa, el/la stockbroker

correr to run

corte de pelo, el haircut

cosecha, la harvest

cotidiano/a daily

cotilleo, el gossip

crear to create

crecer to grow

crianza, la raising

criar to raise

crimen, el crime

críos, los children

cristal, el glass, 2

cruzar to cross, 5

cuadra, la block

cuadro, el picture

cualidad, la quality, 2

cuartel, el barracks

cuartucho, el small, ugly room

cubeta, la bucket

cuenta corriente, la checking account

cuenta de ahorros, la savings account

cuesta arriba moving up, 6

cuidarse to be careful, to take care of oneself

culpable guilty

culpar to fault

culturismo, el bodybuilding

cumplir to comply with, to fulfill

cupones, los food stamps

cura, el priest

D

dador/a, el/la giver

dados, los dice

damas, las checkers

dañar to damage, 2

dañino/a harmful

dar igual to make no difference

dar por sentado to take for granted, 5

darle (a uno) risa to make one laugh

darse cuenta de to realize, 1

de hecho in fact

de moda in style, 1

deber to owe

deber, el duty

década, la decade, 1

declararse to propose to, 5

decretado/a decreed

decretar to decree

defectuoso/a defective

defraudar to defraud, to cheat

dejar to leave (behind), 1

dejar de to stop, 1

delincuente, el/la criminal

delirio, el delirium

delito, el crime, 3

demanda, la demand, 1

demás, los/las the others, 5

demora, la delay

demostrar (ue) to demonstrate, 3

denunciar to denounce, 3

depositar to deposit

depósito, el deposit

deprimido/a depressed

derechista right-wing

derecho, el right, 3

desafío, el challenge

desaforado/a lawless

desalojar to evict

desaparecer to disappear, 3

desarmar to disarm

desarrollar to develop, 3

desarrollo, el development

descapotable/convertible, el convertible, 1

descenso de ríos, el river rafting

descongelar to defrost

desde since (time or distance)

desechar to throw away, 2

desempeñar (un papel) to play (a role)

desempleado/a unemployed

desenvuelto/a outgoing, 4

desequilibrado/a unbalanced

desesperante exasperating

desgano, el lack of energy

desgarrado/a torn

desigualdad, la inequality

deslizar to slide

desmayo, el fainting

desmejorar to get worse

desnudar to reveal, to undress

despedida, la farewell

despedido/a fired

despensa, la larder

desplantar to uproot

desplazar to move

despreciable despicable

despreocupado/a carefree, 4

destacar to stand out, 1

destello, el spark

desterrar (ie) to exile, 3

destrozar to destroy, to vandalize

destruir to destroy, 2

desventaja, la disadvantage, 2

detener (ie) to detain, 3

deuda, la debt

diablito/a, el/la little devil

dicharachos, los vulgar expressions

dichoso/a lucky, 4

dictadura, la dictatorship

diestro/a skillful; cunning

dificultar to make difficult, 2

difundir to disseminate

diligencia, la errand

dineral, el a great deal of money

dinero en efectivo, el cash

discapacidad, la disability, handicap

discapacitado/a handicapped

disculpar to forgive, 5

discutir to argue, 5

diseño, el design, 1

disfraz, el costume

disfrutar to enjoy, 3

disminuir to diminish, 2

disparar to fire (a gun)

disparo, el shot

disponible available

dispuesto/a willing

divertirse (ie, i) to have fun

divisor, el factor

divorciarse to get divorced, 5

domicilio, el home

dominar to control, 5

dominó, el dominoes

don, el gift

donar to donate, 6

dramaturgo/a, el/la dramatist, 6

drogadicción, la drug addiction

dueño/a, el/la owner, 1

dulce sweet

duradero/a long-lasting

durar to last, 1

durazno, el peach

duro, el 5 pesetas (pre-euro Spanish currency)

E

echarse a to begin

echarse a perder to spoil

educar to educate, 3

efímero/a ephemeral

ejecutar to execute, 3

ejercer to practice a profession

ejercitar to exercise, 4

electricista, el/la electrician

elegir (j) to choose, 4

embarazo, el pregnancy

emborracharse to become intoxicated

embotellar to bottle

embriagar to get drunk

embriaguez, la drunkenness

emitido/a broadcast

emocionante exciting, 6

emocionarse to get excited, to be touched or moved emotionally, 4

empanada, la spicy or sweet turnover

empañetar to plaster

empeñar to pawn

emplear to employ

empleo, el employment

emplumado/a plumed

emprender to set out on

empresario/a, el/la business man/woman

enajenado/a alienated, absent, 4

encantar to love (colloquial; lit., be enchanting), 3

encargarse de to see to, to deal with, to look after

encendido/a burning

encina, la oak

encrespado/a curly

encuesta, la poll

endeudar (se) to go into debt

endulzar to sweeten

energía eléctrica, nuclear, solar, la electrical, nuclear, solar energy, 2

enfadarse to get angry, 5

engañar to deceive, 4

engaño, el deceit

engañoso/a deceitful

engordar to gain weight

engrapadora, la stapler

engrasado/a slick

enlatado/a canned

enlatar to can

enloquecerse (-zc) to go crazy

enojarse to get angry, 5

enredado/a tangled

ensamblar to assemble

ensayar to rehearse, 6

enseguida right away

ensimismado/a pensive

entendimiento, el understanding, 5

entonación, la intonation, 5

entrada, la ticket, 6

entrar to enter, 6

entrenador/a, el/la coach

entrenar to train

entretener to entertain, 6

entretenido/a entertaining

entrevista, la interview

entrevistar to interview

envejecer (-zc) to get old

enviudar to become a widow/er
eólico/a wind
época, la epoch, 1
equilibrado/a balanced
equitación, la horsemanship
equitativo/a equitable
erradicar to eradicate, 3
Es imprescindible que... It's vital that...
escalar to climb (a mountain)
escándalo, el scandal
escarcha, la frost
escaso/a scanty
escatimar to skimp
escena, la scene, 4
escenario, el stage, scene, 6
esclavitud, la slavery, 3
escoger (j) to choose, 3
escolaridad, la studies
escondidas, a in hiding
esfuerzo, el effort, 3
espacioso/a spacious, 1
espárragos, los asparagus
especies en peligro de extinción, las endangered species, 2
espectáculo, el spectacle, 6
especular to speculate
espejo, el mirror
esperanza, la hope
esperar to hope, to wait for, 5
espetar to blurt suddenly
espuma, la froth
esqueleto, el skeleton
esquiar to ski
esquiar en tabla to snowboard
esquina, la corner
estado de ánimo, el mood, 4
estado de cuentas, el account statement
estafar to cheat
estampilla, la postage stamp

estar aburrido/a to be bored
estilo, el style, 1
estrago, el havoc
estrecho/a narrow
estrella, la star, 6
estrenar to premier, 6
estropear to damage
etiquetar to label, 2
etnia, la ethnicity
evaluar to evaluate, 4
evitar to avoid, 4
excitante arousing, 6
exhibir(se) to exhibit, to display
exigir (j) to demand, 3
exitoso/a successful, 4
expandir to expand
experimentar to experience, 4
explorar to explore
explotación, la exploitation, 3
exterior, el exterior, 1
extinguir to extinguish, 2
extraer to extract
extranjero (en el...) abroad
extraterrestre, el/la extraterrestrial

F
fábrica, la factory
fabricar to manufacture, 1
factura, la invoice
faltar to lack, miss (lit., be lacking), 3
fantasmagoría, la ghostly picture
fascinar to be fascinated by (lit., be fascinating), 3
fauno, el Pan
favor de, a in favor of
festejar to entertain (someone)
fibrosis quística, la cystic fibrosis
ficha, la chip; playing piece

fidelidad, la fidelity, 5
fideos, los noodles
fiel faithful, 5
figurear to go cruising
fijador, el hairspray
fila, la row
financiar to finance
finanzas, las finances
fluido/a sleek
fondos, los funds
fontanero/a, el/la plumber
forcejeo, el struggle
fósforo, el match
fracasar to fail, 5
fracturar(se) (el brazo) to break (an arm)
francachela, la wild party
francesa, a la French-style
freír (i, i) to fry
frenar to restrain, to brake
frialdad, la coldness
fuera de onda out of style, 1
fuerza de, a as a result of
fulminado/a stricken
funcionar to work (mechanical), to function
fundación, la foundation, 3
fundirse to melt
furgoneta, la van, 1
futurólogo/a, el/la futurologist

G
gabardina, la raincoat
gamuza, la suede
ganar to earn, 6
garantía, la guarantee
garantizar to guarantee, 3
gastar to spend, 1
gemelo/a, el/la twin
generar to generate, 2
género, el genre, gender, 1

genética, la (el/la genetista), genetics (geneticist), 2
gente, la people
gerente, el/la manager
gesto, el gesture, 5
gira, la tour, 6
golpe de gracia, el final blow
golpear to beat
gótico/a Gothic
gotitas, las droplets
gozar to enjoy
grabar to record, 6
granel, a in great quantities
granos, los beans
grasa, la fat
gratis free
grave serious, 2
grosero/a nasty, vulgar, 4
guagua, la bus
guardaespaldas, el/la bodyguard
guardia de seguridad, el/la security guard
guiñar un ojo to wink
guión, el script, 6
guisantes, los peas
gusano, el worm

H
hacer caso to pay attention, 2
hacer escalada en roca (hielo) to rock (ice) climb
hacer falta to need (lit., be needed), 3
hacer las paces to make peace, 5
hacer parapente to hang glide
hacer trampa to cheat
hacer un papel to play a role, 6
hacer windsurf to windsurf
hacerse popular to become popular, 1

hallarse to find oneself
harina, la flour
harto/a fed up
herir (ie, i) to wound, 5
herramienta, la tool
hervir (ie, i) to boil
hervor, el boiling
híbrido, el hybrid, 1
hielo, el ice
hieráticamente solemnly
hilo, el thread
hipocresía, la hypocrisy
hipoteca, la mortgage
hito, el milestone
hogar, el home
hogareño/a home-loving, domestic
hojalata, la tin
holograma, el hologram
hombro, el shoulder
homenajear to pay homage
homicida, el/la murderer
homicidio, el murder
hongo, el mushroom
honrado/a honest, 4
hornear to bake
horno, al baked
hostigamiento, el harassment
huelga, la strike
huir to flee
humanitario/a humanitarian, 3
humo, el smoke, 2

I

igualdad, la equality
imagen, la image, 1
imaginativo/a imaginative, 4
imitar to imitate, 1
impedimento físico, el physical handicap
impresionar to be impressed (lit., impress), 3
impuesto, el tax

inagotable inexhaustible
incorporarse to stand up
increíble que..., es it's incredible that...
indocumentado/a undocumented
infiel unfaithful, 5
influir en/sobre to influence, to have influence on, 1
ingeniería nuclear/ genética, la (el/la ingeniero/a) nuclear/ genetic engineering (engineer), 2
ingerir (ie, i) to ingest
ingrato/a ungrateful, 4
ingreso, el income
innovador/a innovative
innovar to innovate, 6
inquieto/a restless, 4
inseguridad, la insecurity, 5
instinto, el instinct, 4
insultar to insult
integrante, el/la member
integrar to integrate
intemperie, la outdoors
interesar to be interested in (lit., interest), 3
interior, el interior, 1
intermedio, el intermission, 6
interpretar to interpret, 6
interrogar to question, to interrogate
intuitivo/a intuitive, 4
invadir to invade
inventar to invent, 1
invento, el invention, 1
invertir (ie, i) to invest
investigador/a, el/la researcher
investigar to investigate
ir de camping to go camping
irritar to irritate, 5
izquierdista left-wing

J

jeringuilla, la syringe
jícara, la gourd
jinete, el/la horseback rider
jovenzuelo, el young man
jubilado/a, el/la retired person
jubilarse to retire
juego de azar, el game of chance
jugada, la play, move (in a game)
jugar (ue) to play a game, to bet, to play a sport, 6
juicio, el trial, verdict, 3
junta, la meeting
jurar to swear
juzgar to judge

K

kilogramos por litro/ galón, los kilograms per liter/gallon, 1
kilómetros por hora, los kilometers per hour, 1

L

laborar to work, 3
lacio/a straight (hair)
lado, dejar de to put aside
ladrón/ladrona, el/la thief
lago, el lake
languidecer to languish
lanzar to launch, 3
leña, la firewood
lento/a slow, 6
letra, la lyrics
levantar pesas to lift weights
levantarse to stand up, to get out of bed
leyes antidiscriminatorias, las antidiscrimination laws
licencia, la license
llanto, el weeping

llave, la key; knob
llevar a cabo to carry out
lluvia ácida, la acid rain, 2
lo + adj. the + adj. thing
locutor/a, el/la (radio/TV) announcer, 6
lograr to achieve, 1
luchar to struggle
lucir to appear, to shine, 6
lucubrar to spin, 5
lujoso/a luxurious

M

macetero, el flowerpot
madrina, la godmother
malagradecido/a unappreciative
malcriado/a spoiled, 5
maldad, la malice, evil deed
maldecir to curse
malhablado/a foul-mouthed, 4
maltratar to mistreat
maltrato, el mistreatment
malvado/a evil, 4
mandón/mandona bossy, 5
manejable manageable, 1
manejar to drive, 1
manglar, el mangrove
maniático/a compulsive, 4
manifestación, la protest, demonstration
manipular to manipulate, 2
mantenerse to maintain oneself, 1
manzana, la block in street, apple
maquillaje, el makeup, 1
máquina tragamonedas, la slot machine
marca, la brand, 1
marcharse to leave
marea, la tide
mareomotriz tidal

margarita, la daisy

marinera, a la seafood-style

mármol, el marble

martillo, el hammer

más que nada more than anything else

más que todo more than anything else

masificarse to become part of the masses

matutino/a in the morning

mayoría, la the majority

Me parece bien/mal... It seems good/bad...

mediante by means of

medicamento, el medication, 2

medida, la measure, 2

medida, a la made to order

medio/a medium, half

medio ambiente, el environment, 2

medio/largo plazo, a in the mid/long term, 2

medir (i, i) to measure

mejillones, los mussels

mejorar to get better

melocotón, el peach

memoria, la memory, 4

mendigo/a, el/la beggar

mensajero/a, el/la messenger

mensual monthly

mente, la mind, 4

mentir (ie, i) lie, 4

mentiroso/a deceitful, 4

menudo, a often, 5

mercader/a, el/la merchant

mercancías, las merchandise

merodear to prowl

meta, la goal, 3

meterse to get involved

mezclar to mix

Mi argumento es que... My point is...

Mi objeción moral es... My moral objection is...

microbiología, la (el/la microbiólogo/a) microbiology (microbiologist), 2

microchip, el microchip

miel, la honey

minoría, la the minority

miopatía, la myopathy

mito, el myth

moda, a la in style, 1

moda pasajera, la fad, 1

modelo, el/la model, 1

modista, el/la fashion designer

modo, el way, 1

mojarse to get wet

moldeador, el gel

moler (ue) to grind

molestar to be a bother (lit., be bothersome), 3

molestia, la bother, 5

molesto/a annoyed

momentáneo/a momentary

moneda, la coin

monitorizar to monitor

mono/a cute

monovolumen, el van, 1

montañismo, el mountaineering

montante, el frame

montar to mount

montar una tienda de campaña to pitch a tent

morada, la dwelling

moraleja, la moral

mostrar (ue) to show, 3

movida, la counter culture movement (Spain)

movido/a lively, 6

movimiento, el movement, 1

muestra, la sample

multitud, la crowd

mundo del espectáculo, el world of entertainment, 6

muñeca, la doll

murmurar to murmur

mutante, el mutant

N

nácar, el mother-of-pearl

nadar to swim

naipes, los playing cards

nave espacial, la spaceship

navegar a vela/en velero to sail

negarse (ie) a to refuse

negrita, la term of endearment in Puerto Rico

nepótico/a nepotistic

ni siquiera not even

niñerías, las childish things

níveo/a snowy

nivel, el level, 5

nivel de vida, el standard of living, 3

No es cierto que... (+ subjunctive) It's not certain that...

no obstante nevertheless

novedad, la novelty, 1

O

obra, la work of art

obsesionarse to be obsessed, 4

ocio, el free time

odiar to hate

odio, el hatred

ojalá (que) I hope (that); I wish (that), 6

oler (hue) a to smell like

olfatear to smell

olla, la pot

onda, en in style, 1

opino que... my opinion is that...

opresión, la oppression, 3

oprimir to oppress, 3

oración, la prayer, sentence

órbita, la orbit

ordenador, el computer

ordenar to put in order

orfelinato, el foster home

orgulloso/a proud, 6

orientación sexual, la sexual orientation

oriente, el east

oriundo/a native

ostras, las oysters

otorgar to grant, to award

otro punto de vista es... another point of view is...

oveja, la sheep

P

padecer to suffer

padrino, el godfather

pagar to pay, 5

pajarillo, el little bird

palo, el stick

pámpanos, los vine branches

pancarta, la poster

pandilla, la gang

pandillaje, el gang activity

pandillero/a, el/la gang member

pantalla, la screen, 6

papel, el role, 6

paracaidismo, el parachuting

pararse to stand up, to stop, 5

parche, el patch

parchís, el Parcheesi

parecer to seem, 3

parecer(se) a to seem (look like), 6

pareja, la couple, pair, 5

parrilla, a la broiled, charcoal grilled

partida, la departure

pasado/a de moda out of style, 1
pasante, el/la intern
pasarela, la runway
pasarlo bien to have a good time
pastar to graze
patetismo, el pathos
patinar to skate
patria, la homeland
patrocinar to sponsor, 3
pavo real, el peacock
pecado, el sin
pechuga, la breast (of fowl)
pedazo, el piece
pedir (i) disculpas to ask for forgiveness, 5
pegar fuerte to stick, 1
peinado, el hairstyle, 1
pelar to peel
pelearse to fight, 5
peleón-ona cheap
película, la movie, film
peligrar to endanger
peligro, el danger
pelo parado, el spiked hair
pelota, la ball
pena de muerte, la death penalty
penalizar to penalize
penita, la sorrow
pequeño/a small, 2
perder (ie) to waste, to lose
Perdona, pero... Excuse me, but..., 5
perjudicar to harm
pero but, 4
pero hay que estar seguro de... but we (you) must be sure that...
pero la responsabilidad también... but the responsibility also...
Pero lo más importante es que... But the most important thing is that...

Pero no podemos depender de... But we can't depend on...
persecución, la persecution, 3
perseguir (i, i) to pursue, 3
personaje, el character, 6
personal, el staff
pertenecer (-zc) to belong
pesado/a boring, tedious, 5
pesar de, a in spite of
pescar to fish
peseta, la pre-euro Spanish currency
pésimo/a extremely bad
peste, la plague, insult
petróleo, el oil, 2
picante spicy
picar to chop, to cut up
pie de la letra, al literally
piedra, la stone
piel, la skin
pila, la battery
pimiento, el green pepper
ping-pong, el ping-pong
piropear to compliment
pisar to step on
placer, el pleasure, 4
plagado/a full of
plancha, a la grilled
planeta, el planet
plano, el blueprint
plástico, el plastic, 2
platicar to chat
plazo, el term
plomero/a, el/la plumber
plomo, el lead, 2
poco de, un a little (of), 2
poco/a little, 2
pocos/as few, 2
poder, el power
policía, el/la police
política, la policy, politics

póliza, la (insurance) policy; voucher; certificate
polvo, el dust
pólvora, la wildfire
pomelo, el grapefruit
ponchera, la bowl
poniente, el west
por otro lado on the other hand
por si acaso just in case
por un lado on the one hand
porcentaje, el percentage
portar to carry
portarse bien/mal to (mis)behave, 4
poseer to possess, 5
potable potable, 2
potaje, el mess
potente powerful, 1
predecir to predict, 2
predicción, la prediction
preferencia, la preference, 1
preferir (ie, i) to prefer, 1
prejuicio, el prejudice
premiar to award a prize to, 6
premio, el prize; award, 6
prenderse to set fire
presagiar to forewarn
presagio, el prophecy
presentarse to show up, to introduce oneself
preso/a, el/la prisoner, 3
prestadas sumas, las borrowed amounts of money
préstamo, el loan
prestar to lend
prestigio prestige
presumido/a conceited, 4
presumir to presume
presunción, la presumption
presupuesto, el budget

pretender to claim
prevenir to prevent, 2
probar (ue) to try, to taste
profecía, la prophecy
profesar to take vows
programación, la programming, 2
programador/a, el/la programmer
promover (ue) to promote, 3
proponer to propose, 2
proporcionar to provide
propósito, el purpose, 5
propuesta, la proposal
prostituir(se) to prostitute (oneself)
protagonista, el/la protagonist, 6
protector/a, el/la protector, 3
proteger to protect, 3
publicidad, la publicity, 1
público, el audience, 1
puesto, el position (job)
puesto que since (because)
pulque, el corn alcohol
purificar to purify

Q

qué dirán, el gossip
quedar to have remaining/left over (lit., be remaining), 3
quedarse to stay (in a place), 3
queja, la complaint
quejarse to complain
querer (ie) to love, to want, 5
Quiero señalar que... I want to point out that...
quirófano, el operating room
quizá(s) perhaps, maybe, 6

R

rasgo, el characteristic, 4

rato, el while

raza, la race

realizar to carry out, 1

rebelar to rebel

rebosar to overflow

recaudar fondos to raise funds, 3

recelo, el suspicion

rechazar to reject, to refuse, 6

rechazo, el rejection, 6

reciclar to recycle, 2

reclamar to complain

recogida selectiva, la selective pickup, 2

recolector/a, el/la picker

reconfortar to comfort

reconvención, la chiding

recordar (ue) to remember, 3

recorrer to tour

recreo, el recreation

recto/a straight

recuerdo, el memory, souvenir, 4

recurso, el resource, 2

regar to strew

rehabilitar to rehabilitate

reírse (i, i) to laugh, 5

rejas, las bars

relajación, la relaxation

relajar(se) to relax, 4

remar to row

renombrado/a renowned

renovar (ue) to renew, 2

renunciar to resign, to give up

repleto/a full

reportaje, el report, 6

resaca, la hangover

rescatar to rescue, 2

reseña, la review (of a show or book), 6

respetarse to respect each other

restar to subtract

restringir to restrict, to limit

resumen, en in summary

resumidas cuentas, En In short, 5

retar to dare, to challenge

retiro, el pension

reto, el challenge

retorcer (ue) to twist

retraso, el delay

retroceder to go backwards, 4

retrógrado/a reactionary

revés, al backwards

revólver, el revolver

rictus, el gesture, convulsive grin

riesgo, el risk

rímel, el mascara

risa, la laughter, 5

rizar to curl

robar to rob, to steal

rodear to surround

rogar (ue) to beg

ronco/a hoarse

ropaje, el clothing

rostro, el face

rudo/a crude

ruego, el plea

ruiseñor, el nightingale

rumbo, el course

S

saber a to smell like

sabor, el flavor

sacacorchos, el corkscrew

sacar to withdraw

saciedad, la satisfaction

sacudir to shake

sagrado/a sacred

salado/a salty

salario, el pay, wages

saldo, el balance

salir de juerga/de parranda to go out on the town

salitre, el sea salt

salto BASE, el BASE jumping

sano/a healthy, 2

sartén, la frying pan

sazonar to season

secuestrar to kidnap, to hijack

secuestro, el kidnapping

segregación, la segregation

segregar to segregate

seguir (i, i) la moda to follow fashion, 1

según according

seguridad, la security

sello, el stamp

selva, la jungle, 2

semanal weekly

señalar to point out, to make known

sencillo, el single (record), 6

senderismo, el hiking

señorón/-ona prim

sensible sensitive, 4

separarse to separate, to sort, 5

sequía, la drought, 2

servir (i, i) to serve, to be useful

sexo, el gender

SIDA, el AIDS

siempre y cuando… as long as…

sin embargo nevertheless, 2

sin fines de lucro nonprofit, 3

sino but, rather, 4

sino que rather, 4

sinvergüenza, el/la shameless one, 5

sistema solar, el solar system

sobras, las leftovers

sobregirar to overdraw

sobreuso, el overuse

sobrevenir to result

socorro, el help

solicitar to apply (for a job)

solicitud, la application

sólo only, 1

solo/a alone, 1

solomillo, el sirloin

sonajero, el baby rattle

sonido, el sound

soportar to put up with, 4

sordera, la deafness

sorteo, el raffle, lottery

soso/a bland

sospechoso/a, el/la suspect

sospechoso/a suspicious

sostén, el bra

sostenible sustainable

sótano, el basement

subdesarrollado/a underdeveloped

suceder to occur, 4

suceso, el event, 4

sucio/a dirty

sudar to sweat

sueldo, el pay, wages

sufragio universal, el universal suffrage, 3

sugerir (ie, i) to suggest, 5

sumar to add

superar to overcome, 4

superficie, la surface

supervisar to supervise

surgir to emerge

T

tacaño/a stingy, 5

taínos, los indigenous people of the Caribbean islands

tal vez perhaps, maybe, 6

taladro, el drill

tamaño, el size

tapas, las hors d'oeuvres

tarjeta de crédito, la credit card

tasa, la rate

tatuaje, el tattoo

tatuar(se) to (get a) tattoo

taza, la cup; measuring cup

tea, la torch

techo, el roof

teclado, el keyboard

tejido, el tissue

temblar (ie) to tremble

temporada, la season, 6

tenaz tenacious, 4

tendencia, la tendency, 1

tenderse (ie) to extend

tener celos to be jealous, 5

teñido/a dyed

teñir (i, i) to dye

tenue lightly scented

terapia genética, la genetic therapy

terco/a stubborn, 4

terrorista, el/la terrorist

testigo, el/la witness

tetrabrik, el box (of wine)

tez, la skin

tiempo completo, el full time

tiempo parcial, el part time

tigueraje, el delinquency

tijeras, las scissors

tinieblas, las shadows

tirar to throw

tocar to play a musical instrument, to touch, 6

Todo el mundo debe... Everyone should...

todo/a/os/as all

todos los días everyday

todoterreno, el ATV, 1

tomar conciencia to become aware, 3

tomar prestado to borrow

torneo, el tournament

toro, el bull

toronja, la grapefruit

torpe (con las manos) clumsy (all thumbs)

trabajar to work (a job)

trabarse to get stuck

tracción a cuatro ruedas, la four-wheel drive, 1

traficante, el/la trafficker

trama, la plot, 6

trampa, la deceit, trick

tranquilo/a calm

transcurso de, en el in the course of

transgénico/a transgenic

trasnochar to stay up late

trasto, el piece of junk

trastorno, el upset, mental disorder

trata, la trafficking, 3

tratar to treat, 3

trato, el treatment, 3

través de, a through, across

trayectoria, la trajectory

trifulca, la riot

truco, el trick, 4

turba, la mob

U

unirse to join with, 3

usuario/a, el/la user

V

vacilar to have fun

vacío/a empty

valiente courageous, 4

valor, el courage, 3

valorar to value, to appreciate

vandalismo, el vandalism

vandalizar to vandalize

vanidoso/a conceited, 4

vapor, al steamed

varo, el small coin

vaso, el glass

vecindario, el neighborhood

vehículo deportivo utilitario, el SUV, 1

veinte, los the twenties, 1

veintiuna, la twenty-one

vejez, la old age, 3

velitas, las little candles

velocidad, la speed, 1

vencer to conquer, 4

venganza, la revenge

ventaja, la advantage, 2

vergüenza, la shame, 4

vestimenta, la clothing

vías de desarrollo, en developing

vicio, el vice; bad habit, 4

vicioso/a with bad habits/vices, 4

videojuego, el video game

vidrio, el glass

vigente in force

vincular to link, to connect

vínculo, el link

violar to rape, to violate, 3

virarse to turn over

vistoso/a handsome

vivienda, la dwelling

vizcaína, a la Basque-style

volador/a flying

volar (ue) to fly

voluble unstable

Voy a explicar mis razones. I'm going to explain my reasons, 5

voz, la voice, 6

vueltecita, la stroll

Y

Y el gobierno también debe... And the government should also...

Ya era hora que... It was about time... (+ imperf. subjunctive)

yipeta, la jeep

Credits

Text

Page 68: José Ruibal, "Los mutantes" from Teatro sobre teatro by José Ruibal. Ediciones Catedra, 1975. Used with permission.

Page 102: "Masa" by Cesar Vallejo, from España, aparta de mí este cáliz [1937] Miguel Hernández, "Para la libertad."

Page 134: Music courtesy of TTH Records. Lyrics - "Soy by Charanga 76" provided by Eventus & Latinum Music; **page 135:** "A Julia de Burgos" from Song of the Simple Truth: The Complete Poems of Julia de Burgos copyright 1996 by Julia de Burgos. Published by Curbstone Press. Distributed by Consortium. Reprinted with permission.

Page 167: Carlos Eire, "Waiting for Snow in Havana." Nieve en La Habana: Confesiones de un cubanito by Carlos Eire (Author), Jose Badue (Translator). Vintage. Reprinted with permission from Random House and Free Press.

Page 199: "El Wanabí" por Tito Auger; **page 201:** Augusto Monterroso, "El concierto," de Obras completas (y otros cuentos). © 1959 by Augusto Monterroso. Publisher: Norma (March 1998). Reprinted with permission from International Editors' Company.

Photo

Cover: © Kristy-Anne Glubish / Images.com.

Page 3: Courtesy of www.istockphoto. com; **page 4 (top, left)** Corbis/Bettmann; **(top, right)** Ralph Crane/Time Life Pictures/Getty Images; **(bottom, left)** Columbia Records Photo; **(bottom, right)** © Joshua Roberts/Bettman/ Corbis; **page 8:** AP Wide World Photos; **page 9:** WireImage.com/Getty Images; **page 16:** Getty Images Inc. - Hulton Archive; **page 17:** Planton/International Cover; **page 19:** José Antonio Rojo, Fotoperiodista; **page 20 (top to bottom):** © David Young-Wolff / PhotoEdit; Dave King © Dorling Kindersley, Courtesy of the National Motor Museum, Beaulieu; Dave King © Dorling Kindersley, Courtesy of Tallahassee Car Museum; © Kim Mould/Omni-Photo Communications, Inc.; David R. Frazier/Photo Researchers, Inc.; Peter Langone/Getty Images Inc. - Stone Allstock; **page 26:** Corbis/Bettmann; **page 27:** Jonathan Fickies/Getty Images; **page 30:** Courtesy El Corte Inglés, S.A. Madrid, Spain; **page 31:** © EFE/Acero; **page 34:** Andrew Wakeford/Getty Images, Inc.- Photodisc.

Page 39: argus / Mike Schroeder/Peter Arnold, Inc.; **page 51:** David Young-Wolff/PhotoEdit Inc.; **page 52:** Simon Harris/Robert Harding World Imagery; **page 54:** STEVE SMITH/Getty Images, Inc. – Taxi; **page 55:** Ricardo Cases Marín; **page 56 (left):** Carol and Mike Werner/Phototake NYC; **(right):** Jean-Paul Chassenet/Photo Researchers, Inc.; **page 63:** Zig Leszczynski / Animals Animals/Earth Scenes; **page 65:** Andrew Hall/Getty Images Inc. - Stone Allstock; **page 66 (top):** Eduardo Comesana/Getty Images Inc. - Hulton Archive Photos; **page 67:** Carlos Alvarez/Getty Images; **page 68:** Grupo Anaya.

Page 75: EFE News Services, Inc.; **page 82:** Susan M. Bacon; **page 83:** Courtesy Habitat for Humanity; **page 84:** © CHAIWAT SUBPRASOM/Reuters/ Corbis; **page 91:** AP Wide World Photos; **page 95:** Alex Wong/Getty Images, Inc. – Liaison; **page 99 (top):** Fotoscopio; **(bottom):** Manos Anonimas, 1982, acrylic on canvas, painting by Carlos Alonso, Argentine painter; **page 100:** Courtesy of Ricardo Iván Pérez López; **page 102:** Courtesy Armando Reyes Castro; **page 103:** The Granger Collection, New York.

Page 107: Getty Images, Inc. – Stone Allstock; **page 108:** Images.com; **page 113:** Getty Images, Inc. – Digital Vision; **page 116:** (c) Cezaro de Luca / epa / CORBIS All Rights Reserved; **page 119:** Susan M. Bacon; **page 120:** Images.com; **page 124:** John Lund/Getty Images Inc. - Stone Allstock; **page 127:** Frank Micelotta/Getty Images, Inc.; **page 131:** Henry Romero/Reuters Limited; **page 133 (top):** Nickolas Muray/The Granger Collection; **page 134:** Jack Vartoogian/ Front Row Photos; **page 135:** The Pura Belpré Papers. Centro de Estudios Puertorriquenos.

Page 141: N. Frank/Viesti Associates, Inc.; **page 146:** Tracy Morgan © Dorling Kindersley; **page 148:** David Young-Wolff/PhotoEdit Inc.; **page 149:** David R. Frazier Photolibrary, Inc.; **page 151:** Romilly Lockyer/ Getty Images Inc. - Image Bank; **page 152:** Michael Newman/PhotoEdit Inc.; **page 155:** Getty Images – Stockbyte; **page 162:** Phil Borges/ Getty Images Inc. - Stone Allstock; **page 163:** Images.com; **page 164 (top, left):** L'Illustration/ Corbis/Sygma; **(bottom, left):** Courtesy of Throckmorton Fine Art, New York; **page 165:** Photo courtesy of Serafin Garcia Rodiguez/ Great Dane Records, Italy.

Page 173 (left): Chad Buchanan/Getty Images, Inc.; **(right):** © Hubert Boesl / CORBIS All Rights Reserved; **page 174:** Sean Gallup/Getty Images, Inc.; **page 178:** Jeffrey Greenberg/Photo

Researchers, Inc.; **page 181:** Donald Kravitz/Getty Images; **page 185:** Alastair Muir/Lebrecht Music & Arts Photo Library; **page 186 (top):** LEE CELANO/AFP/Getty Images; **(middle):** Eliseo Fernandez/Corbis/Reuters America LLC; Getty Images Inc. - Hulton Archive Photos; **page 188:** Albert L. Ortega/WireImage/Getty Images; **page 189:** Joe Sohm/Chromosohm/Stock Connection; **page 190:** Agence France Presse/Getty Images; **page 192:** Israel Garnica/Agencia Reforma/Newscom; **page 195:** David Sanger/Creative Eye/MIRA.com; **page 196:** Frederick M. Brown/Getty Images; **page 198 (top):** Gilberto Rodriguez/Aida Emart; **page 199:** Fiel a La Vega; **page 200:** © Reuters NewMedia Inc./CORBIS; **page 201:** AP Wide World Photos; **page 202:** Getty Images, Inc. – Stone Allstock.

Page MG-4: Arthur Schatz/ TimePix; **page MG-6:** Robert Fried/robertfriedphotography.com; **page MG-9:** © Albert Gea/Reuters/ Corbis; **page MG-12:** Demetrio Carrasco © Rough Guides; **page MG-14:** Gestevision Telecinco S.A.; **page MG-17:** Andrew Lichtenstein/ Aurora Photos, Inc.; **page MG-21:** Nick Rowe/Getty Images, Inc.- Photodisc; **page MG-23:** © 2008 Russell Gordon/Odyssey Productions, Inc.; **page MG-26:** LUIS ACOSTA/AFP/Getty Images.

Index